Irma Hildebrandt
Immer gegen den Wind

SERIE PIPER

Zu diesem Buch

Hamburgs Frauen brauchen ihr Licht nicht unter den Scheffel zu stellen. Hier wurde 1850 die erste deutsche Frauenhochschule gegründet, hier kämpften Pionierinnen wie Lida Gustava Heymann und Emmy Beckmann für Mädchenbildung und Frauenstimmrecht. Irma Hildebrandt widmet bedeutenden Hamburgerinnen höchst lebendige, einfühlsame Porträts, darunter Glückel von Hameln, der Getto-Jüdin, die schon vor dreihundert Jahren die Konventionen sprengte, der Publizistin Marion Gräfin Dönhoff, der Volksschauspielerin Heidi Kabel, der Theologin und Schriftstellerin Dorothee Sölle und der Modeschöpferin Jil Sander. Aus den Lebensläufen von achtzehn ganz unterschiedlichen Hamburgerinnen entsteht ein Stück Frauen- und Zeitgeschichte, das die weibliche Sicht der Hansestadt zeigt.

Irma Hildebrandt, geboren im schweizerischen Hergiswil, hat in Zürich und Bielefeld Germanistik, Soziologie und Pädagogik studiert und lebt heute als Autorin und Redakteurin an der Weser. Neben Biografien hat sie Essays, Kurzprosa und Lyrik veröffentlicht, für die sie mehrfach ausgezeichnet wurde. Von ihr erschienen das erfolgreiche Buch »Frauen, die Geschichte schrieben« sowie Frauenporträts aus München, Berlin, Frankfurt, Zürich, Wien, Leipzig und Hamburg.

Irma Hildebrandt
Immer gegen den Wind

18 Hamburger Frauenporträts

Mit 18 Abbildungen

Piper München Zürich

Dieses Taschenbuch wurde auf FSC-zertifiziertem Papier gedruckt. FSC (Forest Stewardship Council) ist eine nichtstaatliche, gemeinnützige Organisation, die sich für eine ökologische und sozialverantwortliche Nutzung der Wälder unserer Erde einsetzt (vgl. Logo auf der Umschlagrückseite).

Ungekürzte Taschenbuchausgabe
Piper Verlag GmbH, München
September 2005

Umschlag / Bildredaktion: Büro Hamburg
Heike Dehning, Charlotte Wippermann,
Alke Bücking, Kathrin Hilse
Umschlagabbildung: Max Liebermann (»Abend am Uhlenhorster Fährhaus«; Bridgeman Giraudon; VG Bild-Kunst, Bonn 2005)
Satz: EDV-Fotosatz Huber / Verlagsservice G. Pfeifer, Germering
Papier: Munken Print von Arctic Paper Munkedals AB, Schweden
Druck und Bindung: Clausen & Bosse, Leck
Printed in Germany
ISBN-13: 978-3-492-24349-0
ISBN-10: 3-492-24349-5

www.piper.de

Inhalt

Vorwort

Jede Stadt hat ihr eigenes Gesicht, geprägt von der Landschaft, der Geschichte und den Menschen, die in ihr leben. Hamburg kann nicht von höfischem Glanz vergangener Zeiten zehren, hier herrschen von alters her demokratischer Bürgersinn und nüchterner Kaufmannsgeist. Die Hansestadt ist stolz auf ihre Weltläufigkeit und Aufgeschlossenheit – Heinrich Heine sah dies allerdings nach seinen drei Hamburger Jahren etwas anders: »Wahr ist, es ist ein verludertes Kaufmannsnest hier, Huren genug, aber keine Musen.« Auch Lida Gustava Heymann, Tochter eines Hamburger Überseekaufmanns, hat ihre Vaterstadt nicht in bester Erinnerung: »Neben Großzügigkeit machte sich leider bei den Hamburger Großkaufleuten jener Bürger- und Familienstolz bemerkbar, der nur zu häufig gepaart ist mit Hochmut, Überheblichkeit und Kastengeist.« Und Theodor Fontane charakterisiert die Damen der Hamburger Gesellschaft im Roman *Frau Jenny Treibel* als unnahbar und gediegen, sie seien »alle so zweifelsohne, haben alle so etwas ungewöhnlich Gewaschenes und bezeugen in allem, was sie tun, die Richtigkeit der Lehre vom Einfluss der guten Kinderstube«.

Eine geschlossene Gesellschaft, Bürgeradel unter sich. Keine Chance für eine einfache Putzmacherin wie Hebbels Geliebte Elise Lensing, Einlass zu finden. Auch nicht für die aus Bingen stammende Dichtermuse Ida Dehmel, deren lockerer Bohemekreis den Hamburgern suspekt blieb. Heute verwischen sich die Grenzen zwischen Kunstszene und Kommerz, aus den sprichwörtlichen »Pfeffersäcken« sind literarische Figuren geworden.

Obwohl Hamburg mit seiner Seefahrts- und Handelstradition eine männlich geprägte Stadt ist, konnten sich Frauen, wenn sie denn die nötigen Fähigkeiten und das nötige Selbstbewusstsein besaßen, in dieser Männerwelt immer schon durchsetzen. Das hat im 17. Jahrhundert Glückel von Hameln bewiesen, die nach dem Tod ihres Mannes dessen weit verzweigte Geschäfte selbstständig weiterführte, ein Jahrhundert später tat dies die Kaufmannswitwe Eva König, bevor sie Lessing nach Wolfenbüttel folgte.

In Männerdomänen waren und sind in der Hansestadt etliche Frauen höchst erfolgreich tätig: die 1993 verstorbene Liselotte von Rantzau-Essberger als einzige Großreederin Deutschlands, Marion Gräfin Dönhoff als Chefredakteurin und Herausgeberin der *Zeit*, Ida Ehre als erfolgreiche Theaterprinzipalin, Eva Rühmkorf als Gefängnisdirektorin, Birgit Breuel als Wirtschafts- und Finanzministerin, später EXPO-Chefin, die Modeschöpferin Jil Sander als Firmengründerin mit dem Mut zum Börsengang – und nicht zuletzt Maria Jepsen als erste lutherische Bischöfin der Welt.

Während der NS-Zeit wurde weibliche Berufsentfaltung vielfach gehemmt oder unmöglich gemacht, dafür gibt es auch in Hamburg traurige Beispiele: Nach missglückter Emigration und psychischem Terror im KZ Fuhlsbüttel überlebte die Jüdin Ida Ehre das Dritte Reich im Untergrund. Die GEDOK-Gründerin Ida Dehmel, auch sie Jüdin, nahm sich – durch die Gestapo ihres Amtes enthoben – 1942 das Leben. Die Pazifistin Lida Gustava Heymann starb im Schweizer Exil, die Oberschulrätin und Vollblutpädagogin Emmy Beckmann erhielt wegen »nationaler Unzuverlässigkeit« Berufsverbot, das gleiche Schicksal erlitt als Halbjüdin die Komponistin und Hindemith-Schülerin Felicitas Kukuck. Die aktiv im Widerstand tätige Gräfin Dönhoff entkam nach dem 20. Juli 1945 nur mit Glück und Geschick einer Verhaftung. Die junge Schauspielerin Heidi Kabel stand 1944 nicht mehr auf der Bühne, sondern in einem Getreidekontor und füllte Viehfutter ab ... Tröstlich, dass einigen der Verfemten nach dem Zweiten Weltkrieg ein Neuanfang gelang.

Eine lange Tradition, an der Frauen maßgeblich beteiligt sind, haben in Hamburg die gemeinnützigen und kulturellen Stiftungen. Schon im frühen 19. Jahrhundert gründete die Senatorentochter Amalie Sieveking einen karitativen »Verein für Armen- und Krankenpflege«, der Vorbild für soziale Einrichtungen in anderen Städten wurde. Gräfin Dönhoff ließ all ihre Einkünfte aus Vorträgen, Büchern und Preisen der »Marion Dönhoff Stiftung zur Förderung der Völkerverständigung« zufließen. Als Ida Ehres Theater finanziell in Bedrängnis geriet, riefen Gönner den »Freundeskreis der Hamburger Kammerspiele« ins Leben. Liselotte von Rantzau war eine großzügige Sponsorin des Hamburger Musiklebens, und Irene Schulte-Hillen betreut und fördert, unterstützt von namhaften Mäzenen, junge Talente durch die »Deutsche Stiftung Musikleben«. Vom Hamburger Haus der Theologin und Schriftstellerin Dorothee Sölle gingen manche Impulse für ökologische und humanitäre Projekte in der Dritten Welt, insbesondere in Lateinamerika, aus.

Nein, Hamburgs Frauen brauchen ihr Licht nicht unter den Scheffel zu stellen. Hier wurde 1850 die erste deutsche Frauenhochschule gegründet. Hier kämpften Pionierinnen wie Lida Gustava Heymann und Emmy Beckmann für Mädchenbildung und Frauenstimmrecht. Hier wirkte Eva Rühmkorf als erste Frauenbeauftragte der Bundesrepublik wegweisend.

Dass die 18 Frauenporträts dieses Bandes nur exemplarisch für viele weitere bemerkenswerte Hamburger Frauen stehen können, zeigen die von der Historikerin Rita Bake zusammengestellten Publikationen: Erstaunlich viele Straßen und Plätze der Hansestadt sind nach Frauen benannt. In der Eingangshalle des Rathauses werden allerdings neben 59 berühmten Hamburgern nur fünf Vertreterinnen des weiblichen Geschlechts gewürdigt, ausschließlich Wohltäterinnen aus dem 19. Jahrhundert – da wären viele Namen nachzutragen … Im Übrigen besitzt Hamburg etwas, was keine andere Stadt aufzuweisen hat: einen »Garten der Frauen«, einen Ort der Erinnerung mit historischen Grabsteinen bedeutender Frauen und viel Platz für weitere, Frauen vorbehaltenen Grabstätten.

Wenn Helmut Schmidt Hamburg als »großartige Synthese aus Atlantik und Alster, aus Buddenbrooks und Bebel, aus Leben und Lebenlassen« bezeichnet, so ließe sich im Hinblick auf die Hamburger Frauen hinzufügen: »aus Ida Ehre und Marion Gräfin Dönhoff«. Die beiden einzigen Ehrenbürgerinnen Hamburgs repräsentieren, jede auf ihre Art, das kulturelle Leben der Stadt. Und sie stehen für Zivilcourage und Durchsetzungswillen, auch gegen Widerstände: Immer gegen den Wind.

Irma Hildebrandt

Eine Getto-Jüdin sprengt Konventionen

Glückel von Hameln

1645–1724
Geschäftsfrau

> Kinder sollten nur Mütter haben und deren Namen tragen; und die Mütter das Vermögen und die Macht der Familien: so bestellt es die Natur.
>
> RAHEL VARNHAGEN

Kann man sich vorstellen, dass eine Frau im 17. Jahrhundert ganz selbstverständlich praktiziert, was die Frauenbewegung 200 Jahre später einfordert? Kann man sich vorstellen, dass es damals einer Getto-Jüdin gelingt, trotz doppelter Diskriminierung als Frau und als Jüdin erfolgreich Handel und Börsengeschäfte zu treiben? Und kann man sich vorstellen, dass eine Witwe ohne fremde Hilfe ein Dutzend Kinder großzieht?

Glückel von Hameln hat dies alles geschafft. Nach dem Tod ihres Mannes führt sie nicht nur dessen Handelsgeschäfte weiter, sie erledigt auch die umfangreiche Korrespondenz und kontrolliert die Kontenbücher. Nur nachts findet sie für diese Schreibtischarbeit die nötige Ruhe. Im Schein einer flackernden Kerze zieht sie Bilanz über ihre geschäftlichen Erfolge – und immer häufiger auch über ihr Leben, über das Gedeihen ihrer Kinder und deren Einbindung in die jüdische Gemeinde. Diese Aufzeichnungen geben uns heute in ihrer Mischung aus privatem Tagebuch und Chronik der aktuellen Geschehnisse wertvolle Hin-

Bertha Pappenheim in der Tracht der Glückel von Hameln

weise auf die Lebensbedingungen der Hamburger Juden im ausgehenden 17. Jahrhundert.

»Von was für Leuten ihr her seid«

Mit dem Niederschreiben und Reflektieren ihres Alltags bringt Glückel Ordnung in ihre Gedanken; doch wichtiger noch ist ihr die Weitergabe der eigenen Erlebnisse und Erkenntnisse an die Nachkommen. Sie hält auf Familientradition: »Meine lieben Kinder, ich schreib euch dieses, damit, wenn heut oder morgen eure lieben Kinder und Enkel kommen und sie ihre liebe Familie nicht kennen, ich dieses in Kürze aufgestellt habe, damit ihr wißt, von was für Leuten ihr her seid.«

Insgesamt sieben Bücher hat sie vollgeschrieben. Die ersten Aufzeichnungen entstehen 1691, zwei Jahre nach dem Tod ihres Mannes. Da ist sie 45, für damalige Verhältnisse schon eine ziemlich alte Frau, doch eine Frau von erstaunlicher Vitalität.

Sie hat die Geschäfte und den Haushalt – acht der Kinder sind noch unter ihrer Obhut – voll im Griff, aber sie verschweigt oder beschönigt auch die Schwierigkeiten nicht, mit denen sie zu kämpfen hat, die schweren Sorgen, die sie bedrücken, da sie »eine Herde ohne Hirt« sind, seitdem sie ihren »getreuen Hirten verloren haben«. Unbedingtes Gottvertrauen hilft ihr über manche Klippe hinweg.

So leitet sie das erste Buch mit den Worten ein: »Im Jahre 1691 beginne ich dieses zu schreiben, aus vielen Sorgen und Nöten und Herzeleid, wie weiter folgen wird. Gott aber erfreue uns so lange Zeit, als er uns plagte, und schicke unseren Messias und Erlöser bald. Amen.« Und das siebte Buch endet mit der Bitte: »Gott – er sei gelobt – soll geben, daß es zum Guten sein soll. Amen.« Dazwischen liegt ein Stapel eng beschriebener Seiten, liegt ein reiches Frauenleben. Die Berufung auf Gott, sei's dem inneren Bedürfnis oder den Konventionen der Zeit entsprechend, bedeutet nicht unbedingte Ergebenheit in seinen Willen, Glückel geht als selbstbewusste Frau ihre eigenen Wege.

Jüdische Familientradition

Das Selbstbewusstsein hat Glückel wohl von ihrem Vater geerbt, dem Hamburger Diamantenhändler Löb Pinkerle. Trotz der Einschränkungen, die jüdischen Kaufleuten auferlegt sind, hat er es zu großem Wohlstand gebracht. In der jüdischen Gemeinde versieht er das Amt des Gemeindevorstehers. So wächst die 1645 geborene Tochter früh in jüdische Traditionen und jüdisches Gemeindeleben hinein. Sie sei, schreibt sie, »in allem Wohlbehagen auferzogen, von meinen Eltern sowohl, als von Freunden und Bekannten«.

Dem Vater ist es als einem der ersten Juden gelungen, in Hamburg das Niederlassungs- und Aufenthaltsrecht zu erwerben – ein teuer erkauftes Privileg in der nicht gerade judenfreundlichen lutherischen Reichsstadt. 1000 Mark »Schutzgeld« hat er dafür jährlich zu bezahlen – das kann sich nur ein wohlhabender Kaufmann wie Löb Pinkerle leisten. Eine Gleichstellung mit den Hamburger Bürgern ist damit allerdings nicht verbunden, die Gettobestimmungen gelten weiter. So sind jüdische Gottesdienste und religiöse Rituale, etwa die Beschneidung, verboten und Bestattungen nur auf dem jüdischen Friedhof in Altona erlaubt.

Glückel gibt in ihren Aufzeichnungen ein anschauliches Beispiel für die Haltung des Rates und der Kirche den Juden gegenüber: »Aber wir haben in Hamburg kein Bethaus gehabt ... Doch sind die Juden zusammengekommen in ihren Wohnungen zum Beten, so gut sie nebbich gekonnt haben. Wenn solches die Räte der Stadt vielleicht schon gewußt haben, haben sie doch gern durch die Finger gesehen. Aber als es Geistliche gewahr worden sind, haben sie es nicht leiden wollen und uns nebbich verjagt ...«

Als der auf Sondereinnahmen bedachte Rat das jährliche Schutzgeld um ein Vielfaches auf 6000 Mark erhöht, wandert eine Reihe jüdischer Familien nach Amsterdam ab; Zahlungsunfähige werden ausgewiesen. Löb Pinkerle bleibt in der vom Dreißigjährigen Krieg zwar verschonten, aber durch den zusammengebrochenen Fernhandel schwer gebeutelten Stadt. Seine Diamantengeschäfte scheinen weiter zu florieren, denn Edelsteine lassen sich selbst in unsicheren Zeiten unauffällig transportieren und sind ein begehrtes Vermögensobjekt.

Glückel erhält Unterricht in allem, was dem Vater dienlich scheint für ihr späteres Leben. Während im 17. Jahrhundert Mädchenbildung noch kein Thema ist, sind jüdische Familien darin ihrer Zeit voraus: Sie lassen, wenn sie es sich leisten können, auch den Töchtern eine gute Bildung zukommen. Auch passende Ehepartner werden von den Eltern schon frühzeitig ausgesucht. Für eine Eheschließung sind Liebe oder Sympathie weit weniger ausschlaggebend als vorteilhafte Geschäftsverbindungen mit den zukünftigen Schwiegereltern.

Gerade zwölf Jahre alt, ein Kind noch, ist Glückel, als der Vater ihre Verlobung mit dem Kaufmann Chajm Hameln bekanntgibt. Nach ihren Wünschen wird sie nicht gefragt – sie hätte auch gar keine Gelegenheit gehabt, als behütete Tochter junge Männer außerhalb des Familien- und Freundeskreises kennen zu lernen.

Zwei Jahre später, die Braut ist nun 14, findet die Hochzeit statt. Sie wird in Hameln gefeiert, dem Wohnsitz des Bräutigams, der den Ortsnamen als Familiennamen trägt. Glückel heißt jetzt nicht mehr Pinkerle, sondern nach dem Ehemann Glückel von Hameln.

Hameln ist zwar als Umschlagplatz für Waren der Hanse nicht abgeschottet von der Welt, aber verglichen mit der Hafenstadt Hamburg empfindet Glückel das überschaubare Weserstädtchen als Provinz. Die dicht aneinander gebauten Fachwerkhäuser engen sie ein, sie vermisst Menschen, mit denen sie reden kann. Im Tagebuch beklagt sie, dass es sie an einen Platz verschlagen hat, an dem es nur zwei jüdische Familien gibt. Für sie steht fest: »Hameln an sich ist ein lumpiger, unlustiger Ort.«

Ihr Schwiegervater hat sich Sabbatai Zewi angeschlossen, einem charismatischen Heilsverkünder aus Smyrna, der sich als Messias ausgibt und von seinen Anhängern als Vorbereitung auf das messianische Zeitalter Askese und die strikte Einhaltung der Gebote verlangt. Der strenggläubige Schwiegervater verkauft sein Haus und seine Besitztümer in Hameln, um nach Palästina auszuwandern und dort den verheißenen Tag der Erlösung zu erwarten.

Glückel hält es auch nicht länger an der Weser, sie ist froh, nach einem Jahr der beengenden Kleinstadtatmosphäre entkommen zu können. Es zieht sie zurück in ihre Heimatstadt Hamburg, die im 17. Jahrhundert immerhin schon über 40 000 Einwohner zählt. Die Juden gehören, wie erwähnt, auch hier zu den Außenseitern, geduldet, nicht geliebt, beneidet um ihre geschäftliche Tüchtigkeit und ihr sich rasch mehrendes Vermögen. Die Gettosituation wirkt sich in der weltläufigen Hafenstadt jedoch weniger bedrückend aus als in kleinen Städten.

Gemeinsam mit ihrem Mann findet Glückel erst einmal bei ihren Eltern Unterschlupf, doch es drängt sie nach Selbstständigkeit und Unabhängigkeit. Schon bald kann das junge Paar ein eigenes Haus beziehen. Glückel ist schwanger und bringt mit knapp 16 ihr erstes Kind zur Welt. 13 weitere Geburten werden folgen, manche in Zeitabständen von nicht einmal einem Jahr. Offenbar ist Glückel mit einer außergewöhnlich robusten Gesundheit ausgestattet und gefeit gegen das gefürchtete Kindbettfieber, das so viele junge Frauen dahinrafft.

Doch vom Unglück verschont bleibt die junge Familie nicht. Eines der Kinder stirbt mit vier Jahren, ein anderes gleich nach der Geburt. Glückel nimmt die Schicksalsschläge gottergeben hin und lässt sich vom Schmerz nicht niederdrücken. Obwohl sie den Haushalt und eine zwölfköpfige Kinderschar zu versorgen hat, unterstützt sie ihren Mann tatkräftig bei seinen Handelsgeschäften. Chajm ist, wie sein Schwiegervater, ein erfolgreicher Kaufmann. Mit praktischem Sinn bezieht er nicht nur seine Frau, sondern auch die Kinder in seine vielfältigen geschäftlichen Aktionen ein und überträgt ihnen verantwortungsvolle Aufgaben. Er schafft es mit seinen über Hamburg hinaus reichenden Beziehungen, die Ältesten früh und zum Wohle der Familienreputation zu verheiraten.

Acht der Kinder leben noch unversorgt im elterlichen Haus, als er 1689 an den Folgen eines Sturzes ganz unerwartet stirbt. Wieder, wie schon beim Tod der beiden Kinder, trägt Glückel die harte und plötzliche Veränderung in ihrem Leben mit Fassung. Während ihrer Ehe hat sie mit ihrem Mann gemeinsam die Geschäfte geführt, nun aber liegt die ganze Verantwortung auf ihren Schultern, dazu die Sorge für die unmündigen Kinder. Es ist keineswegs selbstverständlich, dass sie das alleinige Sorgerecht erhält – sie muss darum kämpfen. Da Witwen als hilflose, unmündige Geschöpfe angesehen werden, gibt man sie in die Obhut eines männlichen Vormunds, der alle Entscheidungen für sie trifft. Dass Glückel diese Bevormundung abwehren kann, hat sie der weisen Voraussicht ihres Mannes und ihrer eigenen Energie zu verdanken.

Chajm Hameln hat vor seinem Tod dem zuständigen Rabbi sehr deutlich gemacht, dass er seiner Frau die kundige Weiterführung seiner Geschäfte und die Erziehung der Kinder zutraut. In der Niederschrift heißt es: »Meine Frau, die weiß von allem. Laßt sie tun, wie sie vordem zu tun gepflegt.« Der Rabbi beherzigt den letzten Wunsch Chajms, und so wird die 43-jährige Witwe von einem Tag auf den anderen zur selbstständigen Unternehmerin – ein bemerkenswertes Beispiel weiblicher Emanzipation inmitten einer von Männern geprägten Geschäftswelt und einer von bürgerlichen und religiösen Konventionen bestimmten Gesellschaft.

Eine Witwe im Börsengeschäft

Glückel steigt voll in die Geschäfte ihres verstorbenen Mannes ein – ja, es gelingt ihr durch ihren Spürsinn, ihre Beharrlichkeit und ihr geschicktes Taktieren, die Handelsbeziehungen auch auf Nichtjuden auszuweiten, was allerdings nie eine Gleichstellung mit den Hamburger Bürgern bedeutet. Für die häuslichen Geschäfte sind die heranwachsenden Kinder verantwortlich: Sie hat ihre Familie wie einen Betrieb organisiert, in dem die älteren Söhne und Töchter die Fürsorge für die jüngeren Geschwister übernehmen.

Alle, auch die Mädchen, haben wie Glückel selbst die Schule besucht. Im Cheder, der von Rabbinern geleiteten jüdischen Elementarschule, haben sie lesen, schreiben und rechnen gelernt. Das bringt ihnen Vorteile im Geschäftsleben und stärkt das Selbstbewusstsein vor allem der Mädchen, die den meisten Hamburger Bürgertöchtern an Wissen und Wendigkeit weit überlegen sind. Das schürt aber auch Neid und das von jeher bestehende Misstrauen gegen die »Familienverbändelung der Gettojuden«.

Gleich in ihrem ersten Buch berichtet Glückel über die unsichere Lage der Hamburger Juden: »Also ist es gewesen, daß wir zeitweilig Ruhe gehabt und zeitweilig wieder verjagt worden sind bis zum heutigen Tag. Ich fürchte, daß solches so währen wird, solange wir in Hamburg sind und solange die Bürgerei in Hamburg regiert.«

Doch auch mit der Hilfsbereitschaft der Glaubensgenossen und der Großfamilie ist es nicht weit her. Glückel vermerkt über die erste Zeit nach dem Tod des Mannes: »Nach den dreißig Trauertagen ist kein Bruder, keine Schwester, kein naher Verwandter zu uns gekommen, der uns gefragt hätte, was macht ihr oder wie kommt ihr zurecht. Sind wir zusammengekommen, bevor die dreißig Trauertage ausgewesen sind, so ist ihr Reden eitel Nichtigkeit gewesen. Es hat mir oder meinen Waisen zu unserm Zweck wenig helfen können.« Hat vielleicht das selbstbewusste Auftreten Glückels Verwandte und Freunde daran gehindert, ihr Hilfe anzubieten?

Trotz der fehlenden Unterstützung durch Angehörige, trotz des minderen Status als Frau und als Jüdin und trotz der Willkür der Hamburger Behörden gelingt es Glückel, ihr kleines Imperium zu festigen. Sie passt sich flexibel den jeweiligen Marktbedingungen an und nutzt die Schlupflöcher, die das Gesetz bietet. Sie handelt mit allem, was nicht einem ausdrücklichen Verbot für Juden unterliegt, mit Wolle und Seide, mit Tabak und Zucker, selbst mit Gold und Juwelen. Der binnendeutsche Fernhandel blüht seit dem Ausbau der Wasserstraßen, die das Hinterland bis nach Schlesien erschließen.

Glückel fährt zu allen wichtigen Messen, nach Frankfurt am Main und Frankfurt an der Oder, nach Leipzig und selbst nach Wien. Sie besitzt eine Strumpffabrik und lagert die gefertigten oder angekauften Waren in einem eigenen Gewölbe. Dass sie bei den Hamburger Banken »für 20000 Reichsthaler« kreditwürdig ist, erfüllt sie mit Stolz. Sie treibt »guten Schacher«, das heißt, sie verleiht Geld gegen Zinsen, die aber nicht so hoch sind, dass man es als Wucher bezeichnen könnte. Ganz selbstverständlich tätigt sie Börsengeschäfte, offenbar mit großer Sachkenntnis und sicherem Gespür für gewinnträchtige Anlagen. Das nötigt den Hamburger »Pfeffersäcken« Hochachtung ab: Wo hat es so etwas schon gegeben – eine Frau, die sich in den Börsenusancen auskennt?

Ein Jahrhundert später kann in Frankfurt am Main Gudula Rothschild, die Mutter der fünf tonangebenden Bankiers in Europa, selbstbewusst sagen: »Wenn mei Söhn nit wolle, gibt's kein Kriech!« Sie hat all ihre Söhne zu tüchtigen Bankiers erzogen, sich aber selbst nie in deren Geschäfte eingemischt. Glückel von Hameln jedoch, auch sie Mutter einer Reihe tüchtiger Söhne, tätigt ihre Bankgeschäfte selbst und auf eigenes Risiko.

Alle Einnahmen und Ausgaben trägt sie in ihre »Sichronoth«, ihr Erinnerungsbuch, ein. Doch sie schreibt nicht nur nackte Zahlen auf, sie erzählt auch die Geschichte, die dazugehört. Oft ist es Familiengeschichte, wobei das Materielle einen hohen Stellenwert besitzt: »Mein Vater ist ein Mann gewesen von 8000 Reichsthalern. Der reichste Mann in derselben Zeit ist gewesen Chajm Fürst, er ruhe in Frieden. Er ist ein Mann gewesen von 10 000 Reichsthalern.«

Auch bei der Heirat der Kinder spielt Geld eine gewichtige Rolle. Glückel berichtet über die Hochzeit der ältesten Tochter Zippora noch zu Lebzeiten ihres Mannes: »Also hat mein Mann – das Andenken des Gerechten gesegnet – sich verschwägert mit dem reichen Reb Elia Cleve.« Die Eheschließung und die Verbindung der beiden Familien wird in Amsterdam prunkvoll gefeiert. Die Braut erhält als Mitgift 22 000 Reichsthaler holländisches Geld – eine stattliche Summe, die durch neue Geschäftsverbindungen rasch wieder hereingeholt wird, »denn in den drei Wochen vor der Hochzeit in Amsterdam hat mein Mann die halbe Mitgift wieder verdient gehabt«.

Glückel sucht auch für die anderen Kinder – wie später die Rothschilds – Ehepartner an wichtigen Handelsplätzen: in Berlin, Wien oder Amsterdam. So entsteht ein solides Familiengeflecht, das manche Krise überdauert. Doch nicht alles hat die Mutter im Griff. Einer der Söhne, Löb, ist ein Versager. Er macht ständig Schulden und borgt sich Geld von den Geschwistern. Glückel schließt ihn jedoch nicht aus der Familiengemeinschaft aus, sondern macht ihn zum Geschäftsführer in ihrem eigenen Kontor. So hat sie ihn stets unter Kontrolle und kann sein weiteres Abgleiten verhindern – ein weiser Schachzug, wobei sie nicht nur aus Mutterliebe so großzügig handelt, sondern auch, um keinen Schatten auf die Familienehre fallen zu lassen.

Übersiedlung nach Metz

Sohn Löb ist nicht der einzige Kummer, der Glückel bedrückt. Nach elf anstrengenden, aber geschäftlich äußerst erfolgreichen Witwenjahren geht sie wieder eine Ehe ein. Sie heiratet den aus dem Elsass stammenden angesehenen Bankier Levy und zieht mit ihm in dessen Vaterstadt Metz. Damit kappt sie ihre Hamburger Geschäftsbeziehungen und auch ihre persönlichen Bindungen an diese Stadt.

In Metz findet sie nicht den erhofften Anschluss, was nicht zuletzt an ihren marginalen Sprachkenntnissen liegt. Sie schreibt kurz nach der Hochzeit: »Ich habe mir nichts mehr gewünscht, als daß ich Französisch gekonnt hätte, damit ich jedem hätte Red und Antwort geben können. Nun, mein Mann hat für mich geredet.« Welch bittere Zurücknahme an Selbstbestimmtheit für die erfolgsgewohnte Unternehmerin!

Die Geschäfte des Ehemannes laufen nicht gut, er macht Schulden. Glückel springt mit ihrem Vermögen ein, kann aber den Bankrott seines Bankhauses nicht mehr abwenden. Und auch ihr Geld geht in die Konkursmasse ein. Levy stirbt als gebrochener Mann einige Jahre später. Glückel kommt bei ihrer in Metz verheirateten Tochter Esther unter. Sie hat trotz allen Kummers ihren Lebensmut nicht verloren und versteht es, aus jeder Situation das Beste zu machen. Sie ist dankbar für die Zeit, die ihr nun zum Schreiben bleibt.

Ein Zeitgemälde aus Worten

Glückels Aufzeichnungen sind für ihre Kinder und Enkel bestimmt, doch lassen einige Formulierungen vermuten, dass sie auch an einen weiteren Leserkreis gedacht hat. Die zahlreichen eingestreuten Erzählungen, Bibelzitate und moralischen Exempel sollen ihre Gedanken und Erlebnisse untermauern und anreichern. Ganz unverblümt gesteht sie: »Für die Langeweile muß ich einen hübschen Spaß schreiben, was uns geschehen ist, um das Buch damit ein bißelchen zu verlängern.«

Sie untertreibt. Ihre Geschichten sind mehr als ein hübscher Spaß, vor allem wenn sie von unrühmlichen Begebenheiten an heiligen Stätten handeln. So beschreibt sie einen handfesten Synagogenstreit »am Freudenfest der Thora 1714«:

»Als, wie es Sitte ist, alle Thorarollen aus der heiligen Lade genommen waren und gleich danach die sieben Thorarollen auf dem Tisch gestanden sind, da hat eine Schlägerei zwischen den Weibern angefangen, und leider hat eine der anderen die Schleier vom Kopf gerissen, so daß sie barhäuptig in der Weibersynagoge gestanden sind. Daher haben dann auch die Männer in der Männersynagoge zusammen angefangen sich zu zanken und zu schlagen. Wenn auch der Gaon, der große Rabbiner Abraham, mit lauter Stimme geschrien und mit dem Bann gedroht hat, daß man still sein soll und den Feiertag nicht weiter entweihen, aber das hat alles nichts geholfen.«

Wie hätte der große Rabbi Abraham reagiert, wären ihm diese Zeilen Glückels unter die Augen gekommen? Ziemt es sich für eine Frau, so etwas aufzuschreiben? Überhaupt etwas aufzuschreiben? Dafür sind die Schriftgelehrten zuständig, und Schriftgelehrte sind, wie auch in den christlichen Kirchen, immer Männer.

Auch Familiengeschichte wird üblicherweise von Männern geschrieben. Eine Chronik für die Nachkommen zu führen, ist Sache des Familienoberhauptes. Da Glückel zwei Männer überlebt hat, übernimmt sie als Witwe diese Aufgabe. Ihre Zeitrechnung richtet sich nach dem jüdischen Kalender. Damit stellt sie sich in die Tradition ihrer Vorfahren: »Meine Geburt, mein' ich, ist gewesen im Jahre 5047 in der heiligen Gemeinde Hamburg, wo mich meine fromme Mutter hat zur Welt gebracht ...«

Glückels Aufzeichnungen halten nicht nur akribisch alle Familien- und Gemeindedaten fest – sie helfen ihr auch, das eigene turbulente Leben zu ordnen, Schmerz und Trauer schreibend zu verarbeiten. So notiert sie in einer der schlaflosen Nächte: »Ich habe manche Nacht schlaflos zugebracht und ich habe besorgt, daß ich nicht, Gott bewahre, in melancholische Gedanken sollte kommen ...« Wenn Melancholie sie überfällt, steht sie auf und greift zur Feder: Schreiben als selbst verordnete Therapie.

Glückel hat, wenn sie auf ihr Leben zurückblickt, wenig Grund zur Melancholie. Sie hat Außerordentliches geleistet: als Mutter, als Ehegefährtin, als Geschäftsfrau, als Chronistin – und als Jüdin, für die das Getto nicht Stigma, sondern Herausforderung war. Alles, was sie erreicht hat – das betont sie immer wieder –, hat sie mit Gottes Hilfe erreicht. Ihr letztes, siebtes Buch endet mit einer Vision:

»Im Monat Nissan 1719 ist eine Frau an der Mosel gestanden und hat Geräte gesäubert, in der Nacht ungefähr um 10 Uhr. Da ist es hell wie bei Tag geworden und die Frau hat in den Himmel gesehn. Der Himmel ist offen gewesen ... und Funken sind davongesprungen, und danach ist der Himmel wieder zugegangen, als wenn einer einen Vorhang zugezogen hätte und es ist wieder ganz finster geworden.« Die Hoffnung, dass dies »zum Guten sein soll«, schließt sich an. Es erstaunt, wie diese sonst so nüchterne und der Realität verhaftete Frau gegen Ende ihres Lebens Bilder vom Jenseits in ihre Schilderungen einflicht: Wunschbilder, Hoffnungsbilder.

Glückel hat einen friedlichen Tod. Sie stirbt im September 1724, fast 80-jährig, in Metz im Hause ihrer Tochter Esther.

Eine beinahe verlorene Geschichte

Die originalen Aufzeichnungen Glückels gibt es nicht mehr, sie sind verschollen oder vernichtet worden. Doch ihr Sohn Moses Hameln, ein Rabbiner, fertigt, wie es damals häufig geschah, eine getreuliche Abschrift der Memoiren an.

Die Kopie bleibt über Generationen hinweg unbeachtet, bis sie eines Tages einer entfernten Verwandten in Budapest in die Hände fällt. Deren Mann, der jüdische Literaturwissenschaftler David Kaufmann, ist von dem Fund fasziniert: Dieses einzigartige Zeugnis jüdischen Alltagslebens aus dem 17. und dem frühen 18. Jahrhundert – geschrieben von einer Frau – muss veröffentlicht werden!

Der Professor macht sich an die mühsame Entzifferung des umfangreichen Manuskripts. Es ist in so genanntem Judendeutsch geschrieben, das nicht identisch ist mit dem Jiddischen. 1896 bringt er die *Memoiren der Glückel von*

Hameln im Originalwortlaut heraus. Er hofft, dass viele jüdische Leser diese Altvätersprache noch beherrschen oder sie sich wieder aneignen. Und er hofft auch, dass durch dieses Dokument jüdischer Lebensentfaltung assimilierte und dem Glauben entfremdete Juden wieder zu ihren Quellen zurückfinden, sich auf ihr Jüdisch-Sein besinnen. Aber diese Hoffnung an der Schwelle des 19. zum 20. Jahrhundert, einer Zeit neu aufkommender Judenfeindlichkeit, ist wohl zu idealistisch.

Die Feministin Bertha Pappenheim zäumt das Pferd von einer anderen Seite auf: Sie überträgt Glückels Memoiren in eine allgemein verständliche Sprache und veröffentlicht sie 1910 als Privatdruck, um »das Bild einer Frau neu zu beleben, die, tief in ihrer Zeit wurzelnd, durch ungewöhnliche Geistesgaben hervorragte«. Ihr ist klar, dass diese Aufzeichnungen, prall mit Leben gefüllt, Zeitgeschichte aus der Sicht einer Frau dokumentieren – wenn auch nicht literarisch ausgestaltet wie der aus Männersicht geschriebene *Abenteuerliche Simplicissimus* von Grimmelshausen.

Bertha Pappenheim ist als Vorsitzende des Jüdischen Frauenbundes mit seinen 50 000 Mitgliedern eine mächtige Frau. Sie hebt die politisch-emanzipatorische Bedeutung Glückels hervor, ihre Vorbildfunktion für die jüdische Frauenbewegung. Dabei kämpft sie an zwei Fronten: gegen den Antisemitismus in Teilen der bürgerlichen Frauenbewegung und gegen den Antifeminismus einflussreicher jüdischer Männer.

Mit ihrem großen Vorbild identifiziert sich Bertha Pappenheim so sehr, dass sie sich als Glückel in der Tracht des 17. Jahrhunderts porträtieren lässt. Da kein authentisches Bild von Glückel existiert, ziert das nachgestellte, falsche Porträt auch heutige Ausgaben der Memoiren. Doch Glückels wahres Bild bleibt ohnehin im Gedächtnis haften – auch ohne Originalgemälde.

Eva König

Lessings »liebste Madam«

Eva König

1736–1778

Kaufmannswitwe

> Ich wollte es auch einmal so gut haben wie andere Menschen. Aber es ist mir schlecht bekommen.
>
> GOTTHOLD EPHRAIM LESSING

Am 8. Oktober des Jahres 1776 findet in York, im Alten Land unweit Hamburgs, eine nicht alltägliche Hochzeit statt. Der als Bibliothekar im Dienste des Herzogs von Braunschweig stehende Hofrat Gotthold Ephraim Lessing (1729–1781) vermählt sich nach langer Verlobungszeit mit Eva König, der Witwe seines Freundes Engelbert König. Sie bringt vier unmündige Kinder mit in die Ehe, er ist notorischer Junggeselle.

Es wird kein rauschendes Fest gefeiert, da der Bräutigam, der sich noch nicht ganz in die neue Rolle hineingefunden hat, alles so schlicht und geheim wie möglich halten möchte. Die »Copulation« nimmt ein Pastor vor – nicht wie üblich in der Kirche, sondern im Haus des befreundeten Kaufmanns Johann Schuback. Lessing hält, obwohl Pastorensohn, lieber Abstand zur Amtskirche; mit der Absegnung der Ehe durch einen Pfarrer wird der Freigeist und Freimaurer seiner zukünftigen Frau entgegengekommen sein.

Seine Familie weiß nichts von der Vermählung, und auch von den Angehörigen der Braut ist nur ein Schwager anwesend. Die Brüder fehlen, die Mutter ist vor einigen Jahren gestorben, und den Vater hat sie ohnehin nie gekannt. So sitzen an der kleinen Hochzeitstafel neben ein paar Freunden nur noch drei Kinder Evas, die Lessing als Stiefvater mit übernehmen wird. Der älteste, 19-jährige Sohn weilt zur Kur in Baden. Man ist unter sich, und das ist Lessing mehr als lieb. Er hat sich sogar geweigert, einen neuen Rock für diesen besonderen Tag anfertigen zu lassen, und nur widerstrebend schlüpft er in die Beinkleider und die vornehme Weste, die ihm die Braut besorgt hat.

In seinen Stücken entwirft er maßgeschneiderte Rollen für die Schauspieler – etwa in der gerade herausgekommenen *Minna von Barnhelm* – für sich selbst fällt ihm das schwerer, hat er es doch bislang nur mit Büchern zu tun gehabt und mit flüchtigen Beziehungen zu Frauen. Nun wird er einem Haushalt vorstehen, in dem alles auf Dauer gestellt ist, einem Haushalt mit einer resoluten Hausherrin und Kindern, die in sein Eremitendasein einfallen und Zuwendung beanspruchen werden ...

Er möchte möglichst schnell nach Wolfenbüttel in sein stilles Gehäuse zurückkehren, überlässt es aber seiner »liebsten Madam«, ob sie ihn begleiten oder noch bei den Hochzeitsgästen verweilen will. »Das ist doch wohl nicht Ihr wahrer Ernst, wenn Sie vorschlagen, vor mir abreisen zu wollen«, empört sich die Angetraute. »Was sollte mich wohl in York halten, wenn Sie nicht mehr da wären!«

Die förmliche Anrede der Ehepartner mit »Sie« entspricht der Konvention und deutet nicht auf mangelnde Nähe und Vertrautheit hin – auch wenn in den Briefen aus der Brautzeit nur selten Leidenschaft durchbricht, wie etwa in den kurz vor der Hochzeit geschriebenen Zeilen Evas: »Ich kann mir nicht helfen«, schreibt sie, »mein Blut ist in solcher Wallung, daß mir die Hände wie Espenlaub zittern ... ich umarme Sie tausendmal in Gedanken und sehne mich recht sehr nach dem Tage, da ich es wirklich tun kann.«

Auch für Lessing ist die Ehe mit Eva König mehr als ein nüchternes Zweckbündnis, nur liegt es ihm nicht, seine Gefühle in Worte zu fassen. Er bringt seine Zuneigung auf andere Weise zum Ausdruck. In den Wochen vor der Übersiedlung Evas von Hamburg nach Wolfenbüttel kümmert er sich rührend um das Umzugsgut und die Einrichtung der neuen gemeinsamen Wohnräume. Er hat auf einer Auktion Stühle und Schränke ersteigert für die große Familie, hat sich um eine nicht zu teure Köchin bemüht – lauter Alltagsgeschäfte, die niemand dem unpraktischen Hagestolz zugetraut hätte.

Die Freunde beobachten das Eheexperiment mit Neugier und Skepsis. »Daß unser Lessing noch ein Ehemann geworden, war mir anfänglich ganz unbegreiflich«, schreibt ein Jugendfreund und vermutet, dass der späte Freier von seiner Frau »mehr am Geiste als am Herzen muss gefesselt sein«. Da täuscht er sich: Für Lessing ist diese Ehe eine Geistes- *und* Herzensgemeinschaft. Die 40-jährige, vom Leben gebeutelte Gefährtin hat ihn sicherlich nicht mit äußeren Reizen betört, denn sie ist keine Schönheit. In dreizehn Ehejahren hat sie ihrem ersten Mann sieben Kinder geboren, von denen nur vier am Leben blieben. Das hinterlässt Spuren, die sie auch mit ihrem verhaltenen Charme nicht wegzaubern kann. Doch hinter den scharf geschnittenen Gesichtszügen und den wachen, forschenden Augen verbergen sich andere Qualitäten: Klugheit und Lebenserfahrung, Umsicht und Entschlossenheit. Ihre Rede und ihr Verstand sind Lessingschen Höhenflügen gewachsen, auch wenn sie mehr mit handfesten geschäftlichen Dingen als mit abstrakter Philosophie befasst ist. Klarheit und Nüchternheit des Denkens zeichnet beide aus – das belegen die während der Verlobungsjahre gewechselten Briefe.

Die ungewöhnlich lange Verlobungszeit hängt mit den komplizierten Lebensumständen zusammen, die sich durch den Briefwechsel des »ewigen Brautpaares« gut nachvollziehen lassen. Immer wieder wird eine geplante Eheschließung durch unfreiwillige Zeiten der Trennung verzögert. Seine dienstlichen Verpflichtungen und ihre Erbschaftsangelegenheiten nötigen beide zu ausgedehnten Reisen, sodass die gemeinsam verbrachte Zeit in Hamburg oder Wolfenbüttel äußerst karg bemessen bleibt. Dazu bedrückt sie die unsichere finanzielle Lage: Würden das Einkommen eines Bibliothekars und die noch ungeklärten Vermögensansprüche der Witwe reichen, um eine sechsköpfige Familie zu ernähren?

Evas Geschäftsabwicklungen im Ausland ziehen sich hin; die Seiden- und Tapetenfabriken, die der Unternehmer König seiner Frau hinterlassen hat, sind kaum verkäuflich und müssen zwangsläufig durch Verwalter weitergeführt werden. Lessings berufliche Hoffnungen werden mehr als einmal zerschlagen – für beide ein zermürbendes Warten auf bessere Zeiten.

Kennen gelernt hat sich das Paar schon 1767, zu einer Zeit, als Eva Königs Mann noch lebte. Im Frühjahr war Lessing, enttäuscht von den kaum vorhandenen Entfaltungsmöglichkeiten in Berlin, nach Hamburg gekommen. Hier sah er im neu eröffneten Nationaltheater eine Chance, als Dramaturg seine unkonventionellen Ideen durchzusetzen. Schon im Mai bringt er das erste Stück auf die Bühne, doch das Hamburger Publikum verweigert sich seinen Neuerungen – es hat, wie er bitter vermerkt, »Einträglicheres im Sinn«. Dazu kommen die Anfeindungen des einflussreichen Hauptpastors Goeze, der durch die Bühnenstücke die Sittlichkeit seiner Gemeinde gefährdet sieht.

Nein, der Gelehrte aus Berlin erlebt keinen guten Start in Hamburg, auch wenn sich ihm die Häuser der Hautevolee bereitwillig öffnen und er mit weltläufigen Unternehmern wie Reimarus oder König verkehrt und Kontakte zu Generalmusikdirektor Carl Philipp Emanuel Bach pflegt. Dass sein Lustspiel *Minna von Barnhelm* endlich gedruckt wird und die ersten Blätter der *Hamburgischen Dramaturgie* erscheinen, könnten positive Zeichen sein – würde nicht noch im selben Jahr die Druckerei, in die er als Teilhaber all sein Geld gesteckt hat, in Konkurs gehen und er wieder vor dem Nichts stehen. Wohlhabende Freunde um Hilfe zu bitten, widerstrebt ihm, denn sein Fiasko als Geschäftsmann könnte seinem Ruf als Theaterautor und moralische Instanz schaden.

Im Hause König ist Lessing indes ein gern gesehener Gast: Der Hausherr betrachtet ihn als Freund und macht ihn zum Paten des jüngsten Kindes, in der Hausherrin findet er eine anregende, vielseitig interessierte Gesprächspartnerin. Als Konsul König zu einer ausgedehnten Geschäftsreise nach Italien aufbricht, bittet er seinen Freund, sich um die Kinder zu kümmern, falls ihm im Ausland etwas zustoßen sollte. Lessing verspricht es – nicht ahnend, dass er so rasch in die Pflicht genommen wird.

Während er noch die Enttäuschungen über den Bankrott der Verlagsdruckerei und das gescheiterte Experiment eines Hamburger Nationaltheaters zu verarbeiten hat, kommt aus Venedig eine weitere Hiobsbotschaft: die Nachricht vom plötzlichen Tod seines Freundes Engelbert König. Der Kaufmann soll sich bei einem Abendspaziergang am Strand eine schwere Erkältung mit tödlichem Ausgang zugezogen haben. Seine Frau misstraut dieser offiziellen Nachricht. Sie vermutet, ihr Mann sei eines gewaltsamen Todes gestorben, und bittet Lessing, auf einer späteren Reise Nachforschungen anzustellen.

Durch die gemeinsame Erledigung der Bestattungsformalitäten kommen sich die 34-jährige Witwe und der sieben Jahre ältere Lessing näher. Nicht nur den Kindern, auch der Mutter tut der Beistand des väterlichen Freundes gut. Doch versucht sie nicht, den nach einem neuen Wirkungsfeld Suchenden in Hamburg zu halten. Sie ermuntert ihn eher, auf das Angebot des Braunschweiger Erbprinzen einzugehen, der ihm die Verwaltung der Bibliothek in Wolfenbüttel angetragen hat. Das bedeutet für Lessing den Abschied von Hamburg und den Theaterplänen und die Trennung von Eva König und den ihm lieb gewordenen Kindern. Es bedeutet – wieder einmal – Neuanfang.

Ein »hundsföttisches« Leben in Wien

Auch Eva lässt Hamburg und die Kinder schweren Herzens für lange Zeit hinter sich. Die durch den plötzlichen Tod ihres Mannes führungslos gewordenen Seiden- und Tapetenfabriken in Wien und in Oberitalien drohen im Chaos unterzugehen, wenn nicht eine ordnende Hand energisch eingreift. Eva hat sich schon zu Lebzeiten ihres Mannes um die Geschäfte gekümmert und traut sich zu, diese Aufgabe nun im Alleingang zu bewältigen: Sie wird in den Betrieben in Süddeutschland und Italien, vor allem aber in Wien, nach dem Rechten sehen und für sich und die Kinder zu retten versuchen, was noch zu retten ist.

Im August 1770 reist sie von Hamburg ab, im Gepäck mehr Akten und Geschäftsunterlagen als Kleider. Obwohl Wien ihr erstes Ziel ist, unterbricht sie die Reise bereits in Wolfenbüttel, um Lessing zu treffen. Dieser drängt ihr mitten im Sommer einen Pelz für kühle Tage auf, den sie ihm bei der Rückfahrt zurückbringen soll – ein rührend unbeholfener oder listiger Vorwand, sie wiederzusehen?

Lessing fühlt sich in Wolfenbüttel trotz der reichen Arbeitsmöglichkeiten mit den Schätzen der Bibliothek unwohl. Er erkundigt sich nach den Kindern, die Eva in Hamburg bei Madame Moliné gut untergebracht weiß. Er vermisst ihre Kinder, auch wenn sie ihm so oft die Ruhe geraubt haben: »Was macht Malchen, und was macht mein Pate?«, fragt er und fährt fort: »Es ist jetzt alles so weitläufig und öde um mich, daß ich zu mancher Stunde gern viel darum geben würde, wenigstens von meinen kleinen Gesellschaftern in Hamburg etwas um mich zu haben.«

Die Einsamkeit, die er früher so schätzte, schlägt ihm nun aufs Gemüt; er fühlt sich ernstlich krank und glaubt es, wie er Eva in einem Brief klagt, in Wolfenbüttel nicht mehr auszuhalten: »Ich bin schlimmer als krank gewesen: mißvergnügt, wider mich und die ganze Welt aufgebracht – Sie allein ausgenommen.« Und wenig später: »Ich werde in der Einsamkeit, in der ich hier leben muß, von Tag zu Tag dümmer und schlimmer. Ich muß wieder unter Menschen, von denen ich hier so gut wie gänzlich abgesondert bin ...«

Eva gelingt es, den Hypochonder zum Ausharren in Wolfenbüttel zu bewegen. Briefe gehen zwischen Norddeutschland und Wien hin und her. Um den mit sich und seiner Umgebung Hadernden abzulenken, berichtet Eva anschaulich von ihren Wiener Erlebnissen, vor allem von der Audienz bei Kaiserin Maria Theresia: Den Adelstitel habe ihr die Herrscherin angeboten, wenn sie nur zum katholischen Glauben überträte ...

Die Briefe, die Eva nachts nach anstrengendem Tagewerk schreibt, handeln nicht nur vom Alltag und den Geschäften, sondern auch von ihrer dem Schlaf abgetrotzten Lektüre und den Gedanken, die sie sich beim Lesen macht. Sie beherrscht die Kunst ironischer Andeutungen und witzig formulierter Kritik, mit der sie den schreibträgen Partner herausfordert. Er findet tausend Ausflüchte für seine Saumseligkeit, gibt sich zerstreut: »Ist es in aller Welt möglich, daß ich Ihnen in so langer Zeit nicht geschrieben habe? Daß ich es habe aushalten können, in so langer Zeit nichts von Ihnen zu sehen und zu hören?«

Eva – ihm in der Argumentation durchaus gewachsen – kontert mit ihren eigenen Waffen: Um ihn nach ihrer Rückkehr aus Wien zu einem Besuch in Hamburg zu bewegen, droht sie, bei seiner Weigerung mit einer ganzen Ladung Frauenzimmer in Wolfenbüttel aufzukreuzen: »Ich denke, dies ist die härteste Drohung, die ich Ihnen machen kann. Denn eben lege ich Ihre Sinngedichte aus den Händen und bin in meiner längst gehegten Meinung, Sie seien ein Erzweiberfeind, nun völlig bestärkt. Ist es aber nicht recht gottlos, daß Sie uns bei allen Gelegenheiten so herunter machen? Sie müssen an verzweifelt böse Weiber geraten sein ...«

Ihre sarkastischen Bemerkungen haben sie nicht daran gehindert, sich im Sommer 1771 mit dem gescholtenen Erzweiberfeind in Hamburg offiziell zu verloben. Sie vertraut ihrer Überzeugungskraft und darauf, dass sich auch ihre äußeren Lebensumstände mit etwas Glück verbessern lassen. Wie Lessing ist sie einer Leidenschaft verfallen: dem Lotteriespiel, das ihnen bislang jedoch noch keinen nennenswerten Gewinn eingebracht hat. Nun wollen sie es mit einem gemeinsamen Los der Hamburger Lotterie versuchen. Für Lessing steht fest, dass Eva die Frau ist, »mit der man schlechterdings nichts verlieren kann«.

Während er in Wolfenbüttel versauert, geht sie in Wien wieder zielstrebig ihren verzwickten und verhassten Geschäften nach. Sie ist keine geborene Geschäftsfrau, aber sie hat sich mit Sachverstand und Zähigkeit in die Materie eingearbeitet und sieht sich endlich einem erfolgreichen Abschluss der Verhandlungen nahe. Drei Jahre hat sie es in Wien, »dem elendesten Winkel der Welt«, ausgehalten, fern von ihren Kindern, fern von ihrem Verlobten, den sie aufmuntern und vertrösten muss, auch wenn sie selbst oft niedergeschlagen und verbittert ist. Seine Briefe treffen nur spärlich ein und bieten ihr nicht den ersehnten Rückhalt. Lessing ist in seine Arbeit eingesponnen, doch auch er macht sich Sorgen, weil etliche der Briefe Evas ihn durch Schlampigkeit der Boten nie erreicht haben.

Er hat sich Anfang des Jahres 1775 von seinem herzoglichen Dienstherrn beurlauben lassen, um eine ausgedehnte Reise anzutreten, an deren Ende Wien stehen soll: das Wiedersehen mit Eva. Endlich können handfeste Hochzeitspläne geschmiedet werden. Allzu viel Zeit bleibt dafür allerdings nicht, denn Lessing ist in Wien – Eva sieht es mit Staunen und Stolz – ein hoch geschätzter Mann, dem man hier viel größere Ehrerbietung entgegenbringt als in Hamburg oder in Wolfenbüttel. Sie erlebt mit ihm gemeinsam eine glanzvolle Aufführung der *Emilia Galotti*, er wird von Kaiserin Maria Theresia empfangen – aber was nutzt ihm all die Ehre, wenn nicht, wie er erhofft hatte, eine Anstellung dabei herausspringt?

Eva hat mehr Glück. Ihre Verhandlungen sind erfolgreich abgeschlossen: Die maroden Wiener Fabrikanlagen konnten so gewinnträchtig verkauft werden, dass ihr künftig eine Jahresrente von 500 Talern sicher ist – ein solider Grundstock für die Ehe.

Hochzeitsvorbereitungen

Das Brautpaar plant die gemeinsame Heimreise nach Hamburg, um dort die Hochzeit vorzubereiten. Doch wieder muss der Termin verschoben werden, denn Lessing kann sich einer Aufgabe nicht entziehen, die ihm zu einem anderen Zeitpunkt höchst willkommen gewesen wäre: Er soll als Begleiter des jüngsten Prinzen von Braunschweig ins »Gelobte Land« Italien reisen. »Gott möge es Ihrem Prinzen Leopold verzeihen, daß er mich um Ihre Gesellschaft gebracht hat; ich verzeihe es ihm nimmermehr«, schreibt Eva wütend. Da können sie auch die 200 Taler nicht besänftigen, die der Erbprinz Lessing als Zulage gewährt.

Evas alleinige Rückreise nach Hamburg gestaltet sich dramatisch: Nachts verirrt sich die spärlich beleuchtete Kutsche mit dem betrunkenen Postillon mitten im Thüringer Wald, »wo man auf zwei Meilen keine Hütte trifft und wo solche Wege sind, die man sogar am Tage mit Lebensgefahr passiert«. Kurz vor Salzburg fällt ihr Dienstmädchen wegen Volltrunkenheit aus, sodass sie selbst für alles Nötige sorgen muss. Damit ihre drastischen Schilderungen Lessing nicht schrecken, fügt sie beruhigend an: »Sie brauchen deswegen nicht zu denken, daß ich des Reisens müde bin, nein, ich treffe überall so viel gute Leute, die mich alles wieder vergessen machen.«

Als Lessing im März 1776 von seiner unfreiwilligen Italienreise nach Deutschland zurückkehrt, wird der Hochzeitstermin auf den 8. Oktober festgesetzt. Er markiert gleichzeitig das Ende einer sechs Jahre währenden Korrespondenz, von der etwa 200 Briefe erhalten sind – der umfangreichste Briefwechsel des »notorisch säumigen Briefschreibers«, aber durchaus nicht der einzige mit einer Frau. Mit der gebildeten Kaufmannsfrau Elise Reimarus pflegt er vor allem in späteren Jahren als Witwer einen über das Geschäftliche hinausgehenden Gedankenaustausch, während er sich von den aufdringlich werbenden Briefen der Professorengattin Ernestine Reiske eher belästigt fühlt.

Immerhin zeigen deren Avancen, dass der spröde Eigenbrötler nicht nur nüchtern zurückhaltende Frauen wie Eva König zu beeindrucken vermag. Mit seinem Zeitgenossen Friedrich Gottlieb Klopstock kann er es allerdings nicht aufnehmen: Dieser versammelt an Wintertagen die Damen der Hamburger Gesellschaft um sich, um ihnen das Schlittschuhlaufen und das Hohelied der Natur beizubringen. Im

Briefwechsel mit seiner späteren Frau Meta Moller ergeht er sich in so schwelgerischen Gefühlen, dass sich die Briefe Lessings und seiner Braut dagegen wie Geschäftsbilanzen ausnehmen.

Eva, die gebürtige Heidelbergerin und »gelernte« Hamburgerin, wirkt wie eine geborene Hanseatin. Und auch Lessing, dem aus Kamenz stammenden Sachsen, sind hanseatische Züge nicht fremd. Beide zeichnet Zurückhaltung und Stolz, Verlässlichkeit und Nüchternheit aus. Sie wissen, dass sie zueinander gehören – was braucht es da überschwängliche Gefühlsbezeugungen? Nur ganz selten fallen sie aus ihrer distanzierten Rolle, und Briefstellen wie Lessings Beteuerung, dass er Eva »über alles liebe, und in Gedanken tausendmal des Tages umarme«, sind seltene Fundstellen.

Kurzes Eheglück

Die Zeit des Zusammenlebens nach der Hochzeit gestaltet sich – wider Erwarten zahlreicher Skeptiker – außerordentlich harmonisch, sodass Lessing seinem Bruder Karl im Dezember 1776 über Eva schreiben kann: »Wenn ich Dich versichere, daß ich sie immer für die einzige Frau in der Welt gehalten, mit welcher ich mich zu leben getraue, so wirst Du wohl glauben, daß sie alles hat, was ich an einer Frau suche.«

Beide Partner haben Einsamkeit kennen gelernt, und beiden liegt viel an einem ruhigen, einträchtigen Familienleben, wobei Lessing die Kinder ganz selbstverständlich in die häusliche Gemeinschaft einbezieht, auch wenn sie ihn gelegentlich aus seiner Arbeit aufstören. Eva erweist sich – Lessing sieht es mit Wohlbehagen – als ausgezeichnete Hausfrau und aufmerksame Gastgeberin. So wird das Lessingsche Haus schon bald zu einem Ort geistvoller Geselligkeit. Die anfänglich skeptischen Freunde, die, von Neugier angetrieben, das Ehepaar Lessing kurz nach der Hochzeit besuchen, sind des Lobes voll über die »sehr verehrungswürdige Frau«, die es geschafft hat, aus dem missmutigen, ewig kränkelnden Stubengelehrten einen ausgeglichenen, nicht mehr mit dem Schicksal hadernden Menschen zu machen. »Ich weissage ihm nach allem Anschein eine glückliche Ehe«, prophezeit Freund Eschenburg. Der junge Tischbein ist angetan von »des Herrn Hofrats und der Frau Hofrätin Kunstdiskursen«, und der Historiker Spittler rühmt an der Hausherrin »die unstudierte Güte des Herzens«. Sie sei »immer voll von der göttlichen Seelenruhe«, die sich auch ihren Gästen mitteile, und er bekennt: »Das Beispiel dieser großen, würdigen Frau hat meine Begriffe von ihrem Geschlecht unendlich erhöht.«

Lessing genießt das Familienleben und die häusliche Harmonie. Berufliche Fehlschläge – wie die an falschen Versprechungen und Intrigen scheiternde Berufung ans Mannheimer Nationaltheater – trägt er nun mit Fassung, nichts treibt ihn mehr von Wolfenbüttel fort, wo die Familie inzwischen ein schmuckes Gebäude im Schlosspark bezogen hat. Aus dieser überaus glücklichen Zeit gibt es zwar keine Briefe, aber Eva trägt alles, was sie für aufhebenswert hält, in ihr »Taschenbuch« ein – eine Fundgrube für die Nachwelt.

Im November 1777 besucht Moses Mendelssohn, Lessings bester Freund aus Berliner Tagen, das Paar in Wolfenbüttel, genießt die herzliche Gastfreundschaft der Hausherrin und wundert sich über die Verwandlung seines früher so streitbaren Gefährten zum abgeklärten, zufriedenen Familienvater. Bald wird ein weiteres Kind dazu kommen, Eva ist hochschwanger. Die Glücksgefühle des zukünftigen Vaters kann sie nicht unbeschwert teilen: Mit vierzig ist sie eigentlich zu alt für eine weitere Geburt, drei Kinder hat sie durch frühen Tod verloren. Und wie viele Frauen aus ihrem Hamburger Bekanntenkreis hat das Kindbettfieber dahingerafft! Ihr steht das Schicksal Meta Klopstocks vor Augen, des

Dichters unbändige Freude auf sein erstes Kind – wie die ihres Mannes. Dann der tot geborene Sohn. Die Mutter, die an der schweren Geburt stirbt ...

Sie verdrängt die trüben Gedanken und widmet sich ganz ihrem berühmten Gast. Moses Mendelssohn ist der Letzte, der die harmonische Atmosphäre im Lessingschen Haus miterlebt.

Überschattete Weihnachtstage

Ausgerechnet am Weihnachtsabend nimmt die beglückende Familiengemeinschaft ein jähes Ende. Eva bringt, während in den Kirchen und in den Familien die Geburt Christi gefeiert wird, ein Kind zur Welt, das nur 24 Stunden lebt – eine schwierige Zangengeburt, die dem Säugling keine Lebenschancen lässt und die Mutter völlig entkräftet. Traugott sollte der Sohn, der erste und einzige Lessings, heißen.

Zur Trauer über den Sohn kommt die Sorge um Eva. Sie liegt zehn Tage ohne Bewusstsein. Lessing weicht nicht von ihrem Bett, er ist überzeugt, dass sie seine Nähe spürt. In diesen Stunden der Verzweiflung schreibt er am letzten Tag des so glücklich begonnenen Jahres einen erschütternden Brief an seinen Freund, Professor Eschenburg in Braunschweig:

»Mein lieber Eschenburg! Ich ergreife den Augenblick, da meine Frau ganz ohne Besonnenheit liegt, um Ihnen für Ihren gütigen Anteil zu danken. Meine Freude war nur kurz. Und ich verlor ihn so ungern, diesen Sohn! Denn er hatte so viel Verstand! so viel Verstand ... War es nicht Verstand, daß man ihn mit eisernen Zangen auf die Welt ziehen mußte? Daß er so bald Unrat merkte? War es nicht Verstand, daß er die erste Gelegenheit ergriff, sich wieder davon zu machen? – Freilich zerrt mir der kleine Ruschelkopf auch die Mutter mit fort! – Denn noch ist wenig

Hoffnung, daß ich sie behalten werde. – Ich wollte es auch einmal so gut haben wie andere Menschen. Aber es ist mir schlecht bekommen.«

Nach Neujahr schöpft der Verzweifelte wieder etwas Hoffnung und schreibt am 5. Januar an seinen Bruder Karl: »Ich habe nun einmal die traurigsten vierzehn Tage erlebt, die ich jemals hatte. Ich lief Gefahr, meine Frau zu verlieren, welcher Verlust mir den Rest meines Lebens sehr verbittert haben würde. Sie ward entbunden und machte mich zum Vater eines recht hübschen Jungen, der gesund und munter war. Er blieb es aber nur vierundzwanzig Stunden und ward hernach das Opfer der grausamen Art, mit welcher er auf die Welt gezogen werden mußte ... Die Freude war so kurz, und die Betrübnis ward von der größten Besorgnis so überschrien! Denn die Mutter lag ganzer neun bis zehn Tage ohne Verstand ...seit drei Tagen habe ich die zuverlässige Hoffnung, daß ich sie diesmal noch behalten werde, deren Umgang mir jede Stunde, auch in ihrer gegenwärtigen Lage, immer unentbehrlicher wird.«

Dann, am 10. Januar 1778, die verbitterte Nachricht an Freund Eschenburg: »Meine Frau ist tot, und diese Erfahrung habe ich nun auch gemacht. Ich freue mich, daß mir viel dergleichen Erfahrungen nicht übrig sein können zu machen ...«

Zwei Tage später, an einem frostigen Januartag, wird Eva Lessing beerdigt. Am Grab steht ein gebrochener Witwer, stehen seine vier Stiefkinder, die alle noch der Fürsorge bedürfen. Es ist eine schwere Bürde, die Lessing da auf sich lädt. Die drei Söhne haben aus der mütterlichen Familie die Schwermut geerbt, die Eva durch ihren starken Willen und ihre Lebensbejahung bei sich selbst nicht aufkommen ließ. Lessing bemüht sich vergeblich, den Ältesten, Theodor Heinrich, bei der Armee unterzubringen. Er soll später dem Wahnsinn verfallen sein und sich in der Nähe Hamburgs das Leben genommen haben. Der jüngere Bruder, Johann Engelbert, den Lessing zu einem Wolfenbütteler Kantor gegeben hat, soll sich nach seinem Dienst im österreichischen Heer ebenfalls in geistiger Umnachtung umgebracht haben. Dem jüngsten Sohn, Fritz, der nach einem Kopfsturz zum zerfahrenen Sonderling geworden ist, besorgt Lessing eine lebenslange Vikariatsstelle.

Nur Malchen, das einzige Mädchen, bleibt von der vererbten Schwermut verschont. Sie führt Lessing den Haushalt und ist ihm einziger Trost in seiner Einsamkeit. Böswillige Gerüchte, die in Hamburg zu diesem innigen Verhältnis aufkommen, verstummen jedoch mit Malchens Heirat. Das Erbübel der Familie macht sich erst bei ihren sechs Kindern wieder bemerkbar: Einer ihrer Söhne stirbt im Irrenhaus.

Man könnte es eine gütige Fügung nennen, dass Eva Lessing die tragische Entwicklung ihrer Kinder nicht mehr erlebt hat. Sie wusste um die erbliche Belastung ihrer Familie. Vielleicht hätte sie sich trotzdem Vorwürfe gemacht: War es richtig, die vier noch der mütterlichen Fürsorge bedürftigen Kinder drei lange Jahre einer fremden Pensionsmutter zu überlassen, während sie in bester Absicht um das Familienerbe kämpfte?

Lessing hat für diese Kinder, die ihm sein Freund Engelbert König einst anvertraute, getan, was in seinen Kräften stand. Er hat es auch seiner Frau zuliebe getan – jener Gefährtin, die ihm eine kurze Spanne wahren Lebens geschenkt hat, das er nun in den drei Jahren, die ihm noch verbleiben, schmerzlich vermissen wird.

Am Tag nach Evas Beerdigung verfällt er wieder in die alte Melancholie: »Wenn ich nur mit der einen Hälfte meiner übrigen Tage das Glück erkaufen könnte, die andere Hälfte in Gesellschaft dieser Frau zu erleben, wie gern wollt' ich es tun. Aber das geht nicht, und ich muß nun wieder anfangen, meinen Weg allein fortzusetzen.«

Amalie Sieveking

Sozialarbeit um Gotteslohn

Amalie Sieveking

1794–1859

Armenpflegerin

> Mensch, werde wesentlich,
> denn wenn die Welt vergeht,
> das Wesen, das besteht.
>
> ANGELUS SILESIUS

Wir schreiben das Jahr 1831: Es ist das berüchtigte »Cholerajahr« in Hamburg. Die Seuche hat sich vor allem in den Armenvierteln der Stadt rasch ausgebreitet. Es fehlt an Ärzten, Pflegerinnen, Quarantänestationen, an einer koordinierenden Hand. Die Angst vor Ansteckung ist besonders in bürgerlichen Kreisen groß, und so vermeidet man sorgsam jeden Kontakt mit Menschen aus den Seuchenquartieren. Doch finden sich auch in Hamburg Mutige – wie in Berlin etwa Bettina von Arnim –, die vor möglicher Ansteckung nicht zurückschrecken und die Kranken in ihren elenden Behausungen besuchen.

Dies ist die Stunde der Amalie Sieveking. Die unverheiratete Senatorentochter sucht seit langem nach einer sinnvollen und gottgefälligen Aufgabe. Mit 37 ist sie längst über das Heiratsalter hinaus. Enttäuscht über eine unerwiderte Liebe zu ihrem Vetter, hat sie schon in jungen Jahren die Hoffnung auf ein erfülltes Leben als Ehefrau und Mutter begraben. Im Dienst am Nächsten sieht sie nun ihre Berufung und in der Choleraepidemie einen Prüfstein der Bewährung. Furchtlos oder zumindest die Furcht tapfer überspielend pflegt sie Kranke und Sterbende und versorgt deren Familien. Doch was kann eine einzelne Helferin schon bewirken angesichts der akuten Not?

Mit einem »Aufruf an christliche Seelen« im *Bergedorfer Boten* versucht sie Hilfswillige zu finden; doch der verheißene Gotteslohn wiegt die Angst vor Ansteckung nicht auf. Das Experiment scheitert. Umso stärker widmet sie selbst sich nun gegen den Willen ihrer Angehörigen den Choleraopfern. Nicht nur bei ihren Hausbesuchen, auch im Seuchenhospital St. Ericus findet sie ein reiches Betätigungsfeld. Sie organisiert die regelmäßige Betreuung der Schwerkranken und sorgt für hygienische Bedingungen in den Krankensälen und den Behandlungsräumen. Das bringt ihr die Hochachtung der Ärzte ein, sodass man sie schon bald mit der Oberaufsicht über das Pflegepersonal betraut. Die öffentliche Anerkennung ihrer Arbeit gibt ihr die nötige Autorität und Durchsetzungskraft und stärkt ihr Selbstvertrauen.

Lange schon hat sie sich mit dem Gedanken getragen, unter der Obhut der evangelischen Kirche eine »barmherzige Schwesternschaft« zu gründen, einen karitativen Frauenorden ohne Gelübde und klösterliche Gemeinschaft, der Bedürftigen helfen und gleichzeitig jungen Mädchen der höheren Stände eine sinnvolle Lebensaufgabe bieten sollte. Nun wagt sie sich, von den konkreten Umständen herausgefordert, an die Verwirklichung ihrer Idee.

Ein erfolgreiches wie angefeindetes Wohlfahrtsmodell

1832, nach dem Abflauen der Choleraepidemie, gründet Amalie Sieveking mit einem Dutzend christlich gesinnter, einsatzwilliger Frauen den »Weiblichen Verein für Armen- und Krankenpflege«, der bald weit über Hamburg hinaus als Modell für ähnliche Initiativen dient. Die Frauen machen Hausbesuche bei bedürftigen Familien, versorgen Kranke und kümmern sich um das körperliche und seelische Wohl ihrer Schützlinge. Die Gründerin wirbt für die Idee ihres karitativen Vereins auf zahlreichen Vortragsreisen und findet in kirchlichen Kreisen respektvolle Anerkennung, während Liberale und nicht konfessionell Gebundene skeptisch bleiben. Man wirft ihr die gezielte Unterstützung besonders williger und glaubenstreuer Bedürftiger vor. Und in der Tat: Menschen, die dem engmaschigen Netz der Gesellschaft »entglitten« sind – wie Bettler und Obdachlose – klopfen vergebens an ihre Tür.

Sie verlangt von ihren Schutzbefohlenen einen christlichen Lebenswandel und kontrolliert bei Hausbesuchen ihren Arbeitswillen und auch ihre Bibeltreue. Die Mitarbeiterinnen hat sie angewiesen, die häuslichen Verhältnisse und die Glaubensbereitschaft der Unterstützten genau zu prüfen und zu protokollieren, damit nicht »Unwürdige und Unwillige« mit Wohltaten bedacht werden, die andernorts unverschuldet Notleidenden zugute kommen könnten.

Diese Haltung fordert außerhalb ihrer verschworenen Glaubensgemeinschaft zum Widerspruch heraus und führt auch heute noch – besonders angesichts leerer Kassen der Kommunen – zu Diskussionen: Sollen zum Beispiel Drogenabhängige und Alkoholsüchtige auf Kosten der Allgemeinheit versorgt werden oder überlässt man sie ihrem selbst verschuldeten Elend? Sind Fixerstuben und Entwöhnungskuren sinnvoll, wenn die Betroffenen keinen Therapiewillen zeigen? Die Meinungen gehen bei Fachleuten und in den Leserbriefspalten noch immer auseinander – wie damals in Hamburg.

Amalie Sieveking konzentriert sich bewusst auf Hilfsbedürftige, für die sich ihrer Meinung nach der Einsatz lohnt. Bei ihren Hausbesuchen lernt sie das Wohnungselend kinderreicher Familien aus nächster Nähe kennen. Sie hält deshalb eine Verbesserung der Wohnverhältnisse in den Armenvierteln für die vordringlichste Aufgabe. Mit dem Geld aus einer großzügigen Schenkung lässt sie Armenwohnungen bauen. Ein von dem französischen Architekten Alexis de Chateauneuf entworfenes Stiftsgebäude mit zahlreichen Wohnungen und einem Kinderspital – das heute unter Denkmalschutz stehende Amalienstift – geht ebenfalls auf ihre Initiative zurück.

Auch ihre Gegner, die eine Wohlfahrtspflege ohne Ansehen der Person fordern, würdigen ihren selbstlosen Einsatz, nicht aber den missionarischen Eifer, mit dem sie ihre Sache vertritt. So hat sich etwa ihre frühere Bewunderin, die drei Jahre jüngere Charlotte Paulsen, von ihr abgewandt und ein eigenes Wohlfahrtskonzept entwickelt. In Hamburg stehen sich nun zwei konkurrierende »Modelle der Wohltätigkeit« gegenüber.

Charlotte Paulsens Gegenentwurf

Während Amalie Sieveking die herrschenden Klassenunterschiede innerhalb der Gesellschaft als gottgegeben annimmt und die Überzeugung vertritt, dass jeder sich in seinem Stande bewähren soll, findet sich Charlotte Paulsen, angefeuert von den Gleichheitsideen der Revolutionäre von 1848, nicht mit den bestehenden Verhältnissen ab. Sie hält soziale Reformen, die über Wohltätigkeit hinausgehen und den unteren Ständen Aufstiegschancen bieten, für dringend erforderlich. Wie die von ihr noch immer verehrte Amalie Sieveking sieht sie in der Sozialarbeit ein wichtiges Aufgabenfeld für Frauen – doch die Wege der beiden Sozialaktivistinnen driften immer weiter auseinander.

Die pietistisch geprägte Sieveking lehnt jegliche Mitarbeit der Freidenkerin Paulsen in ihrem Verein für Armen- und Krankenpflege ab, wirft ihr ob ihres freieren Lebenswandels Unsittlichkeit vor und möchte die »Ungläubige« von sozialer Arbeit und damit von Einflussmöglichkeiten auf Abhängige fernhalten. Was bleibt der Abgewiesenen also anderes übrig, als einen eigenen Verein zu gründen?

Seit längerer Zeit schon hat sie im konfessionell nicht gebundenen Pestalozzistift für verwahrloste Kinder mitgearbeitet und auch in einem Frauenverein zur Unterstützung der Deutschkatholiken. Hinter diesem etwas irritierenden Namen verbirgt sich nicht etwa eine konservativ-kirchentreue Vereinigung, sondern im Gegenteil ein demokratischer, nicht kirchlich gebundener Kreis von Gleichgesinnten, der sich neben sozialen Aufgaben auch der kulturpolitischen Bildung der Frauen widmet.

Die Parolen der 48er Revolution finden auch in Hamburg Widerhall und spornen die sich bis dahin in der Öffentlichkeit zurückhaltenden Frauen zu selbstständigen Zusammenschlüssen und gemeinsamen Aktionen an. Allenthalben bilden sich sozial tätige Frauenvereine, die sich nicht selten an den Aktivitäten Charlotte Paulsens und Amalie Sievekings orientieren. Charlotte Paulsen erweitert ihren Aktionsradius systematisch und betätigt sich auch in einem Verein zur Bekämpfung konfessioneller Vorurteile, in dem sich christliche und jüdische Frauen zusammengefunden haben. Aber eigentlich schwebt ihr, nach dem Vorbild ihrer Widersacherin Sieveking, die Gründung eines eigenen Vereins vor.

1849, noch in den Nachwehen der Revolution, gründet sie einen gar nicht revolutionär ausgerichteten Verein zur Unterstützung der Armenpflege, der sich von dem Sievekingschen zwar in der Intention, aber nicht im praktischen Tun unterscheidet. Beide kümmern sich um häusliche Krankenpflege, beide richten Suppenküchen ein, beide bemühen sich, die Not der Arbeitslosen zu lindern. Der Führungsstil in den beiden Vereinen, die nicht nur für Hamburg modellhaften Charakter haben, unterscheidet sich allerdings fundamental. Während Amalie Sieveking ihren Verein 27 Jahre lang mit Erfolg straff und autoritär führt, bevorzugt Charlotte Paulsen – darin ihrer Zeit weit voraus – eine Zusammenarbeit auf gleicher Ebene. Teamwork würde man das heute nennen.

Frühe Prägungen

Beiden liegt die Mädchenerziehung besonders am Herzen, und zwar aus gutem Grund: Sie haben in ihrer Jugend eigene leidvolle Erfahrungen gemacht, die ihre Selbstständigkeit förderten, sie aber auch die Defizite ihrer Bildung spüren ließen.

Der familiäre Hintergrund ist bei beiden Frauen ähnlich: Sie stammen aus angesehenen, wohlhabenden Elternhäusern, wurden jedoch früh aus der behüteten Umgebung herausgerissen. Charlottes Vater, der Bankier Charles Thornton, hat während der napoleonischen Besetzung Hamburgs sein Vermögen eingebüßt und ist bemüht, seine 14 Kinder trotzdem standesgemäß zu verheiraten. Für seine 16-jährige Tochter Charlotte hat er den zwanzig Jahre älteren Makler Paulsen als Ehemann ausersehen – eine so genannte Konvenienzehe, wie sie damals in adeligen und auch in bürgerlichen Häusern durchaus üblich war.

Auch Amalie Sieveking hat keine unbeschwerte Jugend erlebt. Die Tochter und Enkelin eines Hamburger Senators wird nach dem frühen Tod der Eltern von ihren Brüdern getrennt und kommt bei entfernten Verwandten unter. Da kein Familienvermögen vorhanden ist, versucht die Mittellose ihren Unterhalt selbst zu verdienen: Sie macht für Klopstocks Schwägerin Handarbeiten, pflegt

Kranke im Verwandtenkreis und unterrichtet ein Nachbarskind. Beim Lernen mit der kleinen Nachbarin entdeckt sie ihre pädagogische Begabung und ihre Freude an dieser Arbeit. Sie nimmt weitere Kinder auf und beteiligt sich auch an einer für Mädchen gegründeten Freischule. Für ihre Schulkurse, die sie bis an ihr Lebensende beibehält, entwickelt sie eigene pädagogische Konzepte, in deren Mittelpunkt die religiöse und sittliche Unterweisung steht.

Sowohl Amalie Sieveking als auch Charlotte Paulsen haben aus ihren Jugenderfahrungen gelernt, sich selbst zu behaupten, eigene Vorstellungen und Pläne zu entwickeln und sie auch gegen Widerstände durchzusetzen. Diese zähe Ausdauer begleitet sie ihr Leben lang.

Amalie Sievekings Lebenskonzept

Während die lebensfrohe Charlotte Paulsen sich durch ihren Schwiegersohn, einen demokratisch denkenden Apotheker, in ihren Vorstellungen von einer klassenlosen Gesellschaft unterstützt fühlt, findet Amalie Sieveking Verständnis für ihre ethischen und religiösen Fragen und Zweifel bei ihrem Lieblingsbruder Gustav, einem Theologiestudenten. Sein früher Tod stürzt sie in eine seelische Krise. Orientierungslos und auf der Suche nach einem Lebenssinn findet sie Halt bei einem Freund ihres Bruders, der ihr in langen Gesprächen über subjektive Glaubenserfahrung die Vorstellungen der so genannten Erweckungsbewegung nahe bringt. So wird aus der vom Elternhaus her rational Geprägten eine von ihrer göttlichen Berufung getragene Glaubensschwester. Der innere Spannungsbogen von mystischer Hingebung und verstandesorientiertem Handeln zerreißt sie nicht, sondern gibt ihr Sicherheit und Stärke.

Aus diesem Kraftquell schöpft sie bei ihrem unermüdlichen Einsatz für die Armen und für Projekte, die diesen Benachteiligten der Gesellschaft zugute kommen sollen, wenn sie sich denn durch ein gottgefälliges Leben als würdig erweisen. Unter Sievekings Ägide entstehen zwei weitere Wohnstifte für bedürftige Familien. Über all diese Projekte führt sie gewissenhaft Buch, ihre Jahresberichte werden veröffentlicht und dienen ähnlichen Einrichtungen in anderen Städten als Vorbild für eigene Gründungen.

Ihre inneren Zweifel und Anfechtungen vertraut sie nur ihrem Tagebuch an, während sie nach außen unerschütterlich und wie ein Fels in der Brandung wirkt. Das zeigt sich auch in ihren Schulkursen, die sie eigenwillig und mit großem Engagement bis zu ihrem Lebensende durchführt. In dieser Bildungsarbeit sieht sie, neben der Armenpflege, ihre eigentliche Lebensaufgabe. Verlockende Berufungen – etwa zur Leitung der Fliednerschen Diakonissenanstalt in Kaiserswerth – lehnt sie ab, ebenso ein Angebot des Allgemeinen Hamburger Krankenhauses für eine Führungsposition. Sie will ihrem Lebenswerk treu bleiben.

Ablehnung der ersten Hamburger Frauenhochschule

Zu Beginn des Jahres 1850, noch im Sog des revolutionären Aufbruchs, starten wagemutige Frauen in Hamburg ein kühnes Experiment: Sie gründen auf dem Holländischen Brook eine »Hochschule für das weibliche Geschlecht« – die erste Frauenhochschule Deutschlands. Amalie Sieveking gehört nicht zu den Gründerinnen, obwohl sie sich stets für eine bessere Mädchenbildung eingesetzt hat. Das Projekt, das von Charlotte Paulsen mitgetragen wird, ist ihr politisch zu anrüchig, hatte sie doch schon früher die egalitäre und kirchenferne Sozialarbeit ihrer Konkurrentin

Paulsen als »kommunistisches und atheistisches Teufelswerk« gebrandmarkt. Sie fürchtet, freisinnige Ideen könnten das fest gefügte Fundament ihres karitativ-christlichen Werkes ins Wanken bringen.

Diese Befürchtungen hegt sie nicht zu Unrecht: Die Frauenhochschule – wobei »Hochschule« wohl doch etwas zu hoch gegriffen ist – wird im Wesentlichen von der deutschkatholischen Freien Gemeinde Hamburgs getragen. Diese Institution wirbt den Amtskirchen erfolgreich Mitglieder ab und bringt freidenkerische Ideen unters Volk, das allerdings meist den gehobenen Schichten angehört: jenen Schichten, die bislang Amalie Sievekings Arbeit unterstützt haben und aus deren Reihen sie höhere Töchter zu Armenpflegerinnen und Krankenhelferinnen ausbildet. Sie ist auf großzügige Sponsoren angewiesen, und davon gibt es in Hamburg nicht unbegrenzt viele. Allein aus Mitteln der evangelischen Kirche und aus kleinen Spendenbeiträgen könnte sich das immer weiter ausgebaute Hilfswerk nicht tragen. Was dann? Sorgen und schlaflose Nächte für die Gründerin dieses kleinen weiblichen Imperiums – dagegen Euphorie bei den Gründerinnen der Frauenhochschule, die nicht nur in Hamburg auf großes Interesse stößt.

Malwida von Meysenbug, die wohl prominenteste Dozentin der Schule, schreibt in ihren *Memoiren einer Idealistin*, Ziel der Ausbildung sei es, »die ökonomische Unabhängigkeit der Frau möglich zu machen durch ihre Entwicklung zu einem Wesen, welches zunächst sich selbst Zweck ist und sich frei nach den Bedürfnissen und Fähigkeiten seiner Natur entwickeln kann«. Dieses uneingeschränkte Recht auf Entfaltung der eigenen Persönlichkeit zu Lasten der Familie und der Solidargemeinschaft stößt nicht nur in Amalie Sievekings konservativen Kreisen, sondern auch bei liberal gesinnten Frauen und Männern auf Kritik. Doch das vielfältige Bildungsangebot der Schule, zu dem auch naturwissenschaftliche Fächer gehören, wird von Frauen jeden Alters begeistert angenommen.

Großmütter und Enkelinnen, Frauen aus gehobenen und aus kleinbürgerlichen Schichten sitzen nebeneinander auf der Schulbank. Bildungsvoraussetzungen werden nicht geprüft, um nicht gegen das Prinzip der Chancengleichheit zu verstoßen. Der zur Schule gehörende Fröbelsche Kindergarten dient angehenden Kindergärtnerinnen und Lehrerinnen als Praxisfeld. Finanziert wird die Hochschule – auch das eine revolutionäre Idee – durch Aktien, die hauptsächlich von Frauen gekauft werden. Auch der progressive Frauenbildungsverein von Emilie Wüstenfeld trägt zum Unterhalt der Schule bei. Alles ist bestens organisiert und finanziell abgesichert.

Doch der politische Wind dreht sich und bläst den Reformerinnen plötzlich harsch ins Gesicht. Revolutionäre Ideen sind nicht mehr gefragt, politische Vereine werden verboten, auswärtige Professoren mit aufrührerischen Ideen dürfen an der Schule nicht mehr unterrichten, der Druck der Amtskirchen wächst, und besorgte Eltern ziehen ihre Töchter aus dem Unterricht ab. Damit ist das Schicksal der ersten deutschen Frauenhochschule, dieses so verheißungsvoll angelaufenen Experiments, besiegelt – zur Genugtuung Amalie Sievekings. Nach knapp zwei Jahren erfolgreicher Arbeit schließt die Schule ihre Pforten.

Malwida von Meysenbug hält dieses Ende etwas idealisierend in ihren Memoiren fest: »Wir wollten keine Konzession machen, nicht um Hilfe betteln, denn wir hätten lügen müssen, um sie zu bekommen. Wir beschlossen also, freiwillig zu enden, in der höchsten Blüte unserer moralischen Erfolge – um zu beweisen, daß die Schließung der Schule nicht die Folge eines falschen Prinzips, sondern der ungenügenden materiellen Mittel sei.«

Während mit dem Untergang der Frauenhochschule auch Charlotte Paulsens Bildungseinrichtungen und ihr Armenverein in finanzielle Bedrängnis geraten, fließen den Stiftungen Amalie Sievekings nun wieder vermehrt Spenden zu. Beide Frauen leisten in ihrem Rahmen und durch ihre Überzeugungen eindrucksvolle Sozial- und Bildungsarbeit. Es sind – auch heute noch – die politischen Zeitläufte, die letztlich Erfolg oder Misserfolg eines Lebenswerks bestimmen. Tröstlich nur, dass politische Strömungen meist vergänglicher sind als gut geknüpfte soziale Netzwerke.

Amalie Sieveking, die wie Charlotte Paulsen an der Frauensäule im Hamburger Rathaus verewigt ist, erliegt 1859, mit 65 Jahren, in ihrer Heimatstadt einem Lungenleiden. Auch wenn sie zeit ihres Lebens von der gottgewollten Hierarchie der Stände überzeugt war und sich mit ihren Schützlingen nie solidarisiert hätte, will sie doch im Tod ein Zeichen der Verbundenheit setzen: Sie lässt sich in einem Armensarg bestatten.

In die hamburgische Geschichte ist sie als Begründerin der kirchlich organisierten weiblichen Sozialarbeit eingegangen. Sie selbst sah sich als Förderin der »Emancipation des weiblichen Geschlechts im christlichen Sinne«. Dass in Hamburg ein Lehrkrankenhaus der Universität, ein Wohnstift und eine sonderpädagogische Schule ihren Namen tragen, zeigt die Spannweite und Nachhaltigkeit ihres Wirkens.

Grab von Elise Lensing
auf dem Ohlsdorfer Friedhof in Hamburg

Brief an eine Verschmähte

Elise Lensing

1804–1854
Putzmacherin

> Schüttle alles ab, was dich in deiner Entwicklung hemmt, und wenn's auch ein Mensch wäre, der dich liebt.
>
> FRIEDRICH HEBBEL

Verehrte Elise Lensing,

Sie liegen, so stelle ich es mir vor, in Ihrer Kissenburg im abgedunkelten Zimmer, geschüttelt von Hustenanfällen, gequält von Atemnot und von Gliederschmerzen. Das Fieber ist angestiegen in den letzten Tagen, das beunruhigt Sie – und Sie haben niemanden, mit dem Sie darüber sprechen könnten. Sie fühlen sich einsam. Nicht, dass es Ihnen an hilfreicher Zuwendung fehlte: Sie werden, wie Sie schreiben, gut versorgt, man bettet Sie zweimal am Tag um, seit Sie Ihr Lager nicht mehr verlassen können, Ihre Mutter kocht für Sie und hält die Wohnung in Ordnung, der Arzt sieht jeden Morgen nach Ihnen – nur, können Sie seinen beschwichtigenden Worten glauben?

Sie sind misstrauisch geworden, verbittert nach all den Enttäuschungen, die Sie erlebt haben, das kann ich gut verstehen. Sie sehnen sich nach den Menschen, denen Sie sich verbunden fühlen und die Ihr Leben bestimmt haben. Sie sehnen sich vor allem nach dem einen, der Ihnen so unendliches Leid zugefügt hat und von dem Sie doch nicht lassen können, jetzt in Ihrer Hilflosigkeit weniger denn je.

Wann hat er Sie zum letzten Mal besucht? Die Daten verwischen sich in Ihrem Kopf, das macht das Fieber. Vieles, vermute ich, wird Ihrem Gedächtnis entschwunden sein, anderes umso deutlicher hervortreten. Sie haben sich Tinte und Federkiel geben lassen, schreiben bei flackerndem Kerzenlicht und mit zittriger Hand an jene, die Ihnen fern sind und doch so nah: an die »theuerste Tine« in Wien, an die Sie Ihren geliebten Freund verloren haben und mit der Sie doch in schwesterlicher Zuneigung verbunden sind. Sie schreiben – wie viel Kraft mag Sie das kosten – an ihn, den Treulosen, dem Sie Ihr Leben lang die Treue gehalten haben, wenn auch oft voller Wut und Verzweiflung. Sie haben alles für ihn hingegeben, Ihre Ehre, Ihre Gesundheit, Ihre berufliche Entfaltung, Ihr Erspartes, Sie haben die Möglichkeit, sich an einen anderen Mann zu binden, nie in Betracht gezogen, immer hoffend, dass er doch eines Tages zu Ihnen zurückfindet. Sie haben an ihn geglaubt, als Friedrich Hebbel noch nicht der berühmte Dramatiker war, sondern der kleine, ungebildete Habenichts aus Wesselburen. Mit Ihrem mühsam erarbeiteten Geld haben Sie dem Tagelöhnerssohn den Weg geebnet in die große Welt, in der er nie heimisch wurde, die ihm aber sorgenfreies Schaffen bot.

Sie haben sein Verhalten nie verstanden, nie verstehen wollen. Sie haben es hingenommen, weil Ihnen nichts anderes übrig blieb, aber Sie haben – und das schreibe ich mit Hochachtung – Ihre Enttäuschung und Verbitterung nicht Ihre Rivalin entgelten lassen. Sie haben zu ihr, der berühmten Hofschauspielerin, ein gutes Verhältnis gesucht, und dies nicht nur aus materiellen Gründen. Es ging ja auch um den kleinen Carl, den Sohn Ihrer Rivalin, den Sie in Pflege nahmen und der Ihnen ans Herz gewachsen ist.

Sie werden unruhig, ein neuer Hustenanfall peinigt Sie. Oder ist es die Sorge um Carl? Sie machen sich Gedanken, was aus ihm wird, wenn Sie nicht mehr da sind, wenn Ihre Mutter ihn nicht mehr zu bändigen vermag ...

Die Feder ist Ihnen aus der Hand geglitten, Sie sind erschöpft – wie könnte es anders sein bei diesen dauernden Schmerzen. Und der Arzt hat Ihnen verboten, die lindernde Medizin zu nehmen. Sie halten sich daran, obwohl Ihre »Kurzluftigkeit«, von der Sie schreiben, Ihnen die Brust erdrückt und den Hals zuschnürt. Sie können nicht essen, nicht trinken, nicht sprechen und kaum atmen – aber Ihr Geist ist hellwach und Ihre Gedanken gehen in wirren Sprüngen zurück zu den Schmerzpunkten und den Hoffnungsstunden Ihres Lebens.

Im Fieberwahn sehen Sie Bilder, die aus Ihrem Inneren aufsteigen, in einer Klarheit und Schärfe wie nie zuvor. Bilder, die Sie ängstigen, die Ihnen aber blitzartig vieles aufschlüsseln, was Ihnen unerklärbar schien. Am deutlichsten die Bilder, die weit zurückliegen: Das kleine Mädchen, das Papierschiffchen schwimmen lässt auf der Elbe. Lenzen heißt das verträumte Landstädtchen, in dem Ihr Vater Wundarzt ist und eines Tages im Irrenhaus verschwindet.

Ein anderes Bild: Hamburg. Die Elbe breit und mächtig. Die Mutter neben einem Mann, ebenso breit und mächtig, im Hintergrund ein Kahn. Der Mann ist Elbschiffer und heißt nun »Stiefvater«.

Undeutlicher die Internatsschule in Magdeburg. Wie kamen Sie eigentlich dorthin? Haushaltführung, Handarbeiten, sich benehmen wie die feinen Leute lernen Sie da. Dann – verschwommener noch – die Lehrerinnenstelle in Calve, die langweiligen Mädchen, denen Sie Sticken und Häkeln beibringen müssen.

Sie stöhnen. Ihre Hand fährt unruhig auf der Decke hin und her. Wieder Hamburg. Das scharf gezeichnete Bild des Elternhauses am Stadtteich. Der junge Mann, der bei Ihrer Mutter zur Untermiete wohnt: ungelenk, ohne Manieren, bücherbesessen. Ein Schreiberling mit viel Fantasie und wenig Kenntnissen. Die Schriftstellerin Amalie Schoppe hat den 22-Jährigen nach Hamburg geholt. Er soll für ihre *Pariser Modeblätter* schreiben, sie hat ein Gespür für unentdeckte Talente. Sie trauen der Schoppe nicht – ist's Eifersucht? Will sie vielleicht, was Sie auch wollen: den jungen Mann an sich binden?

Sie bringen Friedrich Hebbel, der sich – nicht zuletzt durch Ihre Bewunderung – als Dichter zu fühlen beginnt, den Schliff bei, den Sie auf der Internatsschule in Magdeburg gelernt haben. Hebbel ist gelehrig, dankbar ist er nicht. Er sieht in Ihnen – Sie sind ja fast ein Jahrzehnt älter – die mütterliche Freundin, vielleicht hie und da die Muse, vor allem aber die Mäzenin. Bequem für ihn. Sie unterstützen ihn nach Kräften. Ihre Näharbeiten, Ihre Stickereientwürfe bringen gutes Geld ein, Sie können sich sogar eine Gehilfin leisten. Sie könnten sich noch mehr leisten, wenn Sie nicht von dem Gedanken besessen wären, ihm, Ihrem Freund und bald schon Geliebten, das Leben zu erleichtern. Hat er Ihnen, als er zum Jurastudium nach Heidelberg aufbrach, gesagt, dass er ohne Reifezeugnis den Vorlesungen nur als Gasthörer beiwohnen darf? Sie sehen in ihm schon den zukünftigen großen Juristen – oder Dichter, und das ist Ihnen jedes Opfer wert.

Ein neues Fieberbild, das Sie aufwühlt: Hebbel, wie er eines Tages – war's 1839? – nach langem, beschwerlichem Fußmarsch von München her wieder vor Ihrer Tür steht, abgemagert, entkräftet, ein menschliches Wrack. Weder in München noch anderswo hat er eine Anstellung gefunden, auch nicht bei Cotta in Stuttgart, auf den er so viel Hoffnung gesetzt hatte. Sie packen ihn ins Bett, pflegen ihn. Nur langsam erholt er sich von seiner lebensbedrohenden Lungenentzündung. Sie nehmen's als gutes Zeichen, dass er mit der Schoppe gebrochen hat. Hoffen. Von seinen anderen Liebschaften wird er Ihnen nichts erzählt haben. Aus Rücksicht? Aus Furcht, dass Sie ihn hinauswerfen aus Ihrer Wohnung? Das hätten Sie nie getan. Sie sind schwanger.

Ein lichtes Bild – ein Lächeln huscht über Ihr Gesicht: Sie halten Ihren neugeborenen Sohn Max im Arm. Glücklich. Sie sind 36, alt für eine Erstgebärende. Hebbel nimmt die Geburt eher beiläufig zur Kenntnis, ihm ist eine andere Geburt wichtiger: Er hat seine biblische Tragödie *Judith* fertiggestellt und noch im selben Jahr zur Aufführung gebracht. Sie teilen seinen Stolz, Sie waren es schließlich, die ihm das ungestörte Schreiben ermöglicht hat.

Züngelnde Flammen – ein Inferno schreckt Sie auf. Sind es Ihre Fieberträume? Ist es erlebte Realität? Sie wissen es nicht mehr, aber die Chroniken bezeugen es: Im Mai 1842 steht Hamburg in Flammen. Ein Großfeuer zerstört weite Teile der Stadt. Die Panik hat sich in Ihrem Gedächtnis eingegraben, vermischt sich mit der Fieberhitze Ihres Körpers.

Niemand da, der Ihnen den Schweiß aus dem Gesicht wischt, die fiebrige Stirn kühlt. Die Bilder in Ihrem Kopf überstürzen sich: Die Audienz beim dänischen König. Sie treten – wer hätte Ihnen das zugetraut? – selbstbewusst auf, stellen sich als Hebbels Verlobte vor, was ihm peinlich ist, waren Sie doch bislang stets seine »Cousine«. Immerhin endet Ihre Audienz erfolgreich, Hebbel erhält für zwei Jahre ein ansehnliches Reisestipendium. Doch in Ihre Freude mischt sich Sorge, als er, von Gelenkrheumatismus geplagt, nach Frankreich aufbricht. Niemand wird sich dort um ihn kümmern, wie Sie es in Hamburg getan haben. Er lässt nichts von sich hören, schreibt wie besessen an seiner *Maria Magdalena*. Heine, den er in Paris trifft, wird ihn dazu ermuntert haben. Zwei, die sich nur mühselig durchschlagen in der Glanzmetropole.

Für *Ihre* Leiden hat Hebbel kein Gespür. Sie schreiben ihm, dass Sie wieder schwanger sind. Sie schreiben ihm schließlich verzweifelt vom Tod Ihres – und seines – Söhnchens Max, der an einer Gehirnentzündung gestorben ist. Doch Hebbel kehrt nicht, wie Sie es erhofft haben, nach Hamburg zurück, auch nicht zur Geburt Ihres zweiten Sohnes, dem Sie den Namen Ernst geben.

Sie machen dem Kindsvater – was Sie früher nie getan haben – heftige Vorwürfe. Drängen auf Heirat. Das wird ihn, fürchte ich, noch stärker davon abhalten, zu Ihnen zurückzukehren. Er liebt Sie nicht wirklich, das wissen Sie, aber Sie wollen es nicht wahrhaben. Sie halten sich an jedem Strohhalm fest. Wenn er seine Briefe aus Paris an »Madame Dr. Hebbel« adressiert, sind Sie glücklich und stolz, er bezeichnet Ihre Verbindung als »Gewissensehe« – ihn belastet die fehlende Legitimation nicht, Sie aber stehen in der Öffentlichkeit geächtet da als »gefallenes Mädchen«, Mutter schon eines zweiten unehelichen Kindes …

Wie gut kann ich Ihre Verzweiflung verstehen! Während Sie sich um Ihr kränkelndes Kind sorgen, reist Hebbel durch Italien – Ihr Traumziel von Jugend an. Er genießt Rom und wählt von Triest aus – nein, nicht den Weg nach Hamburg, sondern nach Wien. Er will sich nach einer Arbeit am Theater umsehen, lässt er Sie wissen. Selbst wenn ihn nicht all Ihre Briefe erreicht haben sollten, weiß er, wie es um Sie steht, weiß, wie beharrlich Sie, aus guten Gründen, auf einer Heirat bestehen.

Ihr Atem geht schwer. Die Bilder, die nun an Ihrem inneren Auge vorüberziehen, wühlen Sie auf. Aber Sie wollen sie nicht verdrängen. Nicht mehr. Sie wollen sich all die Wunden, die Ihnen Hebbel geschlagen hat, ins Gedächtnis zurückrufen. Nicht, um sich zu rächen, nein, vielleicht aber, um sich ein Bild Ihrer selbst zu machen, das Ihrem Ideal der selbstlos Liebenden standhält? Ich weiß nicht, ob

Sie Goethes *Wilhelm Meister* gelesen haben, die Figur der Natalie kennen, an die Sie mich in Ihrer aufopfernden Hingabe erinnern ...

Hebbel hat sich – Sie erinnern sich, wie hart Sie der Schlag traf – an Silvester 1845 in Wien mit Christine Enghaus, der gefeierten Burgschauspielerin, verlobt. Im Mai dann die Heirat und kurz darauf die Geburt eines Sohnes. Immer der Stich in der Herzgegend, wenn Sie daran denken. Wann hat Hebbel sich um seinen Hamburger Sohn gekümmert? Wie tragisch, dass beide Söhne im Jahr darauf, es muss 1847 gewesen sein, sterben: Christines Söhnchen Emil nur wenige Monate alt, Ihr kleiner Ernst mit drei Jahren. Hebbel hat keinen seiner Söhne aufwachsen sehen – nimmt ihn das mit? Nimmt ihn überhaupt etwas mit?

Er geht ganz in seiner Arbeit auf. Es scheint ihm nun alles zu gelingen, was er in Angriff nimmt, selbst die späte Promotion in Erlangen. Befreit von Geldsorgen, schreibt er Stück um Stück nieder, während Sie und auch Christine um ihre so früh aus dieser Welt gegangenen Kinder trauern.

In Hamburg, Sie wissen es, sieht man seine Karriere mit gemischten Gefühlen. Haben Sie gelesen, wie Amalie Schoppe – auch sie eine Enttäuschte – über Hebbel urteilt? Es mag Sie trösten, wie sehr man nun an Ihrem Schicksal Anteil nimmt. Dass Sie dem Treulosen Ihre Erbschaft geopfert haben, dass er Sie mit beiden Kindern hat sitzen lassen, um in Wien eine gute Partie zu machen, verübelt man ihm. »Sein Geist ist groß; aber sein Charakter so elend als möglich«, das sind die Worte der Schoppe. Sie schütteln den Kopf? Sie mögen nicht, dass ihn jemand so herunterzieht, obgleich auch Sie – ich weiß es wohl – sich so oft über seinen Egoismus gegrämt haben.

Wie hat der Brief Sie beleidigt, den er Ihnen im März 1845 geschrieben hat, erhaben über den Gedanken, seinen

Lebensunterhalt selbst zu verdienen: »Manchen anderen mag der Kampf mit der Not stählen«, schrieb er, »bei mir ist das Gegenteil der Fall, der Dichter muß eine behagliche Existenz haben, ehe er arbeiten kann …« Sie haben immer versucht, ihm diese Existenz zu ermöglichen, aber Sie konnten ihm niemals das bieten, was ihm in Wien geboten wurde.

Das bringt Sie ans Ende Ihrer körperlichen und Ihrer seelischen Kraft. Sie sehen sich, ein düsteres Bild, mutlos an Ihrem Schneidertisch sitzen, die Puppen und die fröhlichen Seidenblumen, die Sie nähen, wollen Ihnen nicht mehr gelingen, Ihre Gedanken sind woanders: zwei Kinder verloren, der Mann endgültig entrückt, die Gesundheit ruiniert … Doch da naht Rettung – ausgerechnet aus Wien. Christine, die selbst um ihr Söhnchen trauert, kann Ihren Schmerz nachempfinden und lädt Sie nach Wien ein. Sie können es kaum fassen. Was wird Hebbel dazu sagen? Vor dem Wiedersehen fürchten Sie sich, aber Sie fahren.

In Wien – Sie sind erleichtert und enttäuscht zugleich – weiß sich Hebbel Ihnen zu entziehen. Dafür vertraut Ihnen Christine ihren unehelichen Sohn Carl an, den sie mit in die Ehe gebracht hat. Sie selbst will sich ganz um das neugeborene Töchterchen Tine kümmern. Auch Sie schließen die kleine Tine in Ihr Herz. – Sie lächeln. Ja, ein schönes Erinnerungsbild: Sie wiegen Tinchen im Arm, an Ihrer Seite Carl, der sich als großer Bruder fühlt und dessen Zuneigung Sie schon in den ersten Tagen gewonnen haben.

Zwischen Ihnen und Christine entwickelt sich – ganz und gar nicht selbstverständlich – eine schwesterliche Freundschaft. Mag Christine Sie auch erst aus Mitleid und aus praktischen Erwägungen als Hilfe ins Haus geholt haben, so fühlen Sie sich ihr doch nicht untergeordnet, sondern auf gleicher Augenhöhe. Sie erleben das Liebesglück des Ehepaares mit, ein Glück, von dem Sie einst geträumt haben – ob man Ihnen glauben kann, dass Sie dies so ganz ohne Neid tun? Vielleicht. Sie erleben ja auch die Spannungen zwischen den beiden mit, Sie kennen die aufbrausend-jähzornige Art Hebbels. Christine tut Ihnen Leid; Schadenfreude haben Sie dabei nie empfunden.

Über ein Jahr leben Sie in Hebbels Haus, dann halten Sie die seelischen Belastungen der Nähe und gleichzeitigen Ferne zu dem Mann, den Sie immer noch lieben, nicht mehr aus. Sie kehren nach Hamburg zurück und nehmen den kleinen Carl mit, den Christine Ihnen als Pflegesohn überlässt. Eine für alle gleichermaßen glückliche Lösung: Christine, häufig auf Tournee, weiß Carl bei Ihnen gut aufgehoben, Sie haben eine Aufgabe, die Sie mit pädagogischem Eifer erfüllen, zumal Sie spüren, wie sehr der Junge an Ihnen hängt. Außerdem ist mit dem Kostgeld ein Teil Ihres Lebensunterhalts gesichert, denn die Zimmervermietung und auch Ihre kunstgewerblichen Arbeiten bringen nicht allzu viel ein.

Und Hebbel? Ihre Hand fällt kraftlos auf die Decke. Hebbel wird froh sein, dass Sie aus seinem Gesichtskreis verschwunden sind. Sie mögen es verdrängen, aber Sie wollen sich ja ehrlich Rechenschaft geben über Ihr Leben. Sie sind ihm gleichgültig, schlimmer noch: lästig. Er muss Sie – verzeihen Sie den harten Ausdruck – wie eine Klette empfunden haben. Zwar hat er Ihnen geraten, Ihre Empfindungen über den Tod Ihres Söhnchens Max aufzuschreiben, doch das war wohl eher als therapeutische Leidbewältigung gedacht. Sie haben ihm geschrieben, dass Sie ihm bei seinem Besuch in Hamburg eine selbstgeschriebene Novelle vorlesen möchten. Er hat nicht geantwortet. Sie waren ihm nie Partnerin seiner geistigen Höhenflüge, Sie waren – unverblümt gesagt – für die niederen Dienste zuständig.

Das haben Sie auch in Wien ganz deutlich empfunden. Seine Unnahbarkeit schmerzte Sie, seine Heftigkeit machte

Sie stumm und wehrlos. Nach Ihrer Abreise – erinnern Sie sich? – schreiben Sie an Christine: »In Wien war ich aufgelöst, zum Teil nicht ich selbst.« Und Hebbel – das können Sie nicht wissen – notiert zur gleichen Zeit in sein Tagebuch: »Ich wollte, du arme Seele, es gäbe einen Himmel, damit du für deine Leiden Vergeltung erhieltest, ich wollte es, obgleich es für mich dann auch eine Hölle gäbe.« Die Einsicht, die er nächtens zu Papier bringt, reicht nicht für die Alltagspraxis am nächsten Tag: Im Gegensatz zu den gefühlsgeladenen Tagebucheintragungen belegen seine spärlichen Briefe aus den letzten Jahren seine Kühle und Distanz Ihnen gegenüber.

Natürlich weiß er genau, wie viel er Ihnen zu verdanken hat. Nur sagt er es nicht, es wird ihm peinlich sein, doch im Tagebuch, das wird Sie verwundern, ist immer wieder von Ihnen die Rede. Sie seien sein guter Genius, schreibt er Silvester 1839: »Elise opferte sich selbst auf, stickte und nähte Tag und Nacht und freute sich, wenn sie mich der drückendsten Verlegenheit entheben konnte. O du himmlisches, reines Gemüt, das sich selbst nicht zu schätzen weiß … Ich war so oft hart gegen dich, ich habe dir so manche Träne entpreßt: wenn Gott mir das verzeiht, so brauch ich das Übrige nicht zu fürchten.« Und er schließt die Eintragung mit einer Bemerkung, die erklären könnte, warum er sich Ihnen entzieht: »Du bist mir heilig, aber das Heilige reizt ebenso oft zur Empörung, als es zur Anbetung zwingt.«

Es ist Ihre Nähe, Ihre dauernde Dienstfertigkeit, die er nicht erträgt, aber gleichzeitig erwartet und genießt. So wie Sie seinen Besuch in Hamburg ersehnen und sich davor fürchten. Mehr noch als seine Heftigkeit erschreckt Sie seine zunehmende Gehässigkeit. Als ob er Sie noch unscheinbarer machen möchte. Warum nur, werden Sie sich oft gefragt haben. Warum nur, fragen Sie sich jetzt. Hinter Ihrer

Stirn arbeitet es, die Bilder, die Sie suchen, die sein Verhalten erklären könnten, finden sich nicht oder nur ganz verzerrt, als ob sie doppelt belichtet wären: Schillers Aufsatz über »Anmut und Würde« zwischen zwei Buchdeckeln und darüber projiziert Ihr wirkliches Leben.

Sie sind müde, die Augen fallen Ihnen immer wieder zu. Sie möchten nach der anstrengenden Bildersuche nur eines: schlafen. Aber Sie liegen, sagen Sie, stundenlang, nächtelang wach, bringen Ihr Leben nicht ins Lot. Sie sehen sich in Hebbels Dramen verewigt, überhöht als *Genoveva* – und fühlen sich im Leben verschmäht.

Vergessen Sie die bitteren Erfahrungen. Schlummern Sie ein mit dem Bild, das Hebbel nach der Lektüre von Schillers Aufsatz über Anmut und Würde von Ihnen gemalt hat: »Wie paßt alles ... so sehr auf Elise, als ob sie im Gemälde kopiert wäre! Mir ist noch kein menschliches Wesen von so wunderbarer, himmlischer Harmonie vorgekommen wie sie.«

Sie werden als »schöne Seele« weiterleben in Hebbels Werk. Vielleicht ist das sein Dank, auch wenn Ihr kummervolles Dasein mit diesem Nachruhm längst nicht abgegolten ist.

Sie sind eingeschlafen, wie gut. Ihr Atem geht ganz ruhig, Sie haben Hebbels Worte mit in den Schlaf hinübergenommen und auch den Satz, den Sie ihm als Ihr Vermächtnis geschrieben haben: »Ich bin mit meiner Lage zufrieden und erkenne, daß es so kommen mußte, solltest *Du* glücklich werden und nicht untergehen.«

Leben Sie wohl.

Nachgetragenes

Elise Lensing starb am 18. November 1854 an ihrem schweren Lungenleiden. Sie wurde in einem Armengrab auf dem Friedhof St. Georg »mit sieben andern von den

Armen« beigesetzt. Warum Hebbel nicht für eine würdigere Bestattung seiner früheren Gefährtin, Sponsorin und Mutter seiner beiden Söhne gesorgt hat, bleibt ein Rätsel. Als der Friedhof St. Georg aufgelassen wurde, kaufte Christine Hebbel eine Grabstätte auf dem Ohlsdorfer Friedhof. In den Grabstein ließ sie den Hebbelvers einmeißeln:

Blumenkränze entführt dem Menschen der leiseste Westwind
Dornenkronen jedoch nicht der gewaltigste Sturm

Ein Bildnis ist von Elise Lensing – bezeichnenderweise – nicht überliefert.

Frühe Warnung vor Hitler

Lida Gustava Heymann

1868–1943

Frauenrechtlerin und Pazifistin

> ... daß unsere Kraft weiter reiche als
> unser Unglück, daß man, um vieles
> beraubt, sich zu erheben weiß.
>
> Ingeborg Bachmann

Die Hamburger Frauenrechtlerin Lida Gustava Heymann und ihre Lebensgefährtin Anita Augspurg, Juristin aus Verden an der Aller, standen wegen ihrer Agitation gegen Hitler als »zu liquidierende Personen« auf der schwarzen Liste der Nationalsozialisten. Im Schweizer Exil hofften sie auf ein baldiges Ende des NS-Regimes und auf eine Verhinderung des Zweiten Weltkrieges durch internationale Friedensbemühungen.

Sie hofften vergebens: Den Zusammenbruch des Dritten Reiches haben sie nicht mehr erlebt. Lida Gustava Heymann starb 1943 in Zürich an Krebs, die elf Jahre ältere, seit langem kränkelnde Freundin überlebte sie nur um wenige Monate. Die beiden nutzten das Exil, um sich Vergangenes noch einmal zu vergegenwärtigen, nicht nur für sich selbst, auch für kommende Generationen, als Mahnung, als Ermutigung zum Widerstand – oder wenigstens zum kleinen zivilen Ungehorsam. Die bereits 1941 abgeschlossenen Memoiren wurden jedoch erst 1972 von Margrit Twellmann, unterstützt von Hamburger Sponsoren, unter dem Titel *Erlebtes – Erschautes* veröffentlicht.

Lida Gustava Heymann

Die Namen Heymann und Augspurg sind in der Frauenbewegung und der Friedensbewegung ein Begriff – doch wer kennt sie außerhalb dieser Kreise? Im folgenden – fiktiven – Interview mit Lida Gustava Heymann, das im Sommer 1941 in Zürich stattgefunden haben könnte, geht es um Leben und Wirken dieser beiden unerschrockenen Frauen, deren Friedensappelle heute noch immer aktuell sind. (Alle Originalzitate sind in Anführungszeichen gesetzt.)

Interviewerin: Frau Heymann, wir sitzen hier in Ihrer kleinen Zürcher Dachwohnung, die Sie mit Ihrer Gefährtin Anita Augspurg teilen – bekommen Sie, die Sie einen anderen Lebenszuschnitt gewohnt sind, in dieser Enge nicht manchmal Platzangst?

Heymann: Nein, die Wohnung ist ganz praktisch, alles nah beisammen – der Blick ins Grüne, und morgens die zwitschernden Vögel ...

I.: Sie schildern eine Idylle. Eine Idylle, die Sie nicht freiwillig gewählt haben. Aber Sie sind Optimistin, suchen aus jeder Situation das Beste zu machen, auch aus dem Exil. Sie nehmen es – durch Asylgesetze zur politischen Untätigkeit verurteilt – als Chance, Ihr Leben zu überdenken, ein Fazit zu ziehen, Hoffnungen für die Zukunft zu formulieren. Erstaunlich, dieser Glaube an das Gute im Menschen, wenn ich in Ihrem Manuskript von den Kämpfen und Schikanen lese, die Sie in Deutschland seit dem Aufkommen des Nationalsozialismus durchzustehen hatten.

H.: Die Kämpfe hätte ich mir ja ersparen können. Einfach den Mund halten oder Ja sagen zu allem.

I.: Das hätten Sie nie gekonnt. Rebellion zieht sich wie ein roter Faden durch Ihr Leben. Schon in Ihrer Jugend haben Sie sich gerieben an Standesunterschieden, am großbürgerlich-elitären Zuschnitt der Hamburger Gesellschaft – Ihr Vater war Senator – und am Drohnendasein der höheren Töchter …

H.: »Meine Kindheit im Elternhaus verlief – obwohl mein Vater ein überseeischer Großkaufmann war – nicht in dem üblichen Großkaufmannsstil, sondern in meinem Elternhaus trafen Hamburger Großkaufmann-Vorurteile, -Sitten, -Gewohnheiten mit denen des sächsischen armen Landadels zusammen, dem meine Mutter entstammte; das gab ein eigenartiges Gemisch von Lebensführung, Erziehung und Eindrücken für uns Kinder. Meine Mutter, Adele von Hennig, war ein auffallend schönes, auf einem sächsischen Gute in engen Verhältnissen aufgewachsenes Mädchen, wenig intelligent, kirchlich fromm, aber von tadellos anständiger Gesinnung. Sie wurde unschuldig wie ein Kind, nichts vom Leben ahnend, mit 20 Jahren mit einem Mann von 50 Jahren, der das Leben sicher ausgekostet hatte, verheiratet. Sie hatte einen stark ausgeprägten Familiensinn …«

I.: … den sie in ihrer Ehe voll ausleben konnte: neun Geburten. Fünf Töchter nur blieben am Leben. Ihre vier Schwestern heirateten, wie die Mutter sich das wünschte, in standesgemäße adelige Kreise, nur Sie, die Störrische, verweigerten sich dem üblichen, auf Bällen blühenden »Heiratsmarkt«, Sie eigneten sich nicht zur gefügigen Gattin.

H.: »Schon als ganz junger Mensch – wohl mehr intuitiv – empörte mich die Selbstüberschätzung und eitle Überheblichkeit der Männer. Ihre galante ebenso wie mißachtende Art, Frauen – besonders ihren Ehefrauen – zu begegnen, beide widerten mich an. Erwachsen, meiner selbst bewußt, schwor ich, mir meine persönliche Freiheit niemals durch Männer beeinträchtigen zu lassen …«

I.: Auch nicht durch Ihren Vater? Wie konnten Sie es, bei seiner gebieterischen Art, so lange im Elternhaus aushalten?

H.: Ich habe meinen Vater geschätzt und bewundert. Als ich in Paris Malerei studieren wollte, bat er mich, bei ihm zu bleiben. Er war 80, krank, ich brachte es nicht übers Herz, ihm die Bitte abzuschlagen. Er machte mich zu seiner Geschäftspartnerin und Vermögensverwalterin, ich war gerührt über sein Vertrauen, doch als er starb – da war ich 28 –, spürte ich, wie sehr mich alles belastet hatte. »Es war mir, als begänne ich erst jetzt zu leben. Ich war frei, konnte mein Leben selbst gestalten, arbeiten, schaffen – mich beseelte ein neues Glücksgefühl.«

I.: Dann bekamen Sie aber bald Ärger mit dem Hamburger Gericht, das eine Frau nicht als Nachlassverwalterin einer Sechs-Millionen-Erbschaft anerkennen wollte …

H.: Richtig. Die Auseinandersetzungen zogen sich über Jahre hin, schließlich mussten sich die Juristen und Beamtenköpfe geschlagen geben, als ich einen Präzedenzfall aus dem 13. Jahrhundert nachweisen konnte: einen weiblichen Testamentsvollstrecker. Die hartnäckigen Vorurteile des Gerichts bestätigten meine Überzeugung, »daß Frauen sich im geschäftlichen Verkehr, ebenso wenig wie auch sonst, von Männern nichts bieten lassen dürfen. Man muß vor deren Anmaßung und Autoritätsdünkel dauernd auf der Hut sein, sie ständig abwehren. Man muß ihnen stets zum Bewußtsein bringen, daß jede gescheite Frau sie durchschaut …«

I.: Es gibt aber zu wenig gescheite Frauen.

H.: Zu wenig gut ausgebildete jedenfalls. Deshalb habe ich mich immer für eine bessere Mädchenbildung eingesetzt, habe selbst an der Armenschule unterrichtet, habe eine Handelsschule für Mädchen gegründet und ein Reformgymnasium. Diese Reformschule mit Gemeinschaftserziehung lag mir besonders am Herzen. Ihr Ziel war es, »Kinder nicht zur Erlernung der vorgeschriebenen Kenntnisse abzurichten, sondern nach Maßgabe ihrer individuellen Fähigkeiten zu eigenem Denken und Erfassen des Lehrstoffes zu bilden«.

I.: Hat sich die Schule, die ja in Konkurrenz zu Helene Langes erfolgreichen Gymnasialkursen stand, halten können?

H.: Leider nicht. »Sie teilte das gleiche Schicksal wie die Frauenhochschule einer Malwida von Meysenbug, sie fiel Hamburger Vorurteilen, verknöcherter Bürokratie zum Opfer, weil sie ihrer Zeit zu weit vorausgeeilt war.«

I.: Mit anderen Projekten hatten Sie mehr Erfolg, vor allem mit Ihrem Mittagstisch für Arbeiterinnen, dem ein Kinderhort angegliedert war. Die Kinder wurden von Töchtern der Hamburger Hautevolee betreut – ein geschickter Schachzug von Ihnen, diesen für ihre Aussteuer stickenden Mädchen eine sinnvolle Beschäftigung zu verschaffen. Und dann das Frauenzentrum in der Paulstraße, das allen Hilfe- und Ratsuchenden offen stand ...

H.: Ja, in diesen Sprechstunden wurde mir erschreckend deutlich, »welche Bewandtnis es mit der sogenannten guten Gesellschaft, der Heiligkeit der Familie und den Einrichtungen des Staates hat«.

I.: Sie haben mit Ihrem Geld nicht nur dieses »Frauenhaus« gekauft, Sie haben ganz gezielt Initiativen von Frauen unterstützt, etwa den Verein zur Verbesserung der Frauenkleidung. Was hat Sie dazu bewogen?

H.: »Nirgends wohl offenbaren sich menschliche Dummheit, Torheit und Geschmacklosigkeit krasser als auf dem Gebiet der Bekleidungsmode. Wenn Geschäftsinteressenten das nötige Geld zu ausgiebiger Propaganda haben, findet jeder Blödsinn in der Mode seine Nachläufer, und Millionen ahmen gedankenlos alles nach, nur um nicht aus dem Rahmen der Gesamtheit zu fallen. Dafür waren Krinoline und Korsett der beste Beweis, um nur zwei der tollsten Monstrositäten der Mode zu erwähnen. Ende des

19. Jahrhunderts konnte man von sonst ganz vernünftigen Menschen, ja selbst von Ärzten hören, daß das Skelett des weiblichen Menschen den Halt eines Korsetts einfach erfordere! ... Die Arbeit für die Kleiderreform in der Paulstraße hat mit Bresche gelegt in die blöde Kritiklosigkeit der Frauen der Modetyrannei gegenüber. Man ... emanzipierte sich von kritiklosem Hammelherdentum und eröffnete einer individuellen und künstlerischen Frauenkleidung eine Gasse.«

I.: Der Einsatz für die Kleiderreform brachte Ihnen nicht so viel Ärger ein wie Ihre Solidarisierung mit den Prostituierten gegen die Hamburger Sittenpolizei…

H.: Wir forderten lediglich eine bessere Behandlung der Prostituierten und prangerten die scheinheilige Doppelmoral an. Bordelle waren im ganzen Deutschen Reich gesetzlich verboten, in Hamburg aber stillschweigend geduldet. Konnte es angehen, »daß die Männer unter dem Vorwand hygienischer Notwendigkeit zur Befriedigung ihres überzüchteten Sexuallebens wahre Lasterhöhlen schufen, in denen die Frauen mißhandelt, zur Ware gestempelt, ausgebeutet und obendrein als Paria gebrandmarkt wurden«? In Versammlungen sprachen wir über die skandalösen Zustände in den Hamburger Bordellen und bei der Sittenpolizei. Diese Versammlungen wurden wegen Erregung öffentlichen Ärgernisses alsbald verboten, und wir mussten nach Altona, auf preußischen Boden, ausweichen. Es entbehrt nicht der Komik, dass »Bürgerinnen der Freien und Hansestadt Hamburg sich in das reaktionäre Preußen flüchten mußten, um dort auszusprechen, was ihnen in dem ›freien‹ Staat verboten war«.

I.: Sie sind auf Ihre Heimatstadt nicht besonders gut zu sprechen …

H.: Mir wurde vor allem klar, dass »Gesellschaftsveränderungen niemals durch private soziale Fürsorge erreicht werden können«, dass man sich zusammentun muss mit Frauengruppen in anderen Städten, auch im Ausland. Deshalb bin ich im September 1896 zum Internationalen Frauenkongress nach Berlin gefahren, den die couragierte Lina Morgenstern in der Reichshauptstadt organisiert hatte: Ein überwältigendes Erlebnis für mich, all diese selbstbewussten, zum Aufbruch entschlossenen Frauen!

I.: Sie lernten auf diesem Kongress nicht nur eine Menge gleichgesinnter Frauen kennen, sondern auch Ihre spätere Lebensgefährtin Dr. Anita Augspurg.

H.: Ja. »Die ersten Worte, die ich von Anita Augspurg vernahm, lauteten: ›Wo ist das Recht der Frau?‹ Diese mit Kraft und selten klangvoller Stimme in den mächtigen Saal gerufene Frage traf mich tief, ließ mich aufhorchen und aufschauen. Am Rednerpult stand ein Mensch in an griechische Art erinnerndem Gewande aus braunem Sammet. Schon ergrauendes kurzes Haar umrahmte eine hohe Stirn, unter der zwei klar schauende Augen blitzten ... Die Klarheit ihrer frei gehaltenen Rede, die Schärfe ihrer Beweiskraft und hernach in der Diskussion die kompromißlose Verteidigung der von ihr aufgestellten, von anderen angezweifelten Behauptungen – das alles imponierte mir restlos.«

I.: Sie sind, schreiben Sie, beschwingt und voller neuer Ideen nach Hamburg zurückgekehrt, fühlten sich als Glied dieser Länder überspannenden Frauenbewegung, die sich in Berlin so entschlossen artikuliert hatte. Beeindruckend, was Sie alles angeregt und angestoßen haben in jenen für die Emanzipation der Frau entscheidenden Jahren um die Jahrhundertwende! Von Hamburg gingen ja, neben Berlin und Leipzig, wichtige Impulse aus. Sie engagierten sich auf dem radikalen Flügel der bürgerlichen Frauenbewegung, der beim Berliner Frauenkongress stark vertreten war, während der gemäßigte Flügel um Helene Lange dem Kongress fernblieb.

H.: Das haben wir bedauert, ebenso wie das Fernbleiben der proletarischen Frauen um Clara Zetkin. Die lehnten es ab, mit uns »Bürgerlichen« gemeinsame Sache zu machen.

I.: Sie haben in Hamburg, zusammen mit einer Vertreterin des gemäßigten Flügels der bürgerlichen Frauen, eine Ortsgruppe des Allgemeinen Deutschen Frauenvereins gegründet …

H.: Ja, aber das konnte nicht gut gehen. Bei den Konservativen hieß es immer: »Vorsicht! Nicht anstoßen! Man darf die Männer nicht zu stark herausfordern, denn sie sind die Herrschenden im Staate, einflußreiche Kreise müssen uns geneigt werden, wir brauchen sie. Um Teilerfolge zu erzielen, muß man stets zu Kompromissen bereit sein.«

I.: Eine Taktik, die doch gar nicht so erfolglos war!

H.: »Schwimmen lernt nur, wer ins Wasser springt. Die radikalen Frauen verfolgten die Taktik, energisch, deutlich und klar auszusprechen, was sie forderten, ohne jede Rücksichtnahme auf Entrüstung und Empfindlichkeit der Männer. Diese sollten erfahren, daß Frauen … restlos forderten, was man ihnen seit Jahrhunderten vorenthielt, nämlich: sich nach eigener Erkenntnis und Überzeugung zu entwickeln, ihr Leben zu gestalten, ihren Unterhalt zu verdienen und vereint mit dem Manne anstelle des bisherigen Jammertales eine menschenwürdige Welt einzurichten.«

I.: Hier und jetzt und ohne Kompromisse – das ging den Gemäßigten zu schnell und zu weit … Es kam zur Spaltung. Sie, die Radikalen, schlossen sich dem Ihnen mehr entsprechenden Berliner Verein Frauenwohl an.

H.: Das stimmt. Doch um unserem politischen Engagement, der Forderung nach voller staatsbürgerlicher Gleichstellung der Frau, noch mehr Nachdruck zu verleihen, gründete ich in Hamburg gemeinsam mit Anita Augspurg 1902 den Deutschen Verein für Frauenstimmrecht.

Die Gründungsversammlung fand in engem Kreis in meinem Hamburger Häuschen, dem »Käuzchenbau«, statt – von der Presse, vor allem von den *Hamburger Nachrichten*, hämisch kommentiert: »Schon viel zu lange hätte man dem Treiben dieser radikalen Frauenrechtlerinnen tatenlos zugeschaut, es wäre höchste Zeit, daß man diese hysterischen Weiber, welche politische Gleichberechtigung forderten, endlich an die Kette legte. – Das belustigte uns natürlich ungemein und lieferte dankbaren Stoff zur Propaganda für unsere Sache.«

I.: Es zeigt aber auch, dass man Sie nicht unterschätzte. 1918 wurde den Frauen das Wahlrecht endlich zugebilligt. Hatte sich damit Ihre Mission nicht erledigt?

H.: Mitnichten. Wir hatten uns ja nicht allein auf das Frauenwahlrecht konzentriert: Schon vor dem Ersten Weltkrieg war die Friedensarbeit ein ganz zentrales Thema – und Frauenwahlrecht und Friedensbewegung gehören nun einmal untrennbar zusammen.

I.: Da werden nicht alle, selbst nicht alle Frauen, Ihrer Meinung sein …

H.: Deshalb »müssen wir uns klar machen, daß die modernen Zivilisationsstaaten Männerstaaten sind … in denen alles auf dem männlichen Prinzip, d. h. auf dem Grundsatz der Gewalt, der Autorität, des Kampfes aller gegen alle, der Furcht des einen vor dem andern aufgebaut und eingestellt ist. Dieses männliche Prinzip … führte letzten Endes immer wieder zu katastrophalen Machtausbrüchen und Rebellionen: Kriegen, Bürgerkriegen, Revolutionen. Der Weltkrieg hat bewiesen, daß der durch Gewalt aufgebaute und beherrschte Männerstaat auf der ganzen Linie versagt hat«.

I.: Sie haben deshalb, gemeinsam mit holländischen Pazifistinnen und Vertreterinnen anderer Länder, 1915 in Den Haag eine Internationale Frauenfriedenskonferenz organisiert – die allerdings vom einflussreichen Bund Deutscher Frauenvereine boykottiert wurde als »unvereinbar mit dem patriotischen Charakter und der nationalen Pflicht der deutschen Frauenbewegung«.

H.: Ja, wir lehnten den von Gertrud Bäumer aufgebauten Nationalen Frauendienst für den freiwilligen Arbeitseinsatz im Krieg kategorisch ab, wie auch jede andere Unterstützung militärischer Aktionen. Der Bund Deutscher Frauenvereine hat uns deshalb aus seiner Mitgliederliste gestrichen.

I.: Kein Wunder, Sie *mussten* ja die patriotisch gesinnten Frauen mit Ihren Flugblättern und Ihren in mehreren Städten gegründeten Frauenausschüssen für dauernden Frieden provozieren! Dass Ihre Agitation auch ernste politische Konsequenzen nach sich ziehen könnte – hatten Sie damit gerechnet?

H.: In Hamburg hätte ich damit gerechnet, aber nicht unbedingt in Bayern. Ich hatte mich ja gemeinsam mit meiner Lebensgefährtin Anita Augspurg schon 1904 in München niedergelassen, nicht nur der herrlichen Alpenlandschaft wegen – uns zog auch das freiere Leben, die von Künstlern geprägte tolerante Atmosphäre an. Allerdings merkten wir bald, wie weit Schwabing und der bayerische Behördenapparat auseinander lagen.

I.: Im März 1916 teilte Ihnen das Königlich Bayerische Kriegsministerium mit, Ihre pazifistische Agitation gefährde die öffentliche Sicherheit. Sie erhielten – ich zitiere – »auf Grund des Art. 4 Ziff. 2 des Kriegszustandsgesetzes, § 8 Abs. 2 der Vollz.-Vorschr.« Veröffentlichungs- und Redeverbot, Ihre Post wurde kontrolliert, Auslandskontakte und -reisen waren Ihnen untersagt. Trotz Strafandrohung kümmerten Sie sich nicht um die Behördenauflagen und wurden daraufhin – das war vorauszusehen – aus Bayern ausgewiesen.

H.: Da habe ich den Behörden allerdings ein Schnippchen geschlagen. Zwar musste ich Anfang März 1917 »unter militärischer Beobachtung« den Zug nach Hamburg besteigen, verließ ihn aber bereits in Augsburg wieder und versteckte mich bis zum Ende des Krieges in unserer Landwohnung oder sogar in der Münchner Stadtwohnung in unmittelbarer Nähe des Kriegsministeriums.

I.: Ein Besuch der Universität, gar ein Studienabschluss, waren da wohl nicht mehr möglich. Sie hatten ja reichlich spät noch ein Studium der Geschichte und Volkswirtschaft begonnen – auch das nicht ohne Schwierigkeiten.

H.: Ja. Damals konnten Frauen nur mit Einwilligung der Professoren an deren Lehrveranstaltungen teilnehmen. Den einen, den toleranten und aufgeschlossenen, war das peinlich, andere gaben sich hämisch oder herablassend, aber keiner »war in seiner Abneigung gegen Hörerinnen so eng und voller Vorurteile, wie der ›liberale‹ freiheitliche Brentano. Kurz und schroff erklärte er mir: Ich gebe Ihnen meine Einwilligung nicht. Weibliche Hörer sind mir ein Greuel, sie wissen und verstehen nichts, machen sich nur wichtig mit dem Besuch der Universität.«

I.: Gräuel hin oder her, Sie ließen sich nicht abschrecken …

H.: Nein, ich war empört. »Als ich begann, in aller Breite die Arbeitsgebiete zu schildern, in denen ich praktisch gearbeitet hatte, machte ihn das sichtlich nervös und ärgerte ihn. Plötzlich riß er mir den zu unterzeichnenden Schein aus der Hand, setzte seinen Namen darunter und gab ihn mir ohne ein weiteres Wort zurück.«

I.: Sie haben sich – neben Universität und pazifistischer Agitation – auch praktisch betätigt, haben einen eigenen Hof bewirtschaftet …

H.: Den Traum von einem Bauernhof mit Vieh- und Landwirtschaft hatten wir schon lange – auch darin eine völlige Übereinstimmung zwischen meiner Lebensgefährtin und mir. Anita Augspurg hatte neben Jura auch Landwirtschaft studiert. In der Nähe von Peißenberg fanden wir ein Anwesen, das uns sofort zusagte: »den Siglhof mit 1000 Tagwerk und 43 Kühen ... da war Raum für Phantasie, köstliche Möglichkeiten, Neues zu gestalten. In wenigen Jahren war der Besitz nicht wieder zu erkennen. Wiesen wurden drainiert, Sumpfland trocken gelegt, kahle Abhänge aufgeforstet ... interessante Versuche mit dem Anbau von Getreide, Kartoffeln und Gemüse gemacht.«

I.: Als Arbeitskräfte stellten Sie nur Frauen ein, das verstärkte das Misstrauen der Dorfbevölkerung gegen die »verrückten Weiber«, die offenbar mit ihren neuen Landbaumethoden Erfolg hatten. Zweimal hat es auf dem Siglhof gebrannt. Eindeutig Brandstiftung. Aus Neid? Aus Hass auf die »unzüchtige Weiberkommune«? Aus Fanatismus gegen die Freigeister, die zum Ungehorsam gegen kirchliche Gebote anstifteten?

H.: Mit der katholischen Kirche hatten wir es uns in der Tat verdorben, seit wir unsere Bücherschränke für die neugierige Dorfjugend öffneten und die eine oder andere Lektüre dem Pfarrer missfiel. Aber aufgegeben haben wir den Siglhof wegen der schweren Erkrankung meiner Gefährtin.

I.: Sie machten später trotzdem noch einmal den Versuch, ein Landgut aufzubauen?

H.: Ja, bei Icking. Die »Burg Sonnensturm«, wie wir das neue Domizil nannten, sollte unser Altersruhesitz werden. Daraus wurde leider nichts. Wir konnten und wollten ja von der Politik nicht lassen.

I.: Nach dem Ende des Krieges – nun war Ihre Ausweisung aus Bayern ja aufgehoben – setzten Sie große Hoffnungen in die bayerische Räterepublik und die Einberufung von Frauenräten. Sie waren bereit zur Mitarbeit, kandidierten sogar als Parteiunabhängige für die deutsche

Nationalversammlung. Doch als die Räterepublik, dieser basisdemokratische Versuch, zusammenbrach und Ihr Hoffnungsträger Kurt Eisner auf offener Straße erschossen wurde, zogen Sie sich entsetzt aus der aktiven Politik zurück. Hätte man Frauen wie Sie nicht gerade jetzt gebraucht beim Aufbau der Weimarer Republik?

H.: Wir kämpften mit anderen, uns gemäßeren Mitteln. Wir gründeten eine Zeitschrift: *Die Frau im Staat.* Pazifistisch, feministisch ausgerichtet. 1919 erschien die erste Nummer, 1933 die letzte. Auf diese Kontinuität inmitten der rasch wechselnden Frauenblätter sind wir stolz.

I.: Gleich in der ersten Nummer – ich habe sie mitgebracht – machten Sie Ihrer Enttäuschung über die Wahlen zur deutschen Nationalversammlung Luft: »Dieselben altersschwachen Greise, dieselben Parteigötzen, die seit Jahrzehnten zu jedem Kuhhandel, zu jeder Konzession bereit waren, ... diese Männer ziehen wieder in die Nationalversammlung ein«, schrieben Sie wütend.

H.: Und genau deshalb sahen wir für unsere Anliegen mehr Chancen auf internationaler als auf nationaler Ebene. Wir waren Mitbegründerinnen der Internationalen Frauenliga für Frieden und Freiheit, die 1919 hier in Zürich zum ersten Mal tagte. Wir setzten uns auf Kongressen und Versammlungen für die Ziele der Liga ein: Abrüstung, Verbot chemischer Waffen, Einführung von Schiedsgerichten zur Lösung internationaler Konflikte, Friedenserziehung, Selbstbestimmungsrecht der Völker ...

I.: Alles ehrenwerte, aber ziemlich illusionäre Ziele.

H.: Es liegt an uns, inwieweit wir unsere Illusionen umzusetzen versuchen. Ein gewisser Herr Hitler aus Braunau hat es getan – allerdings nicht in unserem Sinne.

I.: Sie haben schon früh, schon 1923, vor diesem Hitler gewarnt, haben Eingaben an den Ministerpräsidenten, an den Justizminister geschrieben ...

H.: Leider vergeblich. Innenminister Schweyer haben wir sogar persönlich aufgesucht. »Acht oder neun Frauen, unter Führung von Anita Augspurg und mir, saßen mit dem Innenminister um einen Tisch … Wir forderten nichts weniger als die Ausweisung Hitlers aus Bayern, da er Ausländer, Österreicher, war und die deutsche Staatsangehörigkeit nicht besaß.« Unsere Argumentation: »würde ein Kommunist aus Braunau die Massen aufhetzen wie Hitler, er wäre längst aus Bayern ausgewiesen«, hat den Minister nicht umgestimmt. Die Nationalsozialisten konnten ihre Hetzpropaganda und ihren Straßenterror ungehindert ausüben, während pazifistische Aktionen von den Behörden sofort unterbunden wurden.

I.: Hat man Sie weiterhin bespitzelt?

H.: Natürlich. Es wurde gegen uns Strafanzeige erstattet, wir hätten im Keller politische Schriften und Flugblätter verborgen – was nicht ganz aus der Luft gegriffen war. Die Lage spitzte sich zu, wir bekamen wohlmeinende und beschwörende Warnungen …

I.: Trotzdem dachten Sie nicht an Emigration, sondern traten im Januar 1933 wie jedes Jahr Ihre Winterreise in den Süden an.

H.: Ja, wir waren auf Mallorca, als uns die Nachricht von der Machtübernahme Hitlers in Deutschland erreichte. Wir begriffen sofort, dass damit eine Rückkehr nach München ausgeschlossen war, wussten wir doch, dass unsere Namen auf der Liquidationsliste standen. So reisten wir, nur mit dem leichten Feriengepäck ausgestattet, nach Genf, später nach Zürich, wo wir von Schweizer Pazifistinnen gastlich aufgenommen wurden. Unser gesamter Besitz in Deutschland wurde von den Nazis konfisziert, auch unsere wertvolle Bibliothek und sämtliche Unterlagen über die Frauen- und Friedensarbeit.

I.: So mussten Sie für Ihre Memoiren die Fakten aus dem

Gedächtnis mühsam rekonstruieren ... Haben Sie jemals daran gedacht – aber darüber würden Sie sicher nicht sprechen –, im Untergrund weiterzuarbeiten?

H.: Dazu sind wir zu alt, Anita Augspurg geht auf die 85 zu, ich bin 73. Außerdem wären wir für geheime Missionen ungeeignet, wir kämpfen lieber mit offenem Visier.

I.: Sie haben immer gekämpft, Ihr Leben lang, für eine bessere, freiere, friedlichere Welt. Die Welt ist nicht besser geworden. Wir wissen nicht, was uns in diesem Krieg noch erwartet – und Sie, hier im Exil, wissen es am allerwenigsten. Sie haben sich mit den Realitäten abgefunden und sind doch Utopistin geblieben.

H.: Ich weiß nur das eine: »Das männliche Prinzip ist zersetzend und wird, wenn fortgeführt, die völlige Vernichtung der Menschheit herbeiführen. Diesem männlichen, zerstörenden Prinzip ist das weibliche, aufbauende Prinzip der gegenseitigen Hilfe, der Güte, des Verstehens und Entgegenkommens diametral entgegengesetzt.«

I.: Glauben Sie, dass dieses »weibliche Prinzip«, wie Sie es nennen, sich jemals durchsetzen wird? Ich bin da skeptisch.

H.: Ich vertraue auf die Jugend, auf die jungen Frauen, für die wir unsere Gedanken in unseren Memoiren aufgeschrieben haben. »Der Sinn für die höchsten Güter der Menschheit: Freiheit, Frieden, Gerechtigkeit, ist nicht tot, er lebt; davon will dieses Buch kommenden Generationen klares Zeugnis ablegen; einerseits zur Warnung, andererseits zur Neuaufnahme des Kampfes für ein in weiter Ferne hellstrahlendes Ziel.«

I.: Ich wünschte Ihnen, dass Sie dieses ferne Ziel eines Tages in einem befreiten Deutschland, in einer befriedeten Welt erreichen werden.

»Löwin und Gazelle zugleich ...«

Ida Dehmel

1870–1942
Muse und Mentorin

> Sie ist Löwin und Gazelle zugleich, die vollkommene Debora der Bibel; erst mit ihr zusammen hat sich mein Innenleben in sicheres Gleichgewicht gesetzt, und erst recht mein Wirken nach außen hin.
>
> RICHARD DEHMEL

Im Spätherbst 1901 lassen sich in Blankenese zwei frisch Vermählte nieder, die man sich eher in der Künstlerszene von Berlin oder München vorstellen könnte: Ida und Richard Dehmel. Das illustre, schillernde Paar, das Bohemeluft in die gediegene Hansestadt bringt, gibt sich extravagant und höchst unbürgerlich, zeigt aber gleichzeitig soziales Engagement und Gemeinschaftssinn: ein Dichter hymnisch abgehobener Verse, der in verrauchten Kneipen vor Arbeitern liest, und eine gefeierte Dichtermuse, die sich um mittellose Künstlerinnen kümmert. Die beiden passen in kein gängiges Klischee und geben umso mehr Anlass zu Neugier und Klatsch.

Das Dehmelsche Haus entwickelt sich schon bald zu einem Zentrum kulturellen und geselligen Lebens, einem veritablen Anziehungspunkt für Künstler und Schriftsteller, die hier, oft von weither angereist, immer eine offene Tür finden. Die Hamburger Gesellschaft bleibt dennoch zurückhaltend. Dem Paar geht kein besonders seriöser Ruf voraus: Haben die beiden nicht ihre Ehepartner verlassen

Ida Dehmel

um der neuen Liaison willen? Gab es da im Hintergrund nicht einen Skandal um einen betrügerischen Bankrott? Gemunkel über eine Ehe zu dritt?

Und überhaupt: Wer ist diese apart gekleidete, attraktive Frau mit den sanften Augen und den ausgeprägten Gesichtszügen eigentlich?

Wer ist diese Ida Dehmel?

Eine Zugereiste aus dem leichtlebigen Rheinland natürlich. Vermögend offenbar. Eine Jüdin wahrscheinlich. Mit freidenkerischen Moralvorstellungen womöglich …

Ida Dehmel, verliebt und ihren Mann über alles bewundernd, lässt kein Gerede an sich herankommen. Sie hat nichts zu verbergen, sie steht zu ihrem Leben und zu ihrer Vergangenheit. Objekt des Anstoßes und auch des Neides zu sein, ist sie als Spross einer großbürgerlichen und wohlhabenden jüdischen Familie von Jugend an gewohnt.

Ihr Vater, Kommerzienrat Simon Coblenz, Weingutbesitzer und renommierter Weinhändler in Bingen, erzieht die fünf Kinder nach dem Tod der Mutter mit strenger Hand. Die achtjährige Ida erhält ihre erste Schulbildung bei Rabbinertöchtern in einem Pensionat, lernt Klavier spielen, Handarbeiten und all das Übliche, das höhere Töchter auf eine noch in weiter Ferne liegende Heirat vorbereiten soll. Im weitläufigen Garten ihres Elternhauses richtet sie sich in einem Pavillon ein kleines Zeichenatelier ein – ihr Refugium. Damit die Tochter Vernünftigeres lerne, schickt der Vater sie in ein Internat nach Belgien. Hier wird ihr zum ersten Mal ihr Anderssein bewusst: das Stigma Jüdin – Jahrzehnte vor Hitlers Brandmarkung.

Wieder zu Hause, vergisst sie ihre Demütigung auf ausgedehnten Reisen und vor allem durch die Begegnung mit einem Menschen, der in ihr geistige Bedürfnisse weckt und sie für Kunst und Literatur empfänglich macht: Stefan George.

Stefan Georges erste Jüngerin

Den ersten Kontakt mit dem zwei Jahre älteren, ebenfalls in Bingen lebenden George schildert Ida Dehmel in ihren Erinnerungen. Eines Tages spricht dessen jüngerer Bruder Fritz sie an: »Fräulein Ida, ich möchte Ihnen was anvertrauen. Mein Bruder Schtefan – ja, unser Schtefan dicht't! Und denken Sie, jetzt sind seine ersten Gedichte gedruckt worden, und wir können sie nicht verstehen, keiner von uns, und ich meine bestimmt, Sie würden sie verstehen.« Fritz überreicht ihr die Hymnen – und sie ist hingerissen: »Ich gab mich dem nie gehörten Klang ganz und gar hin; ich war Georgianerin geworden; die erste, die es gab.«

George führt die Entflammte auf langen Spaziergängen durch die einsamen Täler der Nahe in seine Gedichte ein und erschließt ihr die dichterische Welt der Moderne. Sie ist verzaubert – aber mehr von der Erhabenheit der Verse als von der Person des Dichters, der sie mit seinen Besuchen überfordert: »Sein erstes Beimirsein währte zwei Stunden, und das war das Maß für all seine künftigen Besuche – immer des Guten etwas zuviel. Denn George sprach sehr schnell mit sehr gleichmäßiger, etwas dünner Stimme – es überanstrengte mich, ihm so lange zuzuhören.«

Er liest ihr seine Übersetzungen von Mallarmé und Verlaine vor, erzählt ihr begeistert von seinen Begegnungen mit Wolfskehl und Hofmannsthal. Sie saugt alles begierig auf und sieht in ihm schon den kommenden großen Dichter – nicht aber den künftigen Lebenspartner: »Wir waren einander viel, jeder in seiner Art ein Einmaliges – aber wir hatten füreinander eine völlig verschiedene Bedeutung.

George, vor dessen immer kalten Händen mir leise graute, behielt mit seiner pergamentenen Haut etwas Unlebendiges. Sosehr ich jedes Zusammensein mit ihm genoß – das Mönchische seines Wesens beeindruckte mich stark. *Er* hat mich anders empfunden ...« Allerdings. Aus seinen Briefen und Gedichten geht hervor, dass er seine Verehrerin wirklich geliebt hat – sie »war meine Welt« –, auch wenn sie nie einen »bürgerlichen« Heiratsantrag von ihm bekam. Im Gedichtband *Das Jahr der Seele* gibt er seinen Liebesgefühlen Ausdruck und seiner Trauer, »weil man mir nahm mein einzig heil«.

Der Vater muss wohl die Seelenfreundschaft der beiden mit Argwohn beobachten, sucht er doch für seine Tochter nach einem geachteten und wohlhabenden Ehemann, der ihr ein standesgemäßes Leben ermöglicht. Ein Dichter kommt nicht in Frage, ein Angehöriger des Militärs ebenso wenig: Unter den Heiratsanwärtern gibt es einen jungen Offizier, mit dem sich die Tochter sogar heimlich verlobt hat – mehr aus Trotz wahrscheinlich, denn die 22-Jährige schreibt ihrer älteren Schwester Alice: »Du brauchst mir nicht zu sagen, dass Papa nur mein Bestes im Auge hat ... Er soll mich doch aus dem Haus schmeißen, es ist ja einer da, der mich draußen auffängt.« Mit diesem »einen« ist nicht etwa George gemeint, sondern der Offizier Heinz von Hahn.

Der Vater lässt nun all seine Verbindungen spielen, um rasch einen geeigneten Mann für die ihm entgleitende Tochter zu finden. Der Berliner Kaufmann Konsul Auerbach scheint ihm – er sieht alles unter geschäftlichen Gesichtspunkten – eine gute Partie zu sein. Und das Erstaunliche: Die Tochter willigt gehorsam in diese Heirat der Vernunft, nicht des Gefühls ein. Hofft sie damit der Machtsphäre des Vaters zu entkommen? Der Umklammerung durch George?

Im Frühjahr 1895 findet die glanzvolle Hochzeit statt. Die junge Frau Konsul bezieht mit ihrem auf Renommee bedachten Mann eine vornehme Villa im Berliner Tiergartenviertel und macht sich schon bald einen Namen als großzügige, künstlerisch interessierte Gastgeberin. Nach außen ist alles wohlgeordnet und standesgemäß, der Vater kann zufrieden sein. Wie es in ihrem Inneren aussieht, gesteht sie nur Stefan George, mit dem sie nun einen intensiven Briefwechsel führt. Während sie ihm noch im Mai schreibt: »Mein Weg ist so glatt, so geebnet. Ich werde von der Welt darum sehr beneidet«, klingen ihre Worte im Juli verzweifelt und vorwurfsvoll: »*Sie* kannten mich doch, ich hatte Ihnen mich gezeigt, wie vielleicht, nein, gewiss, keinem Andern. Warum nahmen Sie mich nicht bei der Hand und sagten: Das kannst Du nicht tragen, der Schlamm wird über Dir zusammenbrechen ...?«

Die Gefühlsschwankungen lassen sich nicht allein durch ihre Schwangerschaft erklären, die sie – ahnungslos und nie aufgeklärt wie so manch andere höhere Tochter ihrer Zeit – als bedrohlich empfindet und verunsichert. Ihr wird auch klar, dass ihr Mann sie nur als Statussymbol und Repräsentationsobjekt betrachtet. Das kränkt sie. »Früher gehörte ich zu meinem Vater, jetzt zu meinem Mann«, schreibt sie an George. Sie versucht ihre Frustration durch kulturelle Aktivitäten zu überspielen. Im Dezember kommt der Sohn Heinz-Lux zur Welt, was sie allerdings nicht daran hindert, ihre gesellschaftlichen Kontakte weiter zu pflegen und auszubauen.

Sie führt die Berliner Salontradition fort – feudaler als Rahel Varnhagen in ihrer Dachstube, politisch weniger brisant als Bettine von Arnim – und schafft es mit sensiblem Geschick, diese seit der Romantik gepflegte großbürgerliche Salonkultur mit jungen, alternativen Kräften der antibürgerlichen Bohemeszene zu verbinden. In ihrem Haus bringt sie Künstler und Wissenschaftler zusammen, berühmte und noch unbekannte, einflussreiche Kritiker und spendable Literaturfreunde. Auch Stefan George gehört zu den Gästen – bis er eines Tages merkt, dass die Gastgeberin und den stets anwesenden Dichter Richard Dehmel mehr als literarisches Interesse verbindet. Den Eifersüchtigen trennen Welten von Dehmel, dessen Werk er völlig ablehnt, und kein Vermittlungsversuch der Hausherrin kann George bewegen, in Dehmels Zeitschrift *Pan* Gedichte zu veröffentlichen.

Doch Ida Auerbach führt nicht nur ein großes Haus, sie unterstützt, weniger augenfällig, auch mittellose Künstler und Schriftsteller. Dieser aufwändige Lebenszuschnitt findet ein jähes Ende mit der Verhaftung Leopold Auerbachs wegen eines ihm angelasteten betrügerischen Bankrotts. Seine Inhaftierung und der Verlust seines – und auch ihres – gesamten Vermögens nimmt Ida Auerbach zum Anlass, die Verbindung mit dem ohnehin ungeliebten Mann zu lösen und die Scheidung einzureichen.

Sie bezieht mit ihrem kleinen Sohn 1898 eine bescheidene Wohnung in Dehmels Nähe in Berlin-Pankow. Der Auszug aus der Villa in der Lennéstraße und aus der »feinen« Gesellschaft scheint sie nicht zu bedrücken. Ihr sei nun eine Tür zugesperrt worden, die Tür zum Luxus, schreibt sie, dafür erschließe sich ihr ein »gar viel wertvolleres Reich«. Sie fühlt sich, erstmals in ihrem Leben, frei – und geht doch wieder eine Bindung ein: eine Bindung, die ihr weiteres Leben prägen wird.

Richard Dehmel: der Eine

Den als Bonvivant bekannten Dichter Richard Dehmel hat sie schon 1895 in ihrem Salon kennen gelernt – bei dem Versuch, ihn für Georges Dichtung zu begeistern. Das Scheitern ihrer Bemühungen war vorauszusehen, dafür entflammten die beiden umso heftiger füreinander. Dass Ida schwanger war und Richards Frau das dritte Kind erwartete, tat der Leidenschaft keinen Abbruch. Wie Romeo und Julia kommen sie Freunden vor, nur ohne die kindliche Unschuld des Shakespeare-Paares.

Der Versuch einer Ehe zu dritt gelingt nicht, kann nicht gelingen: Weder Ida Auerbach noch Dehmels Frau Paula, Tochter eines Rabbiners und spätere Kinderbuchautorin, verkraften eine solche Zumutung. Paula Dehmel, geborene Oppenheimer, hat schon leidvolle Erfahrungen hinter sich, ein Verhältnis Dehmels mit der Hausangestellten Käthe führte schließlich zu deren Freitod.

Dehmel trennt sich schweren Herzens und schlechten Gewissens von Frau und Kindern und unternimmt mit der Geliebten, die er Isi nennt, ausgedehnte Reisen, bis beide von ihren Ehepartnern rechtmäßig geschieden sind. In Italien erkrankt Isi an Typhus, sodass das Paar unverzüglich nach Deutschland zurückkehrt. Die lebensbedrohliche Krankheit wird in Heidelberg, dem Wohnsitz des Dichterfreundes Alfred Mombert, auskuriert.

1901 heiraten Ida und Richard Dehmel in London. Bei der Wahl des künftigen Wohnsitzes schwanken sie zwischen Weimar und Hamburg. Dehmel, der märkische Förstersohn, hat sich nach langjähriger Tätigkeit für eine Versicherungsgesellschaft als freier Schriftsteller etabliert und ist nicht an einen bestimmten Wohnort gebunden. Für Weimar spricht das dortige rege Kulturleben, für Hamburg die Verbundenheit Dehmels mit den »Werktätigen« und mit seinem Freund Detlev von Liliencron. Die Entscheidung fällt für Hamburg, und die beiden beziehen eine Wohnung in Blankenese mit weitem Blick über die Elbe.

Ida Dehmel notiert später: »So wurden wir denn ... Blankeneser. Das ›Ziegenbock-Kletternest‹, wie Peter Hille es nannte, war damals noch ein Fischerdorf, das dem der Natur aufs innigste verwachsenen Dichter unbegrenzte Möglichkeiten schenkte ... Wie ein Rausch kam es oft über ihn, wenn er an dem Hügelrand der Elbe entlangschritt, sich immer mehr von den Menschen entfernend, dem Meere zu. Da geriet er ins Laufen, Tanzen, und mit schallender Stimme sang er selbstgeschaffene Melodien zu eigenen Gedichten.« Kein Wunder, dass sich Wanderer vor dem »Irren« und seinen wilden Gesängen fürchten.

Frau Isi scheinen die exaltierten Ausbrüche des genialischen Dichters nicht zu stören, sie liebt ihn mit einer Hingabe, die niemals Kritik aufkommen lässt. Sein Lob macht sie überglücklich: »Es kann ja von *keinem* Menschen, und aus der ganzen Welt, nichts zu mir kommen, was mich so ehrt und auszeichnet, als solche Worte von Dir ...« Und wenig später fährt sie im Tagebuch fort: »Ich liebe Dich ja mit solcher Unendlichkeit, mit solchem Glück!« Selbst der Tod könnte sie nicht schrecken, denn sie weiß: »Ich habe Alles gehabt: In Dir, durch Dich, mit Dir ...« Richard Dehmel hat diese alle Fesseln sprengende Liebe in seinem Roman *Zwei Menschen* in höchster Tonart besungen.

Dass nüchterne Hamburger in diese Gesänge nicht spontan einstimmen mögen, kann nicht verwundern. So holt sich Frau Isi, die von Berlin her ein lockeres Künstlerleben gewohnt ist, auswärtige Gäste ins Haus und knüpft erfolgreich Beziehungen zur Kunstgewerbeschule, an der renommierte Künstler unterrichten. Allmählich gelingt es ihr, zu Nachmittagsgesprächen und abendlichen Lesungen auch einheimische Interessierte anzulocken; doch die wenigsten Hamburger nehmen wahr, dass sie nicht nur skandalumwitterte Gastgeberin ist, sondern sich auch intensiv für Künstlerinnen einsetzt, denen der Zugang zu Kunsthochschulen und damit zu professioneller Anerkennung noch immer verwehrt ist.

Mit der Gründung des Frauenclubs Hamburg im Jahre 1906 will sie diese Professionalisierung vorantreiben und auch die Öffentlichkeit und die Presse auf die missliche Lage der Künstlerinnen aufmerksam machen. Die *Hamburger Woche* greift das Thema auf: »Unsere Hamburger Künstlerinnen haben es bei den ungünstigen künstlerischen Verhältnissen unserer Handelsstadt nicht leicht, sich durchzusetzen. Die verschiedenen Künstlerclubs nehmen keine weiblichen Mitglieder auf ...«

Der sich bisher kaum um Politik kümmernden Initiatorin wird klar, dass zur Verbesserung der Rechte von Frauen politische Hebel angesetzt werden müssen. Sie tritt deshalb dem Norddeutschen Verband für Frauenstimmrecht bei und schreibt unter dem Pseudonym Coba Lenz Artikel für Frauenzeitschriften, unter anderem für das Blatt *Neue Frauenkleidung und Frauenkultur.* Im Frauenclub am Neuen Jungfernstieg wird jedoch nicht nur politisiert und gekämpft, sondern auch gefeiert. Frauen unter sich: ein Novum, das Neugier und Misstrauen weckt, während Männerclubs von jeher eine Selbstverständlichkeit sind. Richard Dehmel unterstützt die Bestrebungen seiner Frau; er selbst ist ebenfalls kulturell und sozial aktiv, und so fördern sie beide junge Talente und auftragslose Künstler.

Das Dehmel-Haus: Treffpunkt der Boheme

In dem 1912 bezogenen Haus an der Parkstraße kann Ida Dehmel ihre Vorstellung von einem Hort der Künste und der niveauvollen Geselligkeit in größerem Rahmen verwirklichen. Die vom Architekten Peter Behrens großzügig gestalteten Räume, ein von Henry van de Velde gemeinsam mit Richard Dehmel geschaffenes Jugendstilambiente, von Emil Orlik entworfene Tapeten, die fließenden Gewänder der Damen und die lukullische Aufmachung der Tafel – alles fügt sich zum Gesamtkunstwerk, das ästhetisch anspruchsvollen Gästen den passenden Rahmen bietet: so Harry Graf Kessler und Alfred Mombert (der Ida Dehmel als verschmähter Liebhaber doch in Verehrung zugetan bleibt), so dem Maler Max Liebermann und dem Musiker Hans Pfitzner, der Künstlerin Clara Rilke-Westhoff und dem Dichter Detlev von Liliencron. Auch Elisabeth Förster-Nietzsche, die zwielichtige Schwester Nietzsches, gehört zum Freundeskreis.

Ida Dehmel stets, wie schon in Berlin, im Mittelpunkt. Sie sieht sich selbst nicht als Künstlerin, sondern, nach ihrem Vorbild Rahel Varnhagen, als Mittlerin. Und so weiß sie sich glänzend zu inszenieren – zum Wohle ihrer Schützlinge, für die sie Beziehungen knüpft, Aufträge vermittelt, Gespräche mit Verlegern und Kunsthändlern führt, Basare, Kostümfeste und Ausstellungen organisiert. Arnold Schönberg lässt sich von Dehmels Kultbuch *Zwei Menschen* zu seiner Komposition *Verklärte Nacht* inspirieren, Ludwig Kirchner zu markanten Holzschnitten ... Die Dehmels haben es geschafft: Hamburg hat seine Bohemeszene.

Dann bricht der Erste Weltkrieg aus. Wie überall lassen sich auch hier Künstler und Schriftsteller von patriotischen Gefühlen mitreißen. Nicht nur Ida Dehmels Sohn aus erster Ehe, der von ihr vergötterte 17-jährige Heinz-Lux, meldet sich als Kriegsfreiwilliger, sondern auch ihr 51-jähriger Mann, der den Ausbruch des Krieges als »höchsten Mannesrausch« herbeigesehnt hat.

Heinz-Lux fällt 1917 an der Westfront, getroffen von einem englischen Scharfschützen. Ida Dehmel stürzt sich, um den Schmerz zu betäuben, in karitative Arbeit, organisiert Aktionen zur Versorgung der Soldaten und Hilfe für die Verwundeten. Im Tagebuch, das sie im Gedenken an ihren Sohn weiterführt, vermerkt sie: »Ich danke Gott jeden Tag dafür, dass ich deinen Tod ohne Bitternis ertragen habe.« Doch in einem Brief an ihre Schwester klingt Verzweiflung durch: »Ich liege da wie ein gefällter Baum ... Mein Leben hat keine Fortsetzung mehr. Es war ja das Wunderbare an meinem Jungen, dass Alles, was in mir guter Ansatz ist, bei ihm Blüte war.« Wie ähneln diese Aufzeichnungen den Tagebuchnotizen von Käthe Kollwitz, deren Lieblingssohn auch als junger Kriegsfreiwilliger an der Westfront gefallen ist! Richard Dehmel, der gesundheitlich angeschlagen aus dem Krieg zurückkehrt, findet wohl die richtigen Worte, wenn er seiner Frau Isi über den sinnlosen Tod des Sohnes hinwegzuhelfen versucht: »Er war vollendet, da brauchte er nicht länger auf dieser unvollkommenen Erde zu bleiben.«

Dehmel stirbt 1920 an den Folgen eines verschleppten Kriegsleidens: Wiederholte Venenentzündungen führten schließlich zu einer tödlichen Thrombose. Frau Isi bleiben nur seine patriotisch überschwänglichen Feldpostkarten, die zärtlich hymnischen Huldigungen in seinen Briefen – und die Urne mit seiner Asche: nicht auf einem Friedhof bestattet wie bei gewöhnlichen Sterblichen, sondern aufgebahrt im Bücherregal des Dehmelschen Salons. Ein Exzentriker noch im Tod.

Ida Dehmel wohnt nun allein in den auf seine Bedürfnisse zugeschnittenen Räumen. Lebt mit der Erinnerung und mit finanziellen Sorgen: Der Unterhalt des Dehmel-Hauses, das Freunde Richard Dehmel zum 50. Geburtstag geschenkt haben, übersteigt die Möglichkeiten der Witwe. Mit Hilfe des Hamburgischen Senats wird das Haus in eine

Dehmel-Stiftung überführt, die den Weiterbestand der Kulturstätte und ihr Wohnrecht absichert.

Sie gründet, unterstützt von Alfred Mombert, eine Dehmel-Gesellschaft und ein Archiv, in dem der Nachlass des Dichters geordnet werden soll. Und sie gibt eine Auswahl seiner Briefe und Tagebücher heraus, die, wie seine lyrischen und dramatischen Werke, von zeitbedingter Emphase und heldischem Pathos geprägt sind – davon hat ihn auch die schreckliche Realität des Krieges nicht abgebracht. Die Witwe setzt alles daran, sein dichterisches Schaffen der Nachwelt zu erhalten.

Doch sie ist nicht nur die rückwärts gewandte Nachlassverwalterin und Gralshüterin: Mit selbstbewusster Eigenständigkeit führt sie nun die schon Tradition gewordenen Veranstaltungen im Dehmel-Haus fort. Berühmte Namen tauchen in den Veranstaltungsprogrammen auf: Hermann Graf Keyserling, Franz Werfel nebst Gattin Alma Mahler-Werfel und auch der Hamburger Schriftsteller Hans Henny Jahnn. Die energiegeladene Organisatorin von Lesungen und Konzerten widmet sich auch wieder verstärkt ihren frauenpolitischen Aktivitäten, die durch die Kriegsumstände in den Hintergrund getreten waren.

Gründung der GEDOK

Schon 1914 hatte Ida Dehmel den Bund Niederdeutscher Künstlerinnen gegründet, der sich aus Malerinnen, Bildhauerinnen und Kunstgewerblerinnen zusammensetzte und mit eigenen Ausstellungen an die Öffentlichkeit trat. Nach dem Ersten Weltkrieg löste sich der Verein auf. Doch als sich die Verhältnisse etwas konsolidieren, wird die Gründerin gebeten, diesen erfolgreichen Zusammenschluss von Künstlerinnen und Kunstgewerblerinnen wieder aufleben zu lassen.

Ida Dehmel hat eine noch weiter reichende Idee: Nicht nur die bildende Kunst und das Kunsthandwerk sollten in der neuen Vereinigung vertreten sein, auch Musik, Literatur und die darstellende Kunst – eine Gesamtschau weiblichen Kunstschaffens sozusagen. Und noch eine Neuerung schwebt ihr vor: Sie möchte auch »Kunstfreundinnen« aufnehmen – kunstinteressierte Frauen, die den Künstlerinnen in organisatorischen Fragen beistehen, denn Künstler sind erfahrungsgemäß schlechte Organisatoren. Ihre Argumente wirken überzeugend, man wagt das Experiment: So wird 1926 im Frauenclub am Neuen Jungfernstieg der Bund Hamburgischer Künstlerinnen und Kunstfreundinnen gegründet, die Keimzelle der heutigen GEDOK.

In den Räumen des Hamburger Hofs am Jungfernstieg entwickelt sich bald ein reges Vereinsleben. Ausstellungen – auch mit den Hamburger Malerinnen Anita Rée und Gretchen Wohlwill – werden gezeigt, Konzerte und Lesungen meist spartenübergreifend organisiert, Kostümfeste und Wohltätigkeitsbasare veranstaltet. All das unter der alleinigen Regie von Frauen. Männer sind allerdings als zahlende Gäste willkommen.

Das Hamburger Modell macht Furore, Ida Dehmel rührt geschickt die Werbetrommel, und noch im selben Jahr schließen sich weitere deutsche und österreichische Künstlerinnenvereine der Hamburger Gründung an. 1927 findet in Hamburg die erste Vorstandssitzung der 15 angegliederten Vereine unter der Leitung der Bundesvorsitzenden Ida Dehmel statt. Ein gemeinsamer Name wird festgelegt: Gemeinschaft Deutscher und Österreichischer Künstlerinnenvereine aller Kunstgattungen. Als Abkürzung bürgert sich schon bald die Bezeichnung GEDOK ein. Die Satzung bestimmt als Aufgabe der Gemeinschaft »die Förderung und Vertretung der Künstlerinnen in allen Fragen des öffentlichen Kunstlebens«.

Ida Dehmels kühne Gedankenkonstruktion bewährt sich auch in der Praxis: In immer mehr Städten werden GEDOK-Gruppen gegründet, die Mitgliederzahl wächst auf 7000 an. Das Neue am Dehmelschen Konzept ist nicht nur die Schaffung einer Lobby für Künstlerinnen und die Einbeziehung und gegenseitige Durchdringung aller Kunstsparten, sondern auch die gleichberechtigte Mitgliedschaft kunstinteressierter, jedoch nicht selbst künstlerisch tätiger Frauen, die die Künstlerinnen materiell und praktisch unterstützen. Dieses von Ida Dehmel geknüpfte Netzwerk weiblicher Initiativen hat bis heute Bestand.

Sie selbst zählt sich nicht zu den Künstlerinnen oder Kunstgewerblerinnen, sondern – vielleicht um dieser Sparte mehr Gewicht zu verleihen – zu den Kunstfreundinnen, obgleich ihre kunstvoll gefertigten Perlenarbeiten auf Ausstellungen besondere Beachtung finden. Sie ist stets darauf bedacht, durch hohe Qualität der Ausstellungsobjekte die GEDOK nicht dem Verdikt »dilettantische Frauenkunst« auszusetzen. Auch in den anderen Sparten achtet sie auf Niveau: Namen wie Käthe Kollwitz , Clara Rilke-Westhoff, Mary Wigman, Elly Ney, Annette Kolb oder Ricarda Huch sprechen für sich.

Heute noch werden bei der Jurierung von Ausstellungen, bei der Prämienstiftung für junge Musikerinnen oder beim Internationalen Komponistinnen-Wettbewerb hohe Ansprüche gestellt, ebenso wie bei der Vergabe der Literaturförderpreise oder des nach der GEDOK-Gründerin benannten Ida-Dehmel-Preises. Mit diesem Preis wurde vor einigen Jahren auch die in Hamburg lebende Schriftstellerin Brigitte Kronauer ausgezeichnet.

Im Jahre 2001 konnte die GEDOK in Hamburg ihr 75-jähriges Bestehen feiern – ein Beweis für die Lebensfähigkeit dieser von Ida Dehmel so klug konzipierten Gemeinschaft.

Bitteres Ende

Doch der Schatten, der bald auf ganz Deutschland fällt, greift auch nach der GEDOK: 1932 wird sie in Reichs-GEDOK umbenannt und verliert ihre Autonomie, und es sieht nicht danach aus, als ob je wieder eine freie, selbstbestimmte Künstlerinnengemeinschaft, wie Ida Dehmel sie geschaffen hatte, entstehen könnte. Die blühende Hamburger Gruppe dezimiert sich, und vor allem aus den Reihen der jüdischen Kunstfreundinnen gehen etliche mit einer bösen Vorahnung auf die kommenden Ereignisse ins Ausland. Damit entfallen Konzerte und Lesungen, die bisher überwiegend in Privathäusern jüdischer Mitglieder stattgefunden haben. Ausstellungsmöglichkeiten für jüdische Künstlerinnen werden eingeschränkt, »Entartetes« wird verfemt, »Asphaltliteratur« geächtet.

Dass an der Spitze der Reichs-GEDOK eine Jüdin das Sagen hat, ist für die Nationalsozialisten natürlich eine besondere Provokation. Ida Dehmel bietet dem Vorstand mehrfach ihren Rücktritt an, um den Verband nicht in Gefahr zu bringen, doch man unterschätzt die Bedrohung und bittet sie, im Amt zu bleiben. Die Münchner Vorsitzende Baronin von Fremery, die auch dem militanten Kampfbund für Deutsche Kultur angehört, bekundet allerdings ihr Missfallen darüber, dass in einzelnen Ortsgruppen der Vorsitz nicht in deutschen Händen liege. Ida Dehmel antwortet darauf: »Unsere Organisation ist aufgebaut auf dem Prinzip der absoluten politischen und konfessionellen Neutralität ... Ich habe gehofft, daß unsere bewußt unpolitische, ganz und gar auf Hilfsbereitschaft und Liebe zur Kunst aufgebaute Gemeinschaft als über allen Parteien stehend dauernd anerkannt werden würde.« Eine trügerische Hoffnung.

Zu Beginn einer GEDOK-Mitgliederversammlung im Hamburger Hof im April 1933 marschiert die SA auf. Mit

Gummiknüppeln bewaffnete Uniformierte zwingen Ida Dehmel, ihr Amt als Vorsitzende der GEDOK niederzulegen. Zehn Minuten werden ihr für diese »Formalität« eingeräumt. Sie leistet keinen Widerstand. Mit ihr treten zwei weitere Vorstandsmitglieder zurück. Die übrigen Mitglieder reagieren nicht. Aus Furcht? Aus Anpassungswillen? Aus geheimer Sympathie für die antijüdische Maßnahme? Die Sitzungsprotokolle schweigen darüber.

Ida Dehmel zieht sich ganz aus der Verbandsarbeit zurück, die Hamburger Gruppe löst sich auf. Noch wäre Zeit zur Emigration, doch die 63-Jährige will sich nicht von der vertrauten Umgebung trennen – den Verlust des Dehmel-Hauses könnte sie, wie sie schreibt, nicht verkraften. Veranstaltungen in ihrem Haus finden nun nur noch im privaten Rahmen statt, auch Presseveröffentlichungen sind nicht mehr möglich. Ihr letzter Beitrag im *Berliner Tagblatt* gilt dem Tod des Jugendfreundes und lebenslangen Verehrers Stefan George. Für das Dehmel-Haus und die Stiftung wird ein nichtjüdischer Verwalter eingesetzt.

Um zunehmender Isolation und Diffamierung zu entgehen, bricht Ida Dehmel zu ausgedehnten Reisen auf. Von ihrer 1935 verstorbenen Schwester Alice hat sie ein beträchtliches Vermögen geerbt, das sie, bevor es konfisziert wird, in fremden Ländern auszugeben gedenkt. Über die erste Weltreise mit den Stationen Westindien, Brasilien, Madagaskar, Ceylon, China und Japan führt sie, wie auch über die zweite Reise nach Mittelamerika, Tagebuch. Während sie sich auf der ersten noch »wie neugeboren« fühlt, beschleichen sie auf der folgenden schon Resignation und Todesahnungen: »Meine Gesundheit ist untergraben; um Gottes Willen kein langes Ende. Ich weiß, daß die Tropen bedeuten, daß das Licht nach beiden Enden brennt. Das ist meine Absicht. Und ich hoffe, meine Freunde gönnen mir, daß das Brandopfer in Schönheit geschieht ...«

Mit Ausbruch des Zweiten Weltkrieges sind Reisen ins Ausland nicht mehr möglich. Doch Ida Dehmels angegriffene Gesundheit und die nachlassende Sehkraft würden ohnehin keine strapaziösen Fahrten mehr zulassen. Sie widmet sich nun der endgültigen Überarbeitung ihres autobiografischen Romans *Daija*. Es wird einsam um sie, aber sie will Hamburg nicht verlassen. Einer Freundin schreibt sie im Dezember 1938: »Marion, ich würde nie auswandern … Im Moment, in dem ich das Dehmelhaus verlassen muß, mache ich Schluß.«

Im Oktober 1940 wird ihr Freund Albert Mombert aus Heidelberg deportiert. Auch in Hamburg werden die Juden systematisch zu Sammelstellen beordert und in die Konzentrationslager abtransportiert. Zahlreiche Freunde verwenden sich für Ida Dehmel. So schreibt Baronin Toll an einen Goebbels-Vertrauten: »Es handelt sich kurz darum, für die in … Hamburg lebende 70-jährige, fast erblindete Witwe des deutschen Dichters Richard Dehmel, eine Jüdin, von Dr. Goebbels die Erlaubnis zu erwirken, ihren Lebensabend im Dehmelhaus in Blankenese beschließen zu dürfen. Es droht ihr möglicherweise im Zuge der Entjudung die zwangsweise Entfernung aus Deutschland …« Eine Kopie des Briefes geht an Ida Dehmel, die beschämt zur Kenntnis nimmt, dass ihr eine Sonderstellung eingeräumt werden soll, während ringsum jüdische Mitbürger aus ihren Häusern geholt werden.

Am 25. Oktober 1941 schreibt sie an Marie Stern in Blankenese: »Seit einer Stunde erst scheine ich gerettet zu sein. Als Einzelne. Mittwoch früh erhielten 2000 Hamburger Juden Evakuierungsbefehl … Man weiß, daß alle dran kommen sollen.« Wann also wird man sie holen? Die Ungewissheit, die Angst, Angst auch vor einer unheilbaren Krankheit und davor, anderen zur Last zu fallen, rauben ihr die letzten Kräfte. Am 29. September 1942 setzt Ida

Dehmel mit einer Überdosis Schlaftabletten ihrem Leben ein Ende – im Dehmel-Haus, das sie nie zu verlassen wünschte. Hier wird auch ihre Asche aufbewahrt. Im Tod ist sie wieder vereint mit Richard Dehmel.

Die Lyrikerin Dagmar Nick, Ida Dehmel durch ihre jüdische Herkunft und durch die GEDOK verbunden, erinnert daran, was der selbstbestimmt aus dem Leben Geschiedenen erspart geblieben ist:

Freitod 1942
Was hätte dir winken können
am Ende, wie viele
Lebensjahre zu früh:
Die Rampe, an der
man dich eingeteilt hätte
nach links,
die Barackenstraße entlang
bis zum Morgen der Endgültigkeit
im scharfen Gestank
aus den Schloten.
Die Überlebenden haben
diese Beize noch an der Haut.
Du hast den Schierling gewählt.
Beizeiten.
Es war der klügere Weg.

Emmy Beckmann

Hat nur der Mann Genie?

Emmy Beckmann

1880–1967
Pädagogin

> Ist es nicht geradezu possierlich,
> daß die Männer sich der Unwissenheit ihrer Frauen
> schämen, deren intellektuelle Urheber sie sind?
>
> Hedwig Dohm

»Es gibt einen tieferen Grund für die von vornherein beanspruchte Herrenstellung des Mannes: Der Mann allein hat das Genie hervorgebracht! Früher fragte man: ob die Frau überhaupt eine Seele habe? Und seitdem darüber in unserer christlich-abendländischen Welt kein Zweifel mehr besteht, betont man umso nachdrücklicher ihre Unfähigkeit zu selbständiger geistiger Arbeit, zu sachlich schöpferischem Tun! ... Der ›ewige Mann‹ ist unbeirrbar eitel auf seine Überlegenheit als Mann, unbelehrbar durch eigenes Fiasko und skrupellos in der Behauptung seiner Machtstellung.«

Starker Tobak. Rächt sich da eine Enttäuschte und Verlassene nach einer an männlicher Eitelkeit gescheiterten Beziehung? Mitnichten. Emmy Beckmann lebt in trauter Gemeinschaft mit ihrer Zwillingsschwester, auf Männerabenteuer hat sie sich nie eingelassen. Ihr Zorn ist rein dienstlicher Natur. Seit Jahren kämpft sie für eine bessere Mädchenbildung, und seit Jahren stößt sie bei Schulbehörden und anderen Amtsstellen auf bornierte Beamte, die ihren bequemen Besitzstand wahren und »naseweise Frauenzimmer« abzuwimmeln wissen.

Dass die Studienrätin Beckmann kein naseweises Frauenzimmer ist und sich schon gar nicht mit arroganten Sprüchen abfertigen lässt, macht die Kollegen umso aggressiver. Was sollen sie ihr antworten, wenn sie mit Paragraphen und dem fadenscheinigen Argument »Das war schon immer so« nicht einzuschüchtern ist? Sie kennt sich aus in Verordnungen und Dienstvorschriften, sie hat als Pädagogin reiche Erfahrung, auch im Ausland, gesammelt, sie hat konkrete Vorschläge zur Mädchenschulreform anzubieten – und rennt gegen Wände.

Ein Beamter ist ein Beamter ist ein Beamter …

Gertrude Stein fällt einem ein beim wiederholten Anrennen Emmy Beckmanns gegen eingefahrene Denkmuster in Beamtenköpfen. Sie fragt in einem Beitrag in Helene Langes und Gertrud Bäumers Zeitschrift *Die Frau* polemisch: »Gibt es auch in andern Völkern die gleiche ewige Wiederkehr männlicher Vorurteile, männlichen Dünkels, und – in unserer männlich bestimmten Gesellschaft – männlicher Vorrechte und Vorherrschaft?« In England hat sie diesen Dünkel während ihrer dreijährigen Tätigkeit als Lehrerin offenbar nicht festgestellt, auch nicht während ihres Studiensemesters in Paris – da wird sie allerdings nicht so fordernd aufgetreten sein. Ihre Philippika gegen die deutschen Männer und die Beamten im Besonderen ist unter dem Titel *Der ewige Mann* 1925 erschienen – nach ihrer Rückkehr vom Frauenweltkongress in Washington, auf dem sie den Bund Deutscher Frauenvereine vertreten hat. Bei den Frauenrechtlerinnen in Amerika und auch bei den englischen Suffragetten herrscht ein schärferer Ton als bei der bürgerlichen Frauenbewegung in Deutschland. Mag sein, dass sie sich davon hat anstecken lassen.

Was sie fordert, sind aus heutiger Sicht Selbstverständlichkeiten: gleichberechtigte Teilhabe der Mädchen an Bildung und Ausbildung, Beschäftigung weiblicher Lehrkräfte auch an den höheren Schulen, Mädchenbildung nicht nur für den Hausgebrauch, sondern als Einstieg ins Berufsleben. – Gibt es alles schon, sagen die zuständigen Beamten, Frauen dürfen ja sogar an den Hochschulen studieren… Gut, gut, antwortet Emmy Beckmann, und wenn sie heiraten, müssen sie zurück an den Herd. – Na und, sagen die Bildungsbeamten und haben wohl die Denkschrift deutscher Pädagogen im Kopf, in der es heißt: »Es gilt, dem Weibe eine der Geistesbildung des Mannes ebenbürtige Bildung zu ermöglichen, damit der deutsche Mann nicht durch die geistige Kurzsichtigkeit und Engherzigkeit seiner Frau an dem häuslichen Herde gelangweilt und in seiner Hingabe an höhere Interessen gelähmt werde …« Ein einleuchtender Grund – genauso einleuchtend wie die Befürchtung der Amtsinhaber, mit besser ausgebildeten Frauen könnte ihnen Konkurrenz ins Haus stehen. Kollegin Beckmann ist der schlagende Beweis: Sie bringt nichts als Unruhe ins behäbige Beamtengefüge und behauptet gar, Frauen würden trotz offizieller Gleichberechtigung mit allen möglichen Finten am Aufstieg gehindert…

Wenn die resolute Pädagogin rhetorisch wirkungsvoll verkündet: »Dem Manne hat das öffentliche Leben gehört, es gehört ihm heut und es wird ihm gehören, nun und für immer!«, so bedeutet das nicht Resignation, sondern Kampfansage. Doch Emmy Beckmann kämpft nicht für sich selbst, sie ist Beamtin und wird es, da sie nicht zu heiraten gedenkt, auch bleiben. Sie kämpft für ihre Geschlechtsgenossinnen, vor allem für jene, die nicht das Privileg eines fördernden Elternhauses haben – und sie kämpft an zwei Fronten: an der Schulfront und an der Frauenfront. Für unmündige Mädchen und für unmündig gehaltene Frauen.

Mädchen träumen nicht nur von Heirat und Herd

Emmy hat als Schülerin weder von Heirat noch vom Herd, sondern von Büchern, vom Lernen geträumt. Lehrerin wollte sie werden. Sie hat es geschafft, da die häuslichen Voraussetzungen stimmten: Der Vater ist Gymnasialdirektor in Wandsbek, die Geschwister – die Schwester wird später Schulleiterin, der Bruder Pastor – sind wie sie geistig interessiert, eine ausreichende finanzielle Basis für ein Studium ist vorhanden. Die Mutter, die bei der Geburt der Zwillingsschwestern starb, hat den Kindern eine ansehnliche Erbschaft hinterlassen. Dass Emmy nach der Wiederheirat des Vaters häufig ihre vier kleinen Halbgeschwister betreuen muss, statt sich ganz den Büchern hingeben zu können, kommt ihr in der späteren Berufspraxis zugute.

Nach ihrer Ausbildung zur Lehrerin in Hamburg und nach ihren Auslandsaufenthalten in England und Frankreich unterrichtet sie drei Jahre lang an der Töchterschule in Husum und geht 1906, in der Pionierzeit des Frauenstudiums, nach Göttingen und Heidelberg, um Englisch, Geschichte und Philosophie zu studieren. Noch sind Frauen in den Hörsälen ein ungewohnter Anblick, noch müssen sie zahlreiche Zulassungshürden überwinden, noch sind sie in den Augen vieler Professoren ungeeignet für die höheren Weihen der Wissenschaft, weist doch das weibliche Gehirn ein geringeres Gewicht auf als das männliche … Die Studentin empört sich über den »ewig männlichen Dünkel, der in öder Phantasielosigkeit die Entwicklungsmöglichkeiten einer neuen geistigen Freiheit für die Frau nicht zu ahnen vermag«. Doch sie stellt mit Genugtuung fest: »Jetzt fangen die Frauen an, die früher als unerreichbar und in ihrer Unerreichbarkeit für Frauen als Beweisgründe männlicher geistiger Überlegenheit geltenden Prüfungen ebenso leicht und einfach zu bestehen wie ihre männlichen Kameraden …«

Sie weiß, dass die Frauen, die nun allmählich mit Entschlossenheit in die Hörsäle drängen, nur eine winzige Minderheit darstellen gegenüber all jenen, die erst gar nicht die Bildungsvoraussetzungen für ein Universitätsstudium erlangen. Deshalb setzt sie sich nach Abschluss ihres Studiums mit ihrer ganzen Energie für eine bessere Mädchenbildung ein. Die Fundamente dafür müssen früh gelegt werden: Das bedeutet, Eltern davon zu überzeugen, dass eine gute Schulbildung für die Töchter genauso wichtig ist wie für die Söhne, dass das Argument, Mädchen seien ja später durch die Heirat versorgt, kurzsichtig und töricht ist.

Bessere Mädchenbildung heißt für Emmy Beckmann nicht Koedukation, sie ist wie die mit ihr befreundete Helene Lange für getrennte, aber gleichwertige Schulen. Das bringt ihr auch Widerspruch ein, etwa von Berlins erster Ärztin Franziska Tiburtius, die befürchtet, reine Mädchenschulen würden immer Schulen zweiter Klasse bleiben und eine dort abgelegte Abiturprüfung als »Puddingabitur« gelten. Emmy Beckmann glaubt, dieses Argument durch Leistung entkräften zu können. Dazu bedarf es aber des vollen Einsatzes der weiblichen Lehrkräfte. Um ihnen den Rücken zu stärken und gemeinsame Konzepte zu entwerfen, wurde schon 1890 der Allgemeine Deutsche Lehrerinnenverein gegründet, dessen Vorsitzende mehr als 30 Jahre lang Helene Lange war. Ihre Nachfolgerin wird 1921 Emmy Beckmann, die schon in mehreren Frauenverbänden einschlägige Erfahrungen gesammelt hat.

Die neue Vorsitzende merkt bald, dass die Lehrerinnen nicht nur eine eigene Lobby, sondern auch politische Fürsprecher brauchen, die sich im Parlament für ihre Belange einsetzen. Sie tritt der Deutschen Demokratischen Partei, der heutigen FDP, bei und wird prompt zur Abgeordneten der hamburgischen Bürgerschaft gewählt. Auch im Schulleben zieht sie demokratische Wahlverfahren der Ernennung »von oben« vor. Als das Kollegium der Oberrealschule – der späteren Helene-Lange-Schule – sie 1926 zur Schulleiterin wählt, führt sie als Erstes die Schülerselbstverwaltung ein. Ein Schock für obrigkeitshörige Beamte, aber wer wollte sich der resoluten Bildungsreformerin in den Weg stellen?

Ihr Sachverstand in Schulfragen kann von der Männerlobby nicht mehr bestritten werden, und so wird sie im Jahre 1927 – zur Verblüffung vieler – zum ersten weiblichen Oberschulrat in Hamburg ernannt. Ist dies Ausdruck einer späten Läuterung engstirniger Beamter? Oder eher eine elegante Lösung, um den kritischen Geist loszuwerden? Denn Emmy Beckmann ist ausdrücklich für Frauenschulen zuständig – das kann eine vernünftige, sachorientierte Entscheidung sein oder aber die Abschiebung auf ein Nebengleis ...

Die Leitung der Oberrealschule übernimmt nach Emmy Beckmanns Berufung zur Oberschulrätin – sie hat nun die weibliche Berufsbezeichnung eingeführt – ihre Zwillingsschwester Hanna, mit der sie zusammenwohnt und mit der sie dieselben beruflichen Interessen eng verbinden. Sie selbst hat nun, entlastet von der Schulführung, etwas mehr Zeit, sich den drängenden Frauenfragen zu widmen. In London nimmt sie an einer Tagung des Internationalen Frauenbundes teil und lässt sich von der Notwendigkeit eines eigenen, grenzüberschreitenden Netzwerkes überzeugen.

Frauen eine Stimme geben

Frauen brauchen, um sich in der Öffentlichkeit Gehör zu verschaffen, eine eigene Lobby – zu dieser Erkenntnis kommt Emmy Beckmann schon früh. 1915 gehört sie zu den Gründungsmitgliedern des Stadtbundes Hamburgischer Frauenvereine und übernimmt gleich den stellvertretenden Vorsitz. Auch in der Vereinigung für das Frauenstimmrecht ist sie aktiv: Frauen müssen, so legt sie überzeugend dar, ihre Stimme selbst einbringen und sich nicht durch Männer vorschreiben lassen, was zu ihrem Besten ist. 1918, mit dem Ende des Ersten Weltkrieges, hat die Vereinigung ihr Ziel erreicht: Den Frauen wird das Wahlrecht zugesprochen.

Dass Wahlrecht noch längst nicht Gleichberechtigung bedeutet, belegt Emmy Beckmann mit eindrücklichen Fällen aus der Praxis. Da geht es um die Ablehnung eines weiblichen Schöffen durch männliche Kollegen. Oder um die Vorherrschaft des Mannes, die angeblich Naturgesetz ist und nicht angetastet werden darf – auch nicht seine Autorität als Erzieher. Emmy Beckmann schreibt wütend: »Das Leben mit den Kindern, die tägliche Last, den unentrinnbaren Alltag … trägt die Mutter, die täglich wieder und wieder mahnen, erziehen und strafen muß. Wie sollte der, der nur angerufen wird bei den großen Ereignissen, bei den schwerwiegenden Straftaten, der im Allgemeinen von Kindheit auf in die göttliche Wolke des ›Nichtgestörtwerdendürfens‹ gehüllt wird, nicht für lange hinaus absolute, widerspruchslos hingenommene Autorität sein?« Ob die Urheberin dieser Zeilen an Thomas Mann und seine Frau Katia gedacht hat, die dem Meister in dieser »göttlichen Wolke des Nichtgestörtseindürfens« fürsorglich die fünf Kinder vom Leibe hielt?

»Und die Frauen? ... sie nehmen dies alles hin! Nein, sie fördern es sogar«, empört sich Emmy Beckmann: »Durch gedankenloses Nachplappern alter Vorurteile, durch Neid und Mißgunst unter einander, in der Furcht vor dem einzelnen Mann, in der Scheu vor den Männern in der Vielheit, in dem Mißtrauen in die eigene schlummernde, noch unentwickelte Kraft, in der Unsicherheit und Ratlosigkeit gegenüber ihrem stets als mindergültig hingestellten eigenen Empfinden, in dem Ungerüstetsein des Geistes zur scharfen und klaren Äußerung der Gedanken und Verfolgung eigener Ziele, in der Trägheit und der Selbstsucht, die sich nur auf das eigene kleine Leben und das der engsten Familie konzentriert – kurz in dem Mangel eines staatsbürgerlichen Verantwortungsgefühls, läßt die Frau sich ausschalten; deckt alle Fehler des Mannes zu und betet ihn in seiner Eitelkeit an!« Kein Wunder, dass die Junggesellin keine Lust verspürt, sich solcher – vermeintlicher oder tatsächlicher – Anbetung anzuschließen!

Was soll geschehen, fragt sie, nachdem sie ihren Geschlechtsgenossinnen tüchtig die Leviten gelesen hat. Sie ist keine Radikalfeministin, sieht nicht alle Schuld bei den Männern, legt es nicht auf Konfrontation an: »Wir haben viel zuviel Respekt vor der kulturellen Gesamtleistung des Mannes, um diesen Kampf zu proklamieren. Wir glauben an die Notwendigkeit der Zusammenarbeit beider Geschlechter auch auf geistigem, kulturellem, sozialem Gebiet. Was wir wollen, ist, daß der Mann Raum gebe für unsere Arbeit, unsere Anschauung, unser Empfinden und unseren Willen.« Auf gleicher Augenhöhe möchte sie mit den Männern verkehren, »in gleicher Freiheit und in gleicher Bindung«. Ob das die von ihr so gescholtenen Berufskollegen auch möchten?

Berufsverbot

1933, mit Beginn des NS-Regimes, werden die mühsam erkämpften Frauenrechte wieder zurückgeschraubt, nach dem »Reichsgesetz gegen die Überfüllung der Schulen und Hochschulen« darf der Anteil der Studentinnen an der gesamten Studentenschaft zehn Prozent nicht übersteigen. Weibliches Ideal ist nicht mehr die selbstbestimmte, sondern die Partei und Führer Gefolgschaft leistende Frau. Dass Emmy Beckmann nicht in dieses Frauenbild passt, merken Parteiführung und Schulbehörde bald. Was tun mit einer solchen Frau? Beamtin auf Lebenszeit, die sich nie etwas zuschulden kommen ließ, tüchtig im Beruf, sozial tätig, mit rein arischem Stammbaum – nur mit dem Makel Zivilcourage behaftet ... Man kann sie nicht einsperren, man kann sie nicht des Landes verweisen, also bleibt nur eine Sanktionsmöglichkeit: vorzeitige Pensionierung wegen »nationaler Unzuverlässigkeit«. Das bedeutet Berufsverbot für die 53-jährige Vollblutpädagogin. Und auch für ihre Schwester.

Da sitzen die beiden nun in ihrer Wohnung an der Oberstraße: Keine öffentliche Schule würde es wagen, sie einzustellen; Privatschulen sind auch keine Alternative, denn sie werden nach und nach geschlossen. Sich im Ausland um eine Stelle zu bewerben, haben die Urhamburgerinnen nie erwogen, auch nicht, sich einer Widerstandsgruppe anzuschließen. Sie gehen in die innere Emigration, tauchen ins Privatleben ab. Offene und öffentliche Rebellion hätte den Machthabern den willkommenen Anlass geboten, sie einzusperren. Also den Mund halten und nicht auffallen – wie schwer das Emmy Beckmann gefallen sein muss, lässt sich nur ahnen.

Untätig ist sie keineswegs. In ihrer Wohnung kommt regelmäßig ein kleiner Gesprächskreis zusammen, Versprengte aus dem aufgelösten Allgemeinen Deutschen Lehrerinnenverein, die hier über politische, literarische und philosophische Fragen diskutieren. Auch Schreiben ist in der ersten Zeit noch möglich. Für die Zeitschrift *Die Frau* verfasst sie regelmäßig Beiträge, gemeinsam mit Irma Stoß gibt sie bis 1936 die *Quellenhefte zum Frauenleben in der Geschichte* heraus. Überwintern lautet die Parole, das Tausendjährige Reich kann ja nicht ewig währen ...

Wieder in Amt und Würden

Das Reich dauert nicht tausend, aber immerhin zwölf Jahre – zwölf Jahre, in denen Emmy Beckmann trotz Kriegseinschränkungen im engen Kreis ihrer Gesinnungsgenossinnen weiterwirken kann. Sie hat Zeit zum Lesen, Schreiben, Ratgeben und Hilfeleisten, Zeit zum Kräftesammeln für den Neubeginn »danach«. Als es darum geht, im kriegszerstörten Hamburg nicht nur Trümmer wegzuräumen, sondern auch neue Strukturen aufzubauen, ist Emmy Beckmann zur Stelle, unbelastet und hochwillkommen. Die Schulbehörde setzt sie sofort wieder in ihr früheres Amt als Oberschulrätin für das Mädchenschulwesen ein. Vergessen die Grabenkämpfe um gleichberechtigte Teilhabe am öffentlichen Leben und am Schulbetrieb – jetzt werden tatkräftige Frauen gebraucht! Viele Männer sind gefallen oder noch in Gefangenschaft, und die Frauen, die ihre Plätze einnehmen, erweisen sich bald nicht nur als Lückenbüßerinnen, sondern als kompetente Praktikerinnen. Niemand hat mehr etwas dagegen, dass Schulleiterposten an höheren Mädchenschulen grundsätzlich mit Frauen besetzt werden.

Emmy Beckmann mischt auch in der Politik wieder mit, für die Fraktion der Freien Demokraten vertritt sie in der Hamburger Bürgerschaft die Belange der Frauenbildung. 1953 wird sie als erste Hamburgerin mit dem Großen Bundesverdienstkreuz ausgezeichnet, kurz darauf verleiht ihr der Senat den Professorentitel und einige Jahre später – als erster Frau – die höchste hamburgische Auszeichnung, die Bürgermeister-Stolten-Medaille. Doch die Ehrungen steigen ihr nicht zu Kopf, sie bleibt die bescheidene, unscheinbare Frau, deren Energie nur in den lebhaften Augen hinter den dicken Brillengläsern aufblitzt.

Ihre Arbeit in den Frauenorganisationen hat sie schon kurz nach Kriegsende wieder aufgenommen. Sie fährt zu internationalen Tagungen und trägt Anregungen aus dem Ausland in die heimischen Vereinigungen, deren demokratische Strukturen nach der langen Alleinherrschaft der NS-Frauenschaft erst wieder aufgebaut werden müssen. Emmy Beckmann gehört zu den Mitbegründerinnen des Hamburger Frauenrings, in dessen Vorstand sie jahrelang mitarbeitet und bei dessen Mitgliedern sie Interesse für die politische Frauenbildung zu wecken versucht.

1949 wird in Berlin unter der Ägide der Vorkriegsvorsitzenden Agnes von Zahn-Harnack und Marie Elisabeth Lüders der 1935 aufgelöste Deutsche Akademikerinnenbund neu gegründet. In Hamburg hat Emmy Beckmann schon im Jahr davor die versprengten Akademikerinnen, von denen einige während der NS-Zeit zu ihrem illegalen Diskussionskreis gehörten, wieder zusammengeholt. Dass sie bei der Gründungsversammlung in Berlin zur Bundesvorsitzenden gewählt wird, überrascht nicht – eher schon, dass sie dieses einflussreiche Amt nach vier Jahren wieder aufgibt und als Ehrenvorsitzende nur noch in beratender Funktion tätig ist. Doch sie ist 73 und spürt, dass sie mit ihren Kräften allmählich haushalten muss. Sie will sich nun verstärkt dem widmen, was in ihrem tätigen Leben stets etwas zu kurz gekommen ist: dem Schreiben.

Sie stellt, gemeinsam mit der Vorsitzenden der AG für Frauen- und Mädchenbildung, Elisabeth Kardel, die umfangreiche Materialsammlung *Quellen zur Geschichte der Frauenbewegung* zusammen und gibt in Berlin die Zeitschrift *Mädchenbildung und Frauenschaffen* heraus. Ihre Verbundenheit mit den beiden Führerinnen der bürgerlichen Frauenbewegung, Helene Lange und Gertrud Bäumer, bekundet sie durch die Herausgabe ihrer Briefsammlung, die allerdings nicht den unter Verschluss gehaltenen privaten Briefwechsel der beiden umfasst. Eine Autobiografie hat Emmy Beckmann – bezeichnend für ihr Understatement – nicht geschrieben. Sie hat ihr eigenes Leben nie für so bedeutungsvoll gehalten, dass sie es unbedingt der Nachwelt überliefern wollte. Wichtig war ihr nicht ihre Person, wohl aber die Aufgabe, für die sie sich ihr Leben lang eingesetzt hat: die Mädchenbildung, die Eigenverantwortlichkeit der Frauen und die gleichberechtigte Partnerschaft zwischen den Geschlechtern.

»Es gilt, das Leben der Menschengemeinschaft in Haus und Gemeinde, in Volk und Staat aufzubauen«: Dieser Satz war für Emmy Beckmann nicht rhetorische Politikerphrase, sondern Aktionsprogramm eines langen, mit Zielstrebigkeit und Zivilcourage gelebten Lebens – bis zu ihrem Tod am Weihnachtstag 1967.

Für die Bühne leben, für das Leben spielen

Ida Ehre

1900–1989
Theaterprinzipalin

> Neun Zehntel der schauspielerischen Arbeit besteht ja darin, die Rolle seelisch zu erfüllen und in ihr zu leben.
>
> KONSTANTIN S. STANISLAWSKI

Der Mensch als Rollenspieler, auf der Bühne des Theaters und auf der Bühne des Lebens – dieses Thema hat Ida Ehre zeitlebens beschäftigt. Sie sinniert darüber, beobachtet die Mitmenschen in ihrem Rollenverhalten, beobachtet sich rückblickend selbst: Wie weit hat sie ihr Leben als »Möglichkeitsmensch« im Musilschen Sinne in eigener Regie gestaltet? Wie weit war es von Zwängen, Zufällen, Fügungen bestimmt? Wie sehr durfte sie als Schauspielerin in ihren Rollen aufgehen, ohne sich selbst zu verlieren? Sie wolle, wie sie einmal sagte, für die Bühne leben und für das Leben spielen.

Sie hat es getan. Mehr als sieben Jahrzehnte lang. Davon über vierzig Jahre nicht nur als Schauspielerin, sondern auch – für eine Frau höchst ungewöhnlich – als Intendantin, als Prinzipalin der Hamburger Kammerspiele. Im Geleitwort zu ihrem 1985 erschienenen autobiografischen Buch *Gott hat einen größeren Kopf, mein Kind …* hebt Helmut Schmidt – als Theaterliebhaber den Kammerspielen und Ida Ehre seit langem verbunden – hervor, was sie neben der professionellen Passion kennzeichnet: ihre »Beharrlichkeit in der Neugierde, in der Unbefangenheit,

Ida Ehre

im Optimismus, im Glauben an das Gute im Menschen«. Damit charakterisiert er wichtige Antriebsmomente ihres Schaffens, die sie aus dem Elternhaus mitbekommen hat.

Ein Kind Kakaniens

Bohemeluft lag schon über ihrer Kindheit. Im Juli 1900, zu Beginn des neuen Jahrhunderts, wird sie – räumlich und zeitlich – mitten in die k. u. k. Monarchie hineingeboren, im mährischen Prerau, das heute Prerov heißt und in Tschechien liegt. Robert Musil beschreibt diese beschaulichen Landschaften Kakaniens in seinem *Mann ohne Eigenschaften* liebevoll als Gegenden, »wo der Rauch aus den Kaminen wie aus aufgestülpten Nasenlöchern stieg und das Dorf zwischen zwei kleinen Hügeln kauerte, als hätte die Erde ein wenig die Lippen geöffnet, um ihr Kind dazwischen zu wärmen«.

Als eine Zeit voller Wärme und Geborgenheit hat denn auch Ida Ehre ihre frühesten Kinderjahre in Erinnerung. Das liegt vor allem an der Mutter, die in ihrer heiteren Gelassenheit den Kindern Selbstvertrauen und Eigenständigkeit mit auf den Weg gegeben hat. »Sie hat uns tun lassen, was wir wollten. Verbote in dem Sinne gab es nicht, sie hat höchstens gefragt: ›Findest du das richtig?‹«, erinnert sich die Tochter.

Der Vater träumt von einer Sängerkarriere und bringt es in der kleinen Provinzstadt immerhin zum Oberkantor. Die Mutter ist mit dem Haushalt und der rasch wachsenden Familie beschäftigt. Nach dem frühen Tod ihres Mannes bricht sie ohne finanzielle Absicherung mit den sechs kleinen Kindern nach Wien auf, in die k. u. k. Metropole, wo sie sich mehr Arbeitschancen und bessere Ausbildungsmöglichkeiten für die Kinder erhofft. Sie erhält auch in Wien als Zugezogene keinerlei Unterstützung und verdient den kargen Lebensunterhalt für die Familie als Näherin.

Ida Ehre bleibt unvergessen, wie die Mutter, wenn sie abends müde von der Arbeit kam, aus ihrem weiten Mantel einen Laib Brot oder ein Stück Butter zauberte und sich die Kinderschar glücklich um den Küchentisch versammelte. Die Mutter versteht es, obwohl sie bettelarm sind, die Kinder diese Armut nicht als Mangel empfinden zu lassen. Ihr Lebenszuschnitt misst sich nicht an äußerem Reichtum.

In einem Interview des ZDF als »Zeitzeugin des Jahrhunderts« geht Ida Ehre ausführlich auf diese Jugendzeit »in großer Armut und im großen Glück« ein. Zu dem großen Glück zählt sie auch die Kaiserparaden im festlich geschmückten Wien, den Blumenkorso zum 1. Mai oder die Jubiläumsfeiern 1908. Gerade acht Jahre alt ist sie, als sie mit ihrem kleineren Bruder stundenlang am Straßenrand wartet, um dem über alles geliebten Kaiser Franz Joseph in der blumengeschmückten Kutsche zujubeln zu können. Ihr Sinn für Inszenierungen, für das Theatralische hat bei diesen kaiserlichen Auftritten früh Nahrung bekommen, hat sie aber später nicht anfällig werden lassen für die Massensuggestion eines anderen österreichischen Führers, der sich auch im offenen Wagen von der jubelnden Menge huldigen ließ.

Die Ermordung des Thronfolgers Franz Ferdinand in Sarajevo im Juni 1914 ist für die kaiserbegeisterte Schülerin ein Schock. Mit diesem Auftakt zum Ersten Weltkrieg ändert sich das unbeschwert-heitere Leben in Wien. Es gibt nun Lebensnotwendigeres als die schönen Künste und das Theater, das die Endstation Sehnsucht der 14-Jährigen ist.

Theater spielen, in andere Rollen schlüpfen, sich in fremde Welten versetzen, weitab von der eigenen ärmlichen Behausung – das hat Ida schon von klein an fasziniert. Mit 16 rückt die Theaterbesessene ihrem Ziel trotz widriger Lebensbedingungen ein gutes Stück näher. Hartnäckig und einfallsreich hat sie sich selbst den Weg in Theaterkreise gebahnt und nach einem ersten Vorsprechen die Aufnahmeprüfung an der Wiener Akademie für Musik und Darstellende Kunst bestanden. Gönner ermöglichen ihr das harte dreijährige Studium, die Mutter macht ihr Mut, wenn sie ratlos ist. Der mütterliche Satz »Sorge dich nicht, Gott hat einen größeren Kopf, mein Kind …« begleitet sie ihr Leben lang. Die Abschlussprüfung, die über Sein oder Nichtsein auf den Brettern, die die Welt bedeuten, entscheidet, besteht sie mit Bravour, obwohl sie nicht, wie die meisten Absolventen, aus einer Schauspielerfamilie stammt. Noch am selben Tag unterschreibt sie ihren ersten Vertrag.

Von Bühne zu Bühne, von Stadt zu Stadt

Kaiser Franz Joseph ist tot. Sein Nachfolger, Kaiser Karl, verzichtet nach Kriegsende 1918 auf den Thron. Damit ist das Ende der Donaumonarchie besiegelt – das einst mächtige Reich wird zerstückelt, Schlesien kommt, wie schon früher Galizien, zu Polen. In diesem Umbruchjahr 1919 debütiert die junge Schauspielerin im schlesischen Bielitz, das zum polnischen Bielsko wird. Ein Engagement am deutschsprachigen Theater von Czernowitz, der Heimatstadt Paul Celans und Rose Ausländers, folgt. Auch in Bukarest, der nächsten Station, gibt es noch ein deutsches Theater, aber keine langfristigen Verträge mehr.

So geht die lehrreiche Reise weiter, kreuz und quer von Bühne zu Bühne, von Cottbus nach Bonn, von Königsberg nach Stuttgart und schließlich 1927 nach Mannheim, dem ersten längeren Domizil. Hier heiratet sie ein Jahr später den deutschnationalen Arzt Dr. Bernhard Heyde, eine konfliktträchtige Beziehung für die Jüdin Ehre, wie sich später herausstellt. In Mannheim wird 1928 auch Tochter Ruth geboren – für die passionierte Schauspielerin allerdings kein Grund, den Beruf aufzugeben: Schon 14 Tage später steht sie wieder auf der Bühne. Noch hält das Mannheimer Nationaltheater die Schauspielerin, die sich als Charakterdarstellerin profiliert hat. Aber die schlechte Wirtschaftslage wirkt sich allmählich auch auf die Bühnen aus, und viele Kollegen werden arbeitslos.

Ida Ehre macht sich mit ihrer kleinen Tochter auf nach Berlin, das zu Beginn der dreißiger Jahre noch immer Zentrum des geistigen Lebens und Mekka der Künstler ist. Sie spielt an verschiedenen Theatern und arbeitet für den Rundfunk – bis 1933 ihre Karriere jäh mit dem Auftrittsverbot für jüdische Künstler endet. Sie kehrt zu ihrem Mann zurück, der in Böblingen eine Arztpraxis führt, und steht ihm als Sprechstundenhilfe zur Seite. Politische Spannungen gibt es zwischen den Eheleuten nun nicht mehr: Ihr Mann hat sich vom völkisch-nationalen Idealisten zum NS-Gegner gewandelt, die von Hitler nach dem Röhm-Putsch mit »Staatsnotwehr« gerechtfertigten Hinrichtungen haben ihm die Augen geöffnet.

Bis 1938 nimmt in Böblingen niemand Anstoß an der jüdischen Frau des Arztes, auch Tochter Ruth kann die Schule unbehelligt besuchen. Nur in der eigenen Familie gibt es Schwierigkeiten mit den beiden Großmüttern: Die eine, Berta Ehre, ist Jüdin, die andere Katholikin und überzeugte Nationalsozialistin. Auf welche Seite soll sich die Zehnjährige schlagen? Die bis auf diesen Familienkonflikt heile Welt des Mädchens in der süddeutschen Kleinstadt zerbricht abrupt, als in der Reichskristallnacht Steine durchs Schlafzimmerfenster der Eltern fliegen. Niemand wird verletzt, aber für das Arztehepaar ist dieser Steinwurf eine Warnung vor Kommendem. Der Entschluss, Deutschland so schnell wie möglich zu verlassen, steht für beide fest. Aber wohin? Einige von Ida Ehres Geschwistern haben sich nach Übersee abgesetzt. Wäre das nicht auch für sie eine Möglichkeit?

Das Tor zur Welt wird zur Falle

Sie fahren nach Hamburg, dem »Tor zur Welt«. Hier laufen die großen Überseedampfer aus, hier gibt es noch Hoffnung. Sie klappern sämtliche Konsulate ab. Chile schließlich wäre bereit, sie aufzunehmen, aber dort hat man keine Verwendung für Ärzte, nur für Landarbeiter. Ihr Mann fährt nach Bayern in sein Heimatdorf und bekommt vom Bürgermeister die gewünschte Bescheinigung – ein Landarzt ist in gewissem Sinne ja auch ein Landarbeiter.

Dann die nächste Schwierigkeit: Chile lässt keine Juden ins Land. Und wieder erfahren sie spontane Hilfsbereitschaft. Der Stuttgarter Krankenhausgeistliche stellt für Ida Ehre ganz selbstverständlich einen katholischen Taufschein aus. So gehen also der Landarbeiter und die Katholikin mit ihrer elfjährigen Tochter und ihrem chilenischen Visum im August 1939 erleichtert an Bord des Südamerikadampfers *Rhoda*. Sogar den Großteil ihrer Habe können sie, in Containern verstaut, mitnehmen. Es ist das letzte Schiff, das mit hoffnungsvollen Passagieren ohne Rückreiseticket von einem deutschen Hafen ausläuft.

Doch die *Rhoda* erreicht Chile nie. Kurz vor den Azoren wird sie gestoppt. Unsicherheit, Bangen an Bord. Gerüchte, Hiobs- und Hoffnungsbotschaften überstürzen sich: Hitler ist in Polen einmarschiert. Frankreich und Großbritannien haben dem Deutschen Reich den Krieg erklärt. Der Zweite Weltkrieg hat begonnen. Nach einer Woche beunruhigenden Wartens bestätigen sich die Befürchtungen der Passagiere. Das Schiff wird nach Hamburg zurückbeordert.

Die Rundfunkreden aus Deutschland sind eindeutig: Für Juden wird im Reich kein Platz mehr sein. Ida Ehre, ihr Mann und ihre Tochter verlassen das Schiff im Hamburger Hafen ohne Illusionen und verkriechen sich in einer winzigen Kammer mit drei Bettstellen und einem Spirituskocher, froh, überhaupt noch zusammen zu sein. Dr. Heyde hat eine Scheidung von seiner jüdischen Frau stets abgelehnt und kann deshalb keine Praxis übernehmen. Nur eine Vertretungsstelle als Hilfskassenarzt im Alten Land wird ihm gnädig zugestanden. Seine Frau unterliegt, da sie in »arischer Mischehe« lebt, striktem Berufsverbot. Bei jedem Gang durch die Straßen sitzt ihr die Angst im Nacken: Fast alle Juden aus Hamburg wurden schon in Lager abtransportiert – wann wird sie an der Reihe sein?

Ein Kameramann der *Wochenschau* wird ihr 1943 zum Verhängnis. Er sucht in einer Schlange vor der Essensausgabe zur Illustration der propagandistisch geschickt aufgemachten Durchhalteparolen das Gesicht einer ungebrochenen deutschen Frau – und ausgerechnet Ida Ehre scheint ihm diese Frau zu sein. Die Aufnahmen machen die Zensoren in Berlin stutzig: Was, diese Jüdin lebt noch? Zwei Tage später wird sie verhaftet und ins KZ Fuhlsbüttel eingeliefert. An diese schlimme Zeit wird sie sich später jedes Mal erinnern, wenn sie über die Fuhlsbüttler Straße fährt und der Blick hinaufgeht zum vierten Stock – zu jenem schmalen Fenster, hinter dem sich so manches Schicksal entschieden hat. Als Zeitzeugin lässt sie ihr Leben noch einmal in eindrücklichen Bildern an uns vorüberziehen, Bildern, die sich im Gedächtnis einbrennen und die uns, so hofft sie, immun machen gegen ideologische Vereinnahmung. Stockend nur erzählt sie von der Angst vor dem drohenden Abtransport: »Das haben manche gar nicht durchgestanden. Zwei Selbstmorde allein in unserem Saal habe ich miterlebt ... und wir alle wußten, wo die Transporte hingingen und was dort geschah. Alle wußten es.«

In dem einzigen Brief aus dem KZ Fuhlsbüttel, den sie an ihre Familie schreiben darf, steht nichts von ihren Nöten. Vielmehr sorgt sie sich darin – auch dies bezeichnend für sie – um Mann und Kind: »Bitte geht in d. Keller bei Alarm!« Oder um die Hausgeschäfte: »Seid vorsichtig m. d. Kocher! Sonnelle soll nicht dran gehen. Laßt das Kompott i. d. Küchenkredenz u. das Obst nicht verkommen, ich weiß doch, daß Ihr alles liegen laßt ...« Und da sie sieht, wie apathisch die Frauen um sie herum auf ihren Pritschen sitzen, die Hände im Schoß, bittet sie ihr Sonnelle, ihr doch die ganze Wolle, die im Karton auf dem Küchenschrank liegt, samt Stricknadeln zu schicken. Dazu Zahnputzzeug und Kamm und Seife. »Schreibt mir sehr sehr bald, ich weiß nicht, wann ich Euch wieder schreiben darf ...« Es sind diese Ungewissheiten, diese absichtlichen Schikanen des Unwägbaren, die sie zermürben.

Ihre überraschende Freilassung hat sie vermutlich den Bemühungen ihres Mannes zu verdanken, der sich bei seinem früheren Schulkameraden Heinrich Himmler für sie verwandt hat. Sie empfindet diese Entlassung wie eine zweite Geburt, obwohl mit der wiedergewonnenen Freiheit die Schrecken nicht aufhören: die Angst vor den Bombengeschwadern und den Nächten im Luftschutzkeller, die sie mit vielen anderen teilt, und ihre eigene Angst vor einer erneuten Verhaftung, über die sie nur mit ihrem Mann sprechen kann. Die Tochter soll von den Ängsten nichts mitbekommen und ahnt doch alles, als sie das verstörte Gesicht der Mutter nach der Entlassung aus Fuhlsbüttel sieht.

Im letzten Kriegsjahr werden auch die letzten Juden, die in »privilegierter Mischehe« leben, in Konzentrationslager deportiert. 6000 sind es in Hamburg, und nur ein Zehntel von ihnen wird überleben. Am 7. Februar 1945 erhält Ida Ehre den Befehl, sich in der ehemaligen jüdischen Schule am Grindelhof einzufinden. Sie weiß, was das bedeutet: KZ Theresienstadt. Sie geht nicht hin. Das Kriegsende muss nahe bevorstehen, davon ist sie überzeugt, bis dahin darf die Gestapo sie nicht finden. Eine junge Schauspielerin versteckt sie, ungeachtet der Gefahr für ihr eigenes Leben. Diese selbstlose und selbstverständliche Hilfe, die Ida Ehre in den Jahren der Isolation immer wieder erfährt, lässt sie den Mut, den Glauben an das Gute im Menschen nicht verlieren.

Nach dem Selbstmord Hitlers am 30. April und der bedingungslosen Kapitulation der Deutschen im Mai 1945 beginnt für Ida Ehre ein neues Leben. Sie darf sich wieder auf Parkbänke setzen, die für Juden verboten waren, sie ist nicht mehr ausgeschlossen aus der menschlichen Gesellschaft – und sie hat dieser Überlebensgesellschaft etwas zu vermitteln: das Vermächtnis ihrer Mutter, gekritzelt auf eine Postkarte aus dem KZ Theresienstadt: »nicht hassen, nur lieben«. Es waren die letzten, mit zittriger Hand geschriebenen Worte ihrer Mutter, bevor sie ermordet wurde. Eine Schwester Ida Ehres wurde im KZ Lodz umgebracht. Da fällt es nicht leicht, die Botschaft der Mutter zur Lebensmaxime zu machen. »Nicht hassen, nur lieben«.

Die Chance ihres Lebens

Zwölf Jahre lang durfte Ida Ehre keine Bühne betreten, zwölf Jahre spielte die passionierte Theaterfrau eine Rolle, die ihr nicht auf den Leib geschrieben war, die sie jedoch pflichtgetreu ausfüllte: Hausfrau und Arzthelferin. Nun aber bricht das lange Angestaute wie ein Vulkan aus ihr hervor, und nichts und niemand kann sie mehr daran hindern, ihre eigentliche Lebensrolle zu spielen: Theater. Eine *Jedermann*-Aufführung nur wenige Monate nach Kriegsende in der Johanniskirche von Eppendorf gibt ihr die erste Gelegenheit, vor Hamburger Publikum aufzutreten. Sie hat die Rolle der Mutter übernommen. Dass sie in diese Rolle ihr ganzes Engagement legt, spüren auch die Mitspieler und die Zuschauer. Kollegen vom Schauspielhaus ermuntern sie, mit all ihren Ideen eines lebendigen und menschendienlichen Theaters doch eine eigene Bühne zu gründen. Der verwegene Gedanke lässt die Schauspielerin nicht mehr los. Sie erwägt erstaunlicherweise nie, aus Hamburg – dieser Stadt, in der sie so viel Schreckliches erlebt hat – wegzuziehen. Im Gegenteil: Gerade hier möchte sie wirken.

Bei der Aufteilung Deutschlands durch die Alliierten wird Hamburg der britischen Besatzungsmacht unterstellt. Die britische Militärregierung ist nun auch für kulturelle Belange zuständig. Ida Ehre ist bei ihrer Suche nach einer geeigneten Spielstätte – sie will Nägel mit Köpfen machen – auf ein Haus an der Hartungstraße gestoßen, das einen ausgebauten Theatersaal besitzt. Hier hatten Aufführungen des Jüdischen Kulturbundes bis zu seiner Liquidation 1941 stattgefunden. Dasselbe Haus war im Jahr darauf Sammelstelle für einen Transport nach Auschwitz – könnte es einen erinnerungsträchtigeren Ort für ein Theater geben, das Vergangenheit aufarbeiten will? Sie möchte, schreibt Ida Ehre in ihrer Eingabe an die britische Militärregierung, dieses Theaterhaus wieder eröffnen, um dort »menschliche Probleme und Probleme der Welt vorzuführen, von denen wir zwölf Jahre nichts wissen durften«.

Zuständig für die Theater Hamburgs war der britische Besatzungsoffizier John F. Olden. Als Ida Ehre bei ihm vorspricht, in etwas holprigem Englisch, fällt ihr auf, dass auch sein Englisch nicht akzentfrei ist. Sie glaubt einen wienerischen Tonfall herauszuhören. Und tatsächlich: Auch er ist Wiener. Da ist die Theaterlizenz nur noch eine Formsache. Das Haus in der Hartungstraße, in dem sich inzwischen ein britischer Offiziersclub etabliert hat, wird für die zukünftige Theaterchefin geräumt, die schon im Sommer 1945 einziehen kann. Sie hat nun eine eigene Bühne, aber noch keine Schauspieler. Wie soll es weitergehen? Müßig, diese Sorge. Die Schauspieler, Regisseure und Bühnenbildner rennen ihr förmlich die Tür ein, prominente Namen darunter, »da würde sich heute ein Theater alle zehn Finger abschlecken«, sagt sie im ZDF-Interview.

Durch John Olden bekommt sie Zugang zu den zeitgenössischen ausländischen Dramatikern, die sie – nach all den Jahren der Isolation – kaum dem Namen nach kennt: Jean Giraudoux, Jean Anouilh, Jean-Paul Sartre, T. S. Eliot, Tennessee Williams, Thornton Wilder, Max Frisch und Friedrich Dürrenmatt. Sie lernt auch Wolfgang Borchert kennen und überredet den schüchternen Schriftsteller, der noch nie einen dramatischen Text geschrieben hat, zu einer Bühnenfassung von *Draußen vor der Tür*. Das Stück wird zu einem der größten Nachkriegserfolge auf den deutschsprachigen Bühnen. Dazu trägt nicht nur die hochkarätig besetzte Uraufführung in den Hamburger Kammerspielen bei, sondern auch Ida Ehres Überredungskunst: Sie hat den Verleger Harry Rowohlt dazu gebracht, das Stück des unbekannten Autors in einem neu gegründeten Theaterverlag zu drucken.

Eröffnet werden die Kammerspiele am 10. Dezember 1945 mit einem Stück von Robert Ardrey, das den programmatischen Titel *Leuchtfeuer* trägt. Die wenigen Zuschauer harren, vergraben in ihre Mäntel und Decken, bei eisiger Kälte über zwei Stunden lang aus – kein anregendes Klima für den Funken, der überspringen soll. Doch die Prinzipalin lässt sich weder von der Kälte noch von der geringen Resonanz des Stückes abschrecken. Bei späteren Aufführungen sorgt ihr Beschützer John Olden für Kohlen. So können sich die Zuschauer bei Thornton Wilders Erfolgsstück *Wir sind noch einmal davongekommen* mit warmen Füßen tatsächlich als Davongekommene fühlen …

Die Kammerspiele mit Ida Ehres Prägestempel

Mitscherlichs These von der Kollektivschuld der Deutschen am Krieg und an dessen Gräueltaten kann Ida Ehre nicht zustimmen, wohl aber dem Begriff der »Kollektivscham«, den Theodor Heuss geprägt hat. Für die Hamburger sind die Kammerspiele »moralische Anstalt« im Schillerschen Sinne und zugleich ästhetischer Genuss – Theater vom Feinsten. Beim Durchblättern alter Programme stößt man auf Namen, die in die Theatergeschichte eingegangen sind: Helmut Käutner, Gustaf Gründgens, Grethe Weiser, Hannelore Schroth, Werner Hinz, Hilde Krahl und ihr Mann, der Regisseur Wolfgang Liebeneiner. Günther Weisenborn als Dramaturg, Axel von Ambesser und Walter Jens als Autoren. Auch der große Mime Marcel Marceau holt sich auf der Bühne der Kammerspiele seine ersten Lorbeeren. Und mit all diesen eigenwilligen Charakteren, ob introvertiert oder extrovertiert, wird Ida Ehre mit charmant energischer Autorität fertig. Sie kann längst nicht so hohe Gagen bezahlen wie andere Häuser, doch für Theaterleute ist ihr Haus mit dem besonderen persönlichen Flair trotzdem attraktiv.

Unvergessen bleibt Ida Ehre den Zuschauern in Rollen, die ganz auf sie zugeschnitten sind – etwa als Hekuba in Werfels Bearbeitung der *Troerinnen* von Euripides. Über diese von ihr so einfühlsam verkörperte Frauengestalt schreibt sie selbst: »Von Leid gezeichnet, von Schmerz überhäuft, von Schicksalsschlägen in einem Maße bedacht wie keine andere Frau der Geschichte, bringt sie die Größe auf, über alles, was sie erdulden mußte hinweg, die Worte zu sagen: ›Und doch ist gut sein mehr als glücklich sein.‹«

Da scheint er wieder auf, der moralische Anspruch, den Ida Ehre im Gedenken an ihre Mutter an das Theater stellt. Diesen Anspruch sieht sie auch in ihrem Lieblingsstück verkörpert, der *Antigone* in der modernen Fassung von Jean Anouilh. Oder im Stück *Der Untergang* von Walter Jens, ebenfalls die Umarbeitung eines Euripides-Stoffes. Antike Dramen in ihrer ganzen Wucht sind auf einmal aktueller denn je. Sie drücken aus, was moderne Dichtung noch kaum in Worte zu fassen vermag: das Ausgeliefertsein, die Ohnmacht des Einzelnen, die nur durch starke Gestalten wie Antigone gebrochen werden kann. Auch Bert Brecht holt seine *Mutter Courage* aus der Geschichte, aus dem Dreißigjährigen Krieg mit seiner Verwüstungsspur durch Europa. Die Feier ihrer 50-jährigen Bühnenlaufbahn begeht Ida Ehre mit der Inszenierung dieses Antikriegsstücks.

In den achtziger Jahren scheinen von den großen existenziellen Themen der Bühnenstücke keine aufrüttelnden Impulse mehr auszugehen. Die Theater klagen über Zuschauerschwund, auch die Kammerspiel-Prinzipalin kann sich nur mit leichterer Kost über die Runden retten. In einem *GEO*-Heft über Hamburg von 1983 liest man über die Kammerspiele: »Ihr Ruhm datiert aus der Nachkriegszeit, als aus Berlin versprengte berühmte Schauspieler hier die von den Nazis vorher verbotenen Autoren Giraudoux, Anouilh und Wilder spielten. Inzwischen muß sich die Prinzipalin nach der Decke strecken, macht konservatives Theater und setzt auf Unterhaltung …« Die Kammerspiele sind verschuldet, da hilft kein Schönreden, nur tatkräftige Unterstützung. Helmut Schmidt, der damalige Bundeskanzler, setzt sich für Ida Ehres darbendes Privattheater ein. Auch der Mäzen Kurt A. Körber appelliert an den hanseatischen Geist der traditionsreichen Kaufmannsstadt und gründet den Freundeskreis der Hamburger Kammerspiele.

Und die Freunde lassen sich etwas einfallen. Sie initiieren zum 85. Geburtstag der Theaterchefin eine Spendenaktion. 488 Sessel ihres Theaters werden ihr symbolisch geschenkt, für jeden einzelnen haben Sponsoren jeweils 500 DM bezahlt – die Schulden sind damit zwar längst nicht getilgt, aber die Solidarität der Theatergemeinde, die ihr über 40 Jahre die Treue gehalten hat, gibt Ida Ehre die Hoffnung, dass »ihr« Theater weiter bestehen wird, auch wenn sie selbst von der Bühne abtritt. Der Regisseur Peter Zadek würdigt ihr Schaffen mit einer Huldigung und einem Dank: »Ich finde es großartig, daß Sie sozusagen stellvertretend für so viele Theaterleute und auch für so viele, die Deutschland verlassen mußten, die Wichtigkeit und Zähigkeit und den Glauben an ein Theater, das sich mit Menschen, nicht mit Ideologien beschäftigt, vertreten haben.«

Bis zu ihrem 88. Lebensjahr steht Ida Ehre auf der Bühne, besonders profiliert in der Rolle der berühmten Kollegin Sarah Bernhardt im Stück *Memoiren* und hintergründig listig als Mrs. Wilberforth in den *Ladykillers.* Über ihr Altersspiel schreibt Erich Naused 1986: »Ida Ehre scheint sich im hohen Alter noch einmal zu wandeln, streift immer entschlossener den Hauch der großen Tragödin ab ... Sie strahlt eine nahezu ungebrochene Heiterkeit aus, die den Theaterabend zu einem köstlichen und erfrischenden Erlebnis macht, eine ganz von innen kommende Heiterkeit, die zweierlei fast wundersam vereint: Abgeklärtheit des Alters und Fröhlichkeit der Jugend.«

All die Würdigungen und Ehrungen, die Ida Ehre in ihren späten Lebensjahren zuteil werden, gelten nicht nur ihrer überzeugenden Theaterarbeit, sondern immer auch ihrer Person, ihrer Haltung, mit der sie Erniedrigungen durchgestanden hat, ohne ihren Stolz zu verlieren, mit der sie kämpfte, ohne zu verletzen, mit der sie Entbehrungen ertrug, ohne anzuklagen oder in Depression zu verfallen. 1983 erhält sie das Große Bundesverdienstkreuz, im Jahr darauf huldigt ihr Horst Janssen, der eigenwillige Künstler und Freund, mit dem Oeuvre »Idas Kreuz« und mit einer Lithographie. 1985 wird sie als erste Frau zur Ehrenbürgerin der Freien und Hansestadt Hamburg ernannt, und kurze Zeit später verleiht ihr die Hebräische Universität in Jerusalem eine Ehrenurkunde. 1988, ein Jahr vor ihrem Tod, zieht die Hamburger Universität nach und macht sie zum Dr. h. c. des Fachbereichs Sprachwissenschaften – auch das eine besondere Ehrung für die Nichtakademikerin.

Was für Ida Ehre noch eine Rolle spielte

Auch wenn das Theater den größten Teil ihrer Zeit und ihrer Arbeitskraft beansprucht hat, war es doch nicht einziger Dreh- und Angelpunkt ihres Lebens. Sie hat von ihrer Mutter einen ausgeprägten Familiensinn mitbekommen und war eine leidenschaftliche Köchin. In ihrer praktischen Art brachte sie es fertig, Beruf, Familie und Hobby miteinander zu verbinden. Regiebesprechungen fanden in der Anfangszeit oft zu Hause am Küchentisch statt, erinnert sich die Tochter. Beim Gemüseputzen kamen der Mutter die kreativsten Ideen. Auch ihre Suppen und ihre Wiener Mehlspeisen waren kreative Schöpfungen und willkommene Zugabe beim Rollenstudium.

Für Ruth Mueller-Eisler, Ida Ehres einzige Tochter, sind die Kindheits- und Jugenderinnerungen kein Albtraum, obgleich sie Schlimmes erlebt hat. Im Gedächtnis haften bleibt ihr die Mutter als fantasievolle Puppenspielerin und als Frau, die immer einen Ausweg weiß, die sich selbst und anderen Mut macht. Ihre Bühnenerfolge bekam die Tochter über Jahre nur aus der Ferne mit – sie heiratete früh, mit 19, und lebte lange in Israel und in den USA, bevor sie nach Hamburg zurückkehrte. Ihre Tochter Daniela wurde 1952 in Jaffa geboren. Eine Enkelin zu haben, das Vermächtnis ihrer in Theresienstadt ermordeten Mutter an eine kommende Generation weitergeben zu können, war für Ida Ehre beglückende Hoffnung und Schaffensantrieb.

Ihren Mann, den Gefährten über fünf Jahrzehnte, verlor sie schon 1978. Er hatte in der schweren Zeit der Judenverfolgung immer zu ihr gehalten – wie leicht hätte er, der anfänglich treugläubige Deutschnationale, sich von ihr trennen und als Arzt Karriere machen können! Stattdessen gab er nach der Reichskristallnacht die Praxis in Böblingen auf, unternahm den gescheiterten Auswanderungsversuch mit seiner Familie und begnügte sich schließlich mit der Stelle als untergeordneter Hilfskassenarzt. Ihre Karriere, dessen ist Ida Ehre sich dankbar bewusst, hat sie nicht zuletzt ihm zu verdanken. Dankbar ist sie auch Erich Rohlffs, dem kaufmännischen Direktor der Kammerspiele. Er hat ihr von Anfang an bis zu seinem Tod 1976 die technischen und finanziellen Seiten der Theaterführung vom Hals gehalten, sodass sie sich ganz den künstlerischen und personellen Belangen widmen konnte.

Sie hat sich Freiräume geschaffen für eine Aufgabe, die ihr nicht nur als Theaterintendantin auf den Nägeln brannte: die Friedensarbeit. Wer wüsste besser als sie, was Krieg, was Hass, was Völkermord bedeutet? An der legendären Kundgebung »Künstler für den Frieden« 1983 im überfüllten St.-Pauli-Stadion rüttelt sie die Menschen mit Wolfgang Borcherts Mahnruf gegen den Krieg auf: »Dann gibt es nur eins: Sagt nein! Mütter, sagt nein!« In der Hoffnung, dass das tausendfache Echo weiterhalle, über den Tag hinaus.

Ihren letzten bewegenden Auftritt hat sie drei Monate vor ihrem Tod im Deutschen Bundestag. Bei der Gedenkveranstaltung aus Anlass der nationalsozialistischen Pogrome gegen die jüdische Bevölkerung liest die 88-Jährige mit verhaltener Stimme Paul Celans *Todesfuge*. Am 16. Februar 1989 geht ihr eigenes tapferes Leben zu Ende.

Auf dem Ohlsdorfer Friedhof erinnert kein pompöses Grabmal an die Ehrenbürgerin der Stadt – nur eine schlichte Platte mit ihrem Namen, umsäumt von fröhlich leuchtenden Begonien. Für die Hamburger bleiben die Kammerspiele mit ihrem Namen verbunden. Ein Platz an der Mönckebergstraße und eine Schule an der Bogenstraße wurden nach ihr benannt. Ihre Tochter Ruth Mueller-Eisler hat die Schirmherrschaft über einen Kulturverein übernommen, der im Gedenken an die Theaterprinzipalin und die Friedensfrau gegründet wurde.

Ida Ehre selbst hat als Motivation ihres Wirkens drei entscheidende Prägungen genannt: »Die Lebensweisheiten meiner Mutter haben mich bestimmt, die dreizehn Jahre Angst haben mich geformt, die Jahre der Kammerspiele haben mich herausgefordert.«

Zeit-Zeugin eines wirren Jahrhunderts

Marion Gräfin Dönhoff

1909–2002

Publizistin

> Begreifen bedeutet, sich aufmerksam und unvoreingenommen der Wirklichkeit, was immer sie ist und war, zu stellen und entgegenzustellen.
>
> HANNAH ARENDT

Auf dem Cover eines Gedenkbandes das Foto der Gräfin vor ihrer Bücherwand: entschlossene, im Alter weicher gewordene Gesichtszüge, kritisch beobachtende Augen, noch immer voller Neugier in die Ferne gerichtet. So bleibt sie uns in Erinnerung, die Frau, die unser Leben begleitet hat, von Woche zu Woche, von *Zeit* zu *Zeit*. Im März 2002 ist sie gestorben, mit 92, nach einem aufregenden, erfüllten Leben, dem sie stets ihren eigenen Stempel aufgedrückt hat. Zeugin eines ganzen wirren Jahrhunderts. Als Kommentatorin des politischen Geschehens von bestechender Klarheit, mutig gegen Intoleranz und ideologische Starre kämpfend. Als Mensch geradlinig, gütig und doch bestimmend, Fairness einfordernd, Verlässlichkeit und Gemeinsinn – Tugenden, die sie selbst vorlebte, ohne sich jemals als moralische Instanz aufzuspielen.

Wie lässt sich ein Porträt dieser Ostpreußin, die in Hamburg ihren zweiten Lebensmittelpunkt fand, auf wenigen Seiten zeichnen? Unzählige Nachrufe haben ihre Verdienste gewürdigt. Zwei Dutzend Bücher über sie oder von ihr

Marion Gräfin Dönhoff

sind in den letzten Jahren erschienen – so bleibt hier nur der Versuch einer erinnernden Annäherung im Zeitraffer, von Jahrzehnt zu Jahrzehnt.

1909

Schloss Friedrichstein, ein imposantes Gebäude mit Säulenportal, breit hingelagert in die ostpreußische Landschaft, seit Jahrhunderten Familiensitz der Grafen Dönhoff. Hier wird 1909 an einem kaltdüsteren Dezembertag ein Kind geboren, das eigentlich nicht mehr vorgesehen war: die Tochter Marion Hedda Ilse. Eine Risikogeburt, deshalb wird ein erfahrener Professor aus dem nahen Königsberg als Geburtshelfer herbeibeordert. Die Ängste der 40-jährigen Mutter, die in den vergangenen zehn Jahren sechs Kinder zur Welt gebracht hat, sind nicht unbegründet, das letztgeborene Mädchen ist behindert. Die kleine Marion aber gibt zu keiner Sorge Anlass, sie wirkt robust, macht sich mit kräftiger Stimme bemerkbar und übersteht die kalten Wintermonate in den kaum beheizten Räumen ohne die gefürchtete Lungenentzündung.

Eine Amme sorgt für das Neugeborene, die übrigen Kinder werden von Kinderfrauen und Gouvernanten betreut. Nestwärme erfahren sie wenig. Gefühlsregungen zu zeigen gehört nicht zu den spartanisch preußischen Tugenden der Dönhoffs – dafür lernen die Kinder früh, sich gegenseitig beizustehen, Verantwortung zu übernehmen, das Wohl der anderen über das eigene zu stellen. Und sie wachsen in eine Familientradition hinein, in der Geschichte lebendig ist: Der Großvater hat noch Goethe und die Brüder Humboldt gekannt. Der Vater, Graf August Dönhoff, ein Abenteurer und Weltenbummler, der seine Diplomatenkarriere an den Nagel gehängt hat, widmet sich in späteren Jahren – er ist bei Marions Geburt 65, 25 Jahre älter als seine Frau – neben der Verwaltung der Güter vor allem seiner umfangreichen Kunstsammlung. Der Reichstagsabgeordnete verbindet seine dienstlichen Verpflichtungen in Berlin mit dem Besuch von Antiquariaten und Auktionen und steht mit Kunsthändlern in aller Welt in Verbindung. Für die Erziehung der Kinder fühlt er sich nicht zuständig.

1919

Marion wird zehn – ein schwer zu bändigendes Mädchen, das eher ein Junge ist, dem es nichts ausmacht, in den abgetragenen Kleidern der älteren Geschwister durch die Gegend zu streunen, das auf Bäume klettert, statt manierlich Monogramme zu sticken, das sich im Pferdestall wohler fühlt als im blank gebohnerten Salon. Die früh ausgeprägte Liebe zu Pferden wird sich im späteren Leben der Comtesse noch vertiefen. Vom Kutscher lernt die Wissbegierige mehr als von den wechselnden Hauslehrern, bei ihren wilden Ausritten durch Wald und Feld, oft ganz allein, erholt sie sich von der anstrengenden Pflichtübung des Vorlesens. Der Vater, in den letzten Lebensjahren beinahe erblindet, aber am politischen Geschehen noch immer brennend interessiert, hält mehrere Tageszeitungen, die ihm die Kinder regelmäßig vorlesen müssen. Die älteren finden meist eine Ausrede, nur die Jüngste kann sich schlecht drücken – sie buchstabiert sich erst mühsam, dann immer flüssiger durch unverständliche Texte und holt so für den Vater die Welt ins Arbeitszimmer.

Besuche von Verwandten und Freunden und die längere Einquartierung von Adeligen, die durch die Revolution von ihren Gütern in Russland vertrieben wurden, bringen Abwechslung in den Schlossalltag. Einmal kommt sogar die Kaiserin mit großem Federhut und vornehmem Gefolge vierspännig angefahren. Gräfin Dönhoff, geborene von Lepel, war vor ihrer Heirat Palastdame bei Kaiserin Auguste Viktoria und ist daher sehr auf Etikette bedacht, alles muss *comme il faut* sein – von den Dienstboten lässt sie sich mit Exzellenz ansprechen, immer auf Abstand bedacht, auch den Kindern gegenüber. Wenn hoher Besuch kommt, müssen die Kinder am »Katzentisch« essen. Der wilden Marion sind die weißen Spitzenkleider für feine Gelegenheiten ein Graus; sie ist kein adrettes Vorzeigekind, ihre Schwester Maria noch weniger.

Mit der zwei Jahre älteren Maria teilt Marion die ersten Jahre das Zimmer, beide werden von der Kinderfrau Aleh betreut. Maria ist mongoloid und für die wache und neugierige jüngere Schwester keine Gesprächspartnerin – aber eine frühe Erfahrung, dass es Menschen gibt, die »anders« sind und trotzdem zur Gemeinschaft gehören, für die man eine eigene Sprache und viel Geduld braucht.

Vom Vater kann sich Marion auch keine Antworten auf ihre hartnäckigen Fragen mehr holen. Sein Gesundheitszustand hat sich verschlechtert, er stirbt noch im selben Jahr, beunruhigt vom Gang der Dinge nach der Abdankung des Kaisers und der Ausrufung der Republik. Marion hat ihm täglich neue bedrohliche Nachrichten aus den Zeitungen vorgelesen, Wörter, die ihr ein Rätsel geblieben sind: Räterepublik, Dolchstoßlegende, Spartakusaufstand, Generalstreik – und dann die Nachricht vom Tod dieser Frau, dieser Rosa Luxemburg, deren Leiche im Landwehrkanal treibt …

1929

Comtesse Dönhoff hat Schloss Friedrichstein mit den täglichen Morgenandachten und den sonstigen gräflichen Ritualen hinter sich gelassen, auch den väterlichen Bücherschrank, der, wie die frühe Zeitungslektüre, ihr Interesse an Geschichte und politischen Zusammenhängen geweckt hat. Sie besucht, nach ihrer Rebellion gegen die Unterbringung in einem Mädchenlyceum, in Potsdam ein Jungengymnasium. Als einziges Mädchen in einer Klasse mit 18 Jungen macht sie dort Abitur. Zwei Schulkameraden versuchen, sie für die Ideen des immer stärker aufkommenden Nationalsozialismus zu begeistern: eine Verbindung von Nationalismus und Sozialismus – das leuchtet ihr ein, macht sie neugierig. Deshalb fährt sie eines Tages von Potsdam nach Berlin, um Hitler aus der Nähe zu erleben – und ist entsetzt: »Er trat auf, tobte, geiferte und redete, wie ich fand, viel Unsinn. Angewidert kam ich zurück und erklärte den beiden Freunden: ›Ohne mich! Mit denen nie!‹«

Von den Goldenen Zwanzigerjahren in der Reichshauptstadt bekommt sie – abgesehen von gelegentlichen Theater- oder Kneipenbesuchen mit ihren Brüdern, – wenig mit, weder vom aufregenden Kulturleben noch von den Arbeitslosen, der Inflation, der brodelnden Stimmung in der Bevölkerung. Sie hat, wie es sich für eine höhere Tochter gehört, nach dem Abitur erst einmal eine Haushaltsschule zu besuchen, um all das zu lernen, was eine spätere Gräfin zur standesgemäßen Führung eines Gutshauses wissen muss. Sie fügt sich erstaunlicherweise dem Willen der Mutter und bringt das Schweizer Jahr pflichtgemäß hinter sich – ohne jegliches Interesse am Kochen, dafür umso mehr am Bergsteigen in den Engadiner Alpen.

Was in Adelshäusern sonst männlichen Familienmitgliedern vorbehalten ist – nach Schule oder Studium erst einmal die Welt zu erkunden –, nimmt die Comtesse auch für sich in Anspruch. Mit einer Freundin, einem Cousin und einer »Anstandsdame« reist sie – komfortabel in einem vom Vater der Freundin eigens gemieteten Eisenbahnwaggon – kreuz und quer durch die Vereinigten Staaten. Danach besucht sie, nun weniger komfortabel, für drei Monate ihren jüngsten Bruder in Kenia, der als einziger Weißer in einem Reservat der Massai lebt und den Eingeborenen die Herstellung und Verwertung von Milchprodukten beibringt. Hier erlegt die jagderfahrene Besucherin zur Verblüffung der Massai-Jäger ihren ersten und einzigen Leoparden.

Nach Kenia, vor allem nach Südafrika, wird Marion Dönhoff später immer wieder reisen. Leben allerdings könnte sie hier nicht – zu sehr würde ihr Gerechtigkeitssinn gegen die noch herrschende Apartheid rebellieren, die ihr Bruder als gottgegeben hinnimmt.

1939

Viel ist geschehen im vergangenen Jahrzehnt, in Deutschland und im Leben Marion Dönhoffs. Kurz vor Hitlers Machtergreifung hat sie in Frankfurt ein Studium der Volkswirtschaft begonnen. Sie will aus den Erfahrungen der Wirtschaftskrise in den zwanziger Jahren »einfach mehr begreifen von den Zusammenhängen, auch für Friedrichstein«. Den Aufmarsch der »Braunen« in der Stadt und vor der Universität erlebt sie als Schock: »In diesem Augenblick stand das Kommende plötzlich deutlich vor mir: Diese Stiefel würden alles zertreten, was ich liebte und achtete.«

Mit ihren Befürchtungen und ihrer Empörung findet sie nur bei den kommunistischen Kommilitonen Widerhall, die »lauwarmen Rechten«, stellt sie fest, sind für offenen Protest nicht zu gebrauchen. Mit einem der Roten klettert sie kühn aufs Dach der Universität, um eine dort flatternde Hakenkreuzfahne herunterzuholen. Die ist jedoch mit Schlössern so gut gesichert, dass die Aktion misslingt und die »rote Gräfin«, wie sie wegen ihrer Kontakte zu den kommunistischen Gruppen bald genannt wird, sich mit dem Verteilen von Flugblättern und dem Herunterreißen von Plakaten begnügen muss, die in knalligen Lettern »Wider den Ungeist« die Säuberung der Universität von allen – namentlich aufgeführten – jüdischen und kommunistischen Professoren fordern. Da die junge Studentin in Frankfurt bereits als »widerständig« aufgefallen ist und eine Relegierung von der Universität befürchten muss, setzt sie sich ins neutrale Ausland, nach Basel, ab.

In Basel lebt nicht nur einer ihrer Brüder, hier ergibt sich auch bald ein enger Kontakt zu einem Kreis antinazistischer Studenten aus Deutschland. In Professor Edgar Salin findet sie einen verständnisvollen Mentor und Doktorvater. Der Ökonom und Sozialwissenschaftler, bei dem sie über Marxismus promovieren möchte, redet ihr diese Idee aus und schlägt vor, stattdessen doch lieber über ein Thema zu arbeiten, von dem sie mehr versteht: über die Entstehung und Verwaltung des Dönhoffschen Familienbesitzes.

Der Vorschlag kommt ihr nicht ungelegen, gibt er ihr doch die Möglichkeit, in Ostpreußen zu arbeiten, nach dessen Weite sie sich sehnt. So wühlt sie sich denn auf Schloss Friedrichstein durch ungeordnete Aktenberge und vergilbte Briefbündel im Familienarchiv, macht unerwartete Funde, entdeckt zum Beispiel das Kollegheft eines Vorfahren über eine Vorlesung bei Professor Kant in Königsberg und genießt nach staubtrockener Arbeit die Ausritte in die ihr zu jeder Jahreszeit vertraute Natur, unterwegs mit den Störchen, den Kranichen und Wildgänsen …

In *Kindheit in Ostpreußen* hat sie dieses Glücksempfinden beschrieben: »Erst wenn es Stoppelfelder gibt, Kilometer von Stoppelfeldern, über die man galoppieren kann, dann beginnt die große Zeit des Jahres. Dann muss man einen Trakehner haben, und im Herbst muss es ein Schwarzbrauner sein. Niemand hat die wirklichen Höhepunkte des Lebens je erlebt, der das nicht kennt, dieses Hochgefühl vollkommener Freiheit und Schwerelosigkeit im Sattel. Die Welt liegt einem zu Füßen …«

In Berlin liegt die Welt – noch nicht die ganze Welt – einem anderen zu Füßen, einem, der die Arbeitslosen von den Straßen holt und einen Führerstaat errichtet. Auf Schloss Friedrichstein ist davon noch nicht viel zu spüren. Marion Dönhoff schließt 1935 ihre Doktorarbeit in Basel ab und Professor Salin bewertet sie mit *summa cum laude*.

Erst 1937, nach ausgedehnten Reisen, kehrt sie auf das elterliche Schloss zurück und arbeitet sich in die Verwaltung der umfangreichen Familiengüter ein. Das kommt ihr zwei Jahre später zugute, als sie die alleinige Verantwortung für die Dönhoffschen Besitzungen übernehmen muss. Anfang September 1939 marschiert Hitler in Polen ein. Der Zweite Weltkrieg hat begonnen. Die beiden älteren Brüder werden eingezogen, der jüngste lebt im fernen Afrika; die Schwestern kommen für eine Gutsverwaltung auch nicht in Frage, so hängt alles an Marion, der jungen Gräfin, die nun nicht mehr Comtesse genannt wird. Adelstitel sind ohnehin abgeschafft, man hat sich mit »Heil Hitler« zu begrüßen. Doch auf Friedrichstein ist alles ein bisschen anders, nur die Sekretärin ist eine glühende Nationalsozialistin – und könnte vielleicht gefährlich werden. Der Schweizer Historiker Carl Jacob Burckhardt, der als Hochkommissar des Völkerbundes in Danzig sitzt, hat die Gräfin zur Vorsicht ermahnt: »Es gibt ein Nachher, und in diesem Nachher wird Ihnen eine große Aufgabe zufallen.«

1949

Das Nachher hat sich Gräfin Dönhoff anders vorgestellt. Sie ist es gewohnt, Verantwortung zu tragen, zu organisieren und zu bestimmen, was gemacht wird. Nun sitzt sie in Hamburg in einem kleinen Redaktionszimmer im obersten Stock eines noch halb zerbombten Pressehauses als Mitarbeiterin des 1946 gegründeten, noch bescheidenen Wochenblattes *Die Zeit*. Schlecht bezahlt. Auf einen Vertrag allerdings legt sie keinen Wert – sie will, freiheitsgewohnt, jederzeit wieder aussteigen können.

Die *Zeit*-Macher sind gleich 1946 auf sie aufmerksam geworden, als ihnen ein Memorandum in die Hände fiel, das die wach und kritisch beobachtende junge Gräfin für einen Offizier der britischen Besatzungsmacht verfasst hatte. Es enthielt konstruktive Vorschläge zur politischen Gestaltung des Landes, die dem Redaktionsteam gefielen. Die unbekannte Verfasserin wurde zu einem Vorstellungsgespräch nach Hamburg eingeladen und auf der Stelle engagiert. Im Protokoll ist festgehalten: »Trotz ihrer mangelnden journalistischen Erfahrung hatte die promovierte Volkswirtin Beachtliches einzubringen. Sie war schon vor dem Kriege durch Amerika und Schwarzafrika gereist, sie beherrschte die westlichen Sprachen, sie bewegte sich wie selbstverständlich in einem internationalen Netz von Beziehungen ... die sich für die *Zeit* würden nutzen lassen.«

Damit beginnt das zweite Leben der Gräfin Dönhoff. Ihre ersten journalistischen Beiträge befassen sich mit Themen, die sie auch später nie loslassen werden: Verlust der Heimat, Erfahrungen im Widerstand, Wunsch nach Frieden und Versöhnung. Die eindrucksvolle Reportage *Ritt gen Westen* schildert ihre abenteuerliche Flucht aus Ostpreußen vor den anrückenden Russen und ihre Ankunft im westfälischen Schloss Vinsebeck. Ähnliches haben viele Menschen erlebt – wenn auch die meisten kein Reitpferd zur Verfügung hatten und nicht in Schlössern von Freunden oder Verwandten Zwischenstation machen konnten.

Die Ereignisse jener eisigen Aufbruchtage im Januar 1945 mit ihrem treuen Hengst Alarich bis zum Eintreffen an dem Ort, von dem aus ihre Vorfahren vor sieben Jahrhunderten gegen Osten gezogen sind, spulen sich in ihrem Kopf noch einmal ab, langsam wie ein Film im Zeitlupentempo. Etwa der letzte Ritt über die Nogat, später festgehalten in *Namen, die keiner mehr nennt*: »Seit Tagen war ich in der großen Kolonne der Flüchtlinge, die sich von Ost nach West wälzte, mitgeritten. Hier in der Stadt Marienburg nun war der Strom offenbar umgeleitet worden, jedenfalls befand ich mich plötzlich vollkommen allein vor der großen Brücke. War dieser gigantische Auszug von Schlitten, Pferdewagen, Treckern, Fußgängern und Menschen mit Handwagen, der die ganze Breite der endlosen Chausseen Ostpreußens einnahm und der langsam, aber unaufhaltsam dahinquoll wie Lava ins Tal, schon gespenstisch genug, so war die plötzliche Verlassenheit fast noch erschreckender ... Mich kroch plötzlich der ganze Jammer der Menschheit an ...«

Sie hat viel verloren durch diesen Krieg: Schloss Friedrichstein, das die Russen 1945 mit all seinen Kunstschätzen niedergebrannt haben. Das Familiengut Quittainen, auf dem sie die letzte Zeit vor ihrer Flucht gelebt hat. Familienangehörige, die gefallen sind, wie ihr Lieblingsbruder Heinrich und zwei ihrer Neffen, für die sie die elterliche Obhut übernommen hatte. Die jüdischen Freunde, die in Lagern umgekommen sind. Die Freunde aus dem Kreisauer Kreis, die nach dem 20. Juli 1944 von den Nazis hingerichtet wurden – eine doppelt schmerzende Wunde: In die Trauer über den Verlust dieser Freunde mischt sich die bittere Enttäuschung darüber, dass der todesmutige Einsatz der Verschwörer von vielen Deutschen, vor allem aber von den Siegermächten in keiner Weise gewürdigt wird. Für Churchill handelte es sich um »Ausrottungskämpfe unter den Würdenträgern des Dritten Reiches«.

Mit Axel von dem Bussche, dessen Attentatsversuch gegen Hitler misslungen ist, und mit Richard von Weizsäcker, der als Offizier dem Kreis um Graf Stauffenberg nahestand, fährt Marion Dönhoff im Oktober 1945 zu den Nürnberger Prozessen – und wird auch hier von den Alliierten enttäuscht: »In Nürnberg wollten sie die Guten von den Schlechten trennen. Da sie den deutschen Widerstand leugneten, gab es für sie keine Guten – und so geriet die ganze Veranstaltung zu einer Art Vernichtung der Deutschen.« Ihr Fazit zum 20. Juli lautet: »Für die politische Geschichte mag entscheidend sein, dass das Attentat misslang. Für das deutsche Volk und seine geistige Geschichte ist wichtig, dass es diese Männer gegeben hat.«

Über ihre eigene aktive Rolle im Widerstand geht sie mit preußisch-hanseatischem Understatement hinweg. Doch wie viel Kraft und Umsicht muss dieses Doppelleben während der NS-Zeit erfordert haben, das Entschlüsseln konspirativer Briefe unter dem zur Tarnung aufgehängten Hitlerporträt ... Die nach außen verschlossen und distanziert Wirkende hat die Fähigkeit, Gefahren intuitiv zu erspüren: »Ich konnte in einem Raum voller Menschen sofort sehen, wer ein Nazi war und wer nicht.«

In der Kreisauer Widerstandsgruppe ist sie die einzige Frau, die aktiv zu Kurierdiensten eingesetzt wird. Sie hält die Verbindung zwischen Ostpreußen und Peter Graf Yorck in Berlin aufrecht und nutzt ihre guten Beziehungen zur Schweiz, um über den Diplomaten Carl Jacob Burckhardt Informationen an ausländische Gewährsleute weiterzugeben. Der *Zeit*-Mitarbeiter Haug von Kuenheim schreibt dazu: »Detaillierte Aktionspläne bleiben ihr zwar verschlossen, aber sie weiß, dass ihre Freunde die Beseitigung Hitlers planen ... Den 20. Juli, den Tag des Attentats auf Hitler, übersteht sie mit Glück und Geschick. Ein Verhör durch die Gestapo verläuft glimpflich.« Doch Erleichterung empfindet sie nicht. »Nichts konnte schlimmer sein, als alle Freunde zu verlieren und allein übrig zu bleiben«, schreibt sie.

1959

Die *Zeit* hat sich aus bescheidenen Anfängen zu einem auch im Ausland beachteten Wochenblatt entwickelt, das Gehalt der Redakteurin Dönhoff wurde aufgestockt, die promovierte Volkswirtschaftlerin sollte das Wirtschaftsressort übernehmen – doch ihr brannten andere Fragen auf den Nägeln, Fragen um die geistige und politische Erneuerung: »Wie soll das neue Deutschland aussehen? Was müssen wir tun? Welche Ziele anvisieren?« Ihre Beiträge und Kolumnen sind politischer Art, Orientierungshilfen – nicht immer ganz ausgewogen, etwa wenn es um ihren »liebsten Feind« Adenauer geht, dem sie mangelndes Interesse an der Ostpolitik vorwirft. Ein Kulturkampf zwischen dem katholischen Rheinland und dem protestantischen Preußen. Der gängige, negativ besetzte Begriff »Adenauer-Ära« stammt von ihr. Die zur Leiterin des politischen Ressorts Aufgestiegene tut ihre Meinung unmissverständlich kund, räumt aber in ihrer liberalen und toleranten Art auch anderen Gesinnungen Platz ein und scheut sich nicht vor politischen Visionen.

Den Aufstand vom 17. Juni 1953 kommentiert sie mit Stolz und Zorn: »Als Demonstration begann's und ist eine Revolution geworden! Die erste wirkliche deutsche Revolution, ausgetragen von Arbeitern, die sich gegen das kommunistische Arbeiterparadies empörten, die unbewaffnet, mit bloßen Händen, der Volkspolizei und der Roten Armee gegenüberstanden und die jetzt den sowjetischen Funktionären ausgeliefert sind ...« Und sie fordert, dieser denkwürdige Tag sollte bei uns »jetzt schon zum Nationaltag des wiedervereinigten Deutschland proklamiert werden«. – Wem außer ihr hätte damals die Wiedervereinigung so auf den Nägeln gebrannt?

Ein Jahr später kracht es in der Redaktion, die Gräfin räumt ihren Schreibtisch – sie ist ja nicht an einen Vertrag gebunden – und geht als freie Journalistin nach Amerika. Während ihres Irlandurlaubs war im politischen Teil der *Zeit* ohne ihr Wissen in großer Aufmachung ein Artikel des NS-Staatsrechtlers Carl Schmitt erschienen. Der zuständige Chefredakteur – und das ärgerte sie am meisten – reagierte auf ihre Empörung mit Unverständnis.

Von New York aus schreibt sie nun für die *Welt* Berichte über Amerika, geht dann für ein halbes Jahr zum *Observer* nach London und schließlich nach Paris – bis der Verleger Bucerius sie zur *Zeit* zurückholt.

1969

Ein unruhiges Jahrzehnt ist vergangen: erst der Bau der Mauer mitten durch Berlin im August 1961, dann, 1968, die Studentenrevolte. Beide Ereignisse haben die Gräfin (wie sie von allen in der Redaktion respektvoll, gelegentlich auch etwas süffisant genannt wird) stark berührt.

Als am 13. August die Berliner Bauarbeiter damit beginnen, die Mauer hochzuziehen und Fenster zuzumauern, setzt sie sich mit ihrem jungen Mitarbeiter Theo Sommer in den nächsten Flieger nach Berlin und es gelingt den beiden, mit einem gemieteten VW-Käfer gerade noch in den Ostteil zu kommen. Sie erleben die Bestürzung und Ratlosigkeit der Menschen, sind selbst bestürzt und ratlos, und Marion Dönhoff schreibt in ihrem *Zeit*-Kommentar: »Wir sind dem Abgrund ein gut Stück näher gerückt.« Sie setzt sich nun verstärkt für eine aktive Ostpolitik, ein Nichtabreißen der Kontakte zur DDR ein und hält ihre Erfahrungen in dem Band *Reise in ein fernes Land* fest.

Entsetzt über den Vietnamkrieg und unzufrieden über verknöcherte Strukturen in der Bundesrepublik sympathisiert sie einige Jahre später mit den rebellierenden Studenten, die dem »Muff von tausend Jahren unter den Talaren« den Garaus machen wollen. Aber als Pflastersteine und faule Tomaten fliegen, missliebige Professoren verhöhnt und tätlich angegriffen werden, verurteilt sie diese Auswüchse. Für die Revoluzzer ist sie deshalb eine »Scheißliberale«, für viele Bürgerliche immer noch die »rote Gräfin«. Doch die rote Gräfin der Frankfurter Studentenzeit muss nicht, wie damals, Sanktionen befürchten: Sie sitzt fest im Sattel, Verleger Bucerius hat sie 1968 zur Chefredakteurin gemacht.

In dieser neuen Position hat sie noch mehr Gestaltungsspielraum und Einfluss, und was sie an Disziplin und Arbeitseinsatz vorlebt, erwartet sie auch von ihren Mitarbeitern. Ihr »Ziehsohn« Sommer erinnert sich: »Ich hatte am Anfang Heidenrespekt vor ihr. Sie kann auch sehr harsch bis streng sein und neigt zur Ungerechtigkeit ... Geizig kann sie sein. Halsstarrig. Und nachtragend. Wenn sie einem vor drei Jahren ein Buch gegeben hat, liegt eines Tages ein Zettel auf dem Tisch: ›Wo bleibt die Rezension?!‹«

1979

Theo Sommer sitzt nun selbst auf dem Stuhl des Chefredakteurs, Gräfin Dönhoff firmiert im Impressum der *Zeit* seit 1973 als Herausgeberin. Sie hat beharrlich Stufe um Stufe der Karriereleiter erklommen, wobei es ihr nie um Prestige, Statussymbole oder materielle Anreize ging, wohl aber um Einfluss, um Unabhängigkeit, um Gestaltungsmacht. Ihre Blickrichtung nach Osten hat sich nicht verändert, nach wie vor ist die Ostpolitik, die Aussöhnung mit Polen vor allem, für sie ein zentrales Thema.

Sie setzt ihre ganze Hoffnung auf Willy Brandt. Doch als dieser sie 1970 bittet, ihn – gemeinsam mit Günter Grass, Siegfried Lenz und Henri Nannen – zur Unterzeichnung des Warschauer Vertrags nach Polen zu begleiten, lehnt sie nach anfänglicher Zusage kurzfristig ab: »Zwar hatte ich mich damit abgefunden, daß meine Heimat Ostpreußen endgültig verloren gegangen ist, aber selber zu assistieren, während Brief und Siegel darüber gesetzt werden, und dann ein Glas auf den Abschluß des Vertrags zu trinken, das erschien mir plötzlich mehr, als man ertragen kann.« Bundeskanzler Brandt respektiert ihren Entschluss.

Im Jahr darauf wird ihr Engagement für Frieden und Versöhnung mit den osteuropäischen Ländern durch den Friedenspreis des Deutschen Buchhandels gewürdigt. Ihr zu Ehren und als Zeichen der Verständigung zwischen Deutschland und Polen trägt im ehemals ostpreußischen Nikolaiken, dem heutigen polnischen Mikolajki, eine Schule ihren Namen: das Lyceum Marion Dönhoff, dessen Schülern sie »nachahmenswertes Vorbild« sein soll.

Während sie die Welt bereist und mit Politikern und Staatsoberhäuptern Gespräche über europäische und globale Fragen führt, tobt in Deutschland der Kampf um den § 218. Die Neue Frauenbewegung mit dem Flaggschiff *Emma* ruft zu Demos und Unterschriftenaktionen auf. Frauenzeitschriften und Illustrierte, allen voran der *Stern*, nehmen sich des Themas ausgiebig an, Gräfin Dönhoff jedoch hält sich zum Bedauern ihrer Biografin Alice Schwarzer auf Distanz. Sie hat sich nie zu Frauenthemen geäußert, sie ist in eine Männerwelt hineingewachsen und hat sich darin behauptet, Emanzipationsprobleme kennt sie nicht. Auf die Frage der *Emma*-Redakteurin, ob sie, wäre sie zur APO-Zeit 20 gewesen, für die Frauenbewegung gekämpft hätte, antwortet sie ohne Zögern: »Das kann ich mir gar nicht vorstellen, daß ich in einer Gruppe von nur Frauen gekämpft hätte ...«

Immer hatte sie es mit Männern zu tun, auf der Schule, bei der Jagd, beim Studium, im Widerstand, in der Redaktion ... Gab es in dieser langen Zeit jemals den Einen, den Partner, mit dem sie sich ein Zusammenleben hätte vorstellen können? Ihre Aufzeichnungen schweigen sich darüber aus. Hartmut von Hentig, ein häufiger Gast bei den Dönhoffs, deutet an, dass es da einmal einen Oberst der Kavallerie gegeben habe ...

1989

Die *Zeit* wird immer umfangreicher, das Redaktionsteam unübersichtlicher. Die Herausgeberin, die noch täglich an ihrem Schreibtisch im sechsten Stock des Pressehauses sitzt, denkt wehmütig an die Zeiten zurück, als das Blatt noch dünn war und die Mitarbeiter trotz kontroverser Ansichten eine verschworene Gemeinschaft bildeten. Sie träumt von einer kleinen »Zeitschrift der Autoren, ohne Werbung«, aber der Konkurrenzkampf duldet keine Träume, Wirtschaftlichkeit hat Priorität.

»In wirtschaftspolitischen Fragen war ihr das Soziale allemal wichtiger als die Marktwirtschaft«, schreibt Ralf Dahrendorf in seiner Bucerius-Biografie und schildert die ständigen, nicht nur politischen Auseinandersetzungen der Gräfin mit ihrem Verleger, dem sie vorhält: »Früher, als Sie nichts hatten, waren Sie viel unbesorgter. Wie oft haben Sie uns angefeuert, auf Inserenten keine Rücksicht zu nehmen. Jetzt, wo Ihre Millionen viele Nullen haben, werden Sie mit einem Mal unsicher.« Die beiden gehen aber immer wieder aufeinander zu, und die Millionen mit den Nullen kommen auch Marion Dönhoff zugute: Nach ihrem Ausscheiden als Chefredakteurin übereignet ihr Bucerius kurzerhand das verwunschene Haus Am Pumpenkamp, in dem sie seit langem zur Miete wohnt, als Schenkung. Sie ist verblüfft über das generöse Geschenk und über sich selbst, dass sie, die nie eine Beziehung zu Eigentum hatte, nun über den Besitz so beglückt ist.

Zum Genießen ihres Refugiums hat sie allerdings noch nicht die nötige Muße: Auf dem Schreibtisch in der Redaktion stapeln sich Briefe und Manuskripte, sie ist häufiger als früher zu Vorträgen und Lesungen unterwegs, Reisen sind noch immer ihre Leidenschaft. Zur Niederschrift ihrer Bücher zieht sie sich am liebsten auf einen Familiensitz der Dönhoffs auf Ischia zurück. Hier, im Gemäuer des alten Weingutes mit dem verwilderten Garten, fühlt sie sich nach Friedrichstein zurückversetzt, hier gräbt sie im Sommer 1987 ihre *Kindheit in Ostpreußen* aus der Erinnerung hervor.

Wenig später holt die Gegenwart sie wieder ein. In ihrer Dankesrede zur Verleihung des Heinrich-Heine-Preises der Stadt Düsseldorf kritisiert sie 1988 das gegenseitige Töten von Arabern und Israelis in den von Israel besetzten Gebieten und ruft damit Empörung beim Zentralrat der Juden in Deutschland hervor. Man wirft ihr »Mangel an Sensibilität« vor – ausgerechnet ihr, die sich immer einfühlsam um menschliche Schicksale gekümmert hat – allerdings mit dem Bemühen um Objektivität und Offenheit nach beiden Seiten.

1999

Im Rückblick auf das letzte Jahrzehnt rundet sich ein Lebenswerk, das in die Zukunft weist, in der Gegenwart verankert ist und sich aus der Vergangenheit speist. Die Vergangenheit heißt Ostpreußen, heißt 20. Juli.

1992 wird in Kaliningrad, dem ehemaligen Königsberg, das neue Kant-Denkmal eingeweiht. Vom alten, in den

Kriegswirren verschollenen Monument existierte nur noch eine kleine Kopie. Eine von Marion Dönhoff unter den *Zeit*-Lesern initiierte Spendensammlung ermöglichte den neuen Bronzeguss in Originalgröße. Bei der feierlichen Enthüllung zitiert die Ostpreußin aus Deutschland die Worte eines russischen Dichters: »Kant gehört nicht euch und er gehört nicht uns – er gehört der Welt.«

Am nächsten Tag lässt sich die 83-Jährige mit einem russischen Taxi noch einmal – ein letztes Mal – nach Friedrichstein fahren, an den Ort, den es längst nicht mehr gibt, von dem nur noch die Bilder im Kopf unauslöschlich vorhanden sind. Schon vor drei Jahren hat sie nach fast einem halben Jahrhundert zum ersten Mal wieder alten Dönhoffschen Boden betreten, aber ein Heimatgefühl ist dabei nicht aufgekommen, nur Wehmut: »Das riesige Schloss ist wie vom Erdboden verschluckt, nichts ist davon geblieben, nicht einmal ein Trümmerhaufen ... Vom Rasenplatz, den Hecken, den Wegen ist nichts mehr zu sehen. Die alte Mühle – einfach weg, der lange Pferdestall – weg auch er. Alles ist überwuchert von Sträuchern, Brennesseln, heranwachsenden Bäumen. Ein Urwald hat die Zivilisation verschlungen.«

1994 erscheint das Buch *Um der Ehre willen* – eine persönliche Aufarbeitung der Geschehnisse um das gescheiterte Attentat vom 20. Juli 1944. Auch ein Stück Geschichte, eine Hommage an die hingerichteten Freunde. Die Autorin ist die letzte Überlebende aus dem Verschwörerkreis, die letzte Zeitzeugin eines wahnwitzigen Geschehens, das sich nie wiederholen darf.

Sie ist eine Mahnerin – nicht nur mit Worten und Appellen, sie setzt handfeste Zeichen der Verständigung zwischen Menschen und Völkern. Ihre sämtlichen Honorare aus Büchern, Vorträgen und Preisverleihungen fließen in eine 1988 gegründete Stiftung. Diese Marion Dönhoff Stiftung soll »die Entwicklung freundschaftlicher Beziehungen zwischen Deutschen und Bürgern in Osteuropa, insbesondere in Polen und Ungarn, sowie in den Nachfolgestaaten der Sowjetunion fördern und somit zur dauerhaften Verständigung und Friedenssicherung beitragen«.

Für ihre internationalen Verständigungs- und Versöhnungsbemühungen erhält Gräfin Dönhoff 1999 den Bruno-Kreisky-Preis und die Ehrendoktorwürde der Universitäten Birmingham und Kaliningrad. Die Stadt Hamburg macht sie im selben Jahr zur Ehrenbürgerin. Die Urkunden häufen sich, die Ehrendoktorhüte ebenfalls – kein Grund für die Gräfin, die Hände in den Schoß zu legen. In den letzten Jahren treibt sie die Frage um, wie dem Werteverfall in unserer Gesellschaft Einhalt geboten werden könnte. Gemeinsam mit Richard von Weizsäcker hat sie das Manifest »Weil das Land sich ändern muss« initiiert, an dem sich Prominente quer durch die Parteien beteiligt haben. Sorge macht ihr vor allem die mangelnde Verantwortung der Bürger für das Gemeinwesen, die Zunahme der Gewaltbereitschaft unter Jugendlichen und die Fixierung der Gesellschaft auf materielle statt geistige Güter. *Zivilisiert den Kapitalismus* heißt eines ihrer letzten Bücher.

2009

Am 2. Dezember 2009 ist im Kalender vermerkt: 100. Geburtstag Marion Gräfin Dönhoff. Lange sah es so aus, als ob sie mit ihrer Vitalität und Zähigkeit diesen Tag hätte erleben können. Doch dann kam der Krebs: drei Brustoperationen, ständige Schmerzen im rechten Arm, Lähmung der Schreibhand. Alles tapfer und klaglos ertragen. Auf die Frage ihres Großneffen kurz vor ihrem Tod, ob sie an ein Leben danach glaube, antwortet sie: »Ich habe mir nie konkrete Vorstellungen gemacht. Ich gehe aber davon aus, dass da etwas kommt. Das habe ich immer getan … Ich denke, dass alles seine Zeit und seinen Platz hat. Warum soll ich versuchen, mich vorher da einzumischen?« – Sie hat einen leisen, sanften Tod. In den frühen Morgenstunden des 11. März 2002 stirbt Marion Gräfin Dönhoff auf Schloss Crottorf bei ihren Verwandten.

Tage später die große offizielle Trauerfeier in Hamburg: Dicht an dicht drängen sich die Menschen in der Hauptkirche St. Michaelis. Bundespräsident Rau erinnert an das unbeirrbare Eintreten der Verstorbenen für Menschlichkeit und Toleranz, Altbundeskanzler Schmidt hebt ihre innere Unabhängigkeit, ihre Zivilcourage und ihren Weitblick hervor – Worte, die mehr als Worte sind.

Die Beerdigung im westfälischen Friesenhagen, nahe Schloss Crottorf, findet im engsten Familien- und Freundeskreis statt. Der schmucklose Eichensarg wird unter einer alten Buche beigesetzt, die an den Park von Friedrichstein erinnert. Zwei Geschwister der Gräfin liegen hier schon begraben. Keine großen Worte mehr am offenen Grab, nur einige Verse, gelesen von Karl Dedecius: »Die Bäume mögen für Euch rauschend trauern …«

Wie könnte es weitergehen?

Sieben Jahre später, zum hundertsten Geburtstag Gräfin Dönhoffs, kommen die Verwandten und Freunde im Gedenken an die Verstorbene noch einmal auf Schloss Crottorf zusammen. Henry Kissinger ist aus Amerika angereist, Lord Dahrendorf aus England. Es ist viel geschehen in den sieben Jahren: Helmut Schmidt berichtet vom Ausbau des Dönhoffschen Hauses Am Pumpenkamp – nicht zu einem Museum, nein, zu einem Treffpunkt für Stipendiaten der Marion Dönhoff Stiftung. Die neuen Preisträger des Marion-Dönhoff-Preises für Projekte, die sich der Versöhnung widmen, stellt der Hausherr Graf Hatzfeld vor, während Hartmut von Hentig, der oft auf Friedrichstein weilte, die Pläne für ein Begegnungszentrum auf dem Gelände des alten Schlosses entrollt. Siegfried Lenz präsentiert die zwölfbändige Dönhoff-Gesamtausgabe, und Michael Naumann legt die Bewerbungen für den Gastlehrstuhl an der Universität Hamburg vor, der im Sinne der Ehrensenatorin Dönhoff für die Erforschung des Widerstands im Dritten Reich ausgeschrieben wurde …

Ja, es könnte viel geschehen sein in den sieben Jahren nach dem Tod der Gräfin. Sie hatte Visionen. Einige davon mögen sich erfüllen.

Hindemiths eigenwillige Schülerin

Felicitas Kukuck

1914–2001
Komponistin

> Der Einfall ist eine Kraftkonstellation, eine Energiequelle, die weder gedanklich noch gefühlsmäßig faßbar ist, ein Moment, da wie in einer Rechnung alles restlos aufgeht.
>
> PAUL HINDEMITH

Felicitas Kukuck ist ein tragischer Glücksfall. Tragisch, weil ihre künstlerische Entfaltung und ihre berufliche Karriere zu Beginn geprägt waren von Einschränkungen und Verboten. Ein Glücksfall, weil sie das Dritte Reich als Halbjüdin mit Wagemut und Gespür für jedes noch so kleine Schlupfloch überlebt hat. Ein Glücksfall auch, weil sie wichtige Stationen ihres Lebens aufgezeichnet hat und so Nachkommenden Einblick zu geben vermag – nicht in die Hölle eines Konzentrationslagers, sondern »nur« in den hürdenreichen Alltag einer Frau, einer Künstlerin, in deren Adern zu wenig arisches Blut floss.

Felicitas Kukucks Rückschau ist nicht von Hass oder Resignation erfüllt, es ist eher ein Rechenschaftsbericht, den sie sich selbst gibt. Die beklemmenden Erfahrungen jener Zeit hat sie in ihrer Musik verarbeitet, etwa in der Vertonung von Gedichten der Exil-Lyrikerin Nelly Sachs oder von Celans Gedicht *Todesfuge.* Auschwitz und Hiroshima sind für sie Metaphern des Grauens, Metaphern für das, was Menschen Menschen antun können. In der

Felicitas Kukuck

sakralen Oper *Ecce homo* hat sie sich mit diesen Gedanken auseinander gesetzt – die eine Seite ihres Schaffens.

Die andere, gelöste, unbeschwerte, lässt nichts von dieser elegischen Grundstimmung ahnen. Sie ist vielmehr getragen von Zuversicht und Schaffenslust, auch von Experimentierfreude und vom Ausloten neuer Möglichkeiten. Aus diesem Impuls heraus sind Kinderlieder und Märchenvertonungen, Kammermusik und Volksliedsätze, Bühnen- und Filmmusik, Kantaten und Bearbeitungen biblischer Texte entstanden – eine Fülle verschiedenster Kompositionen, ein fingerdickes Werkverzeichnis.

Abschied von einer Komponistin und Chorleiterin

Im Rahmen der 700-Jahr-Feier von Blankenese sollte die seit über 50 Jahren am Elbhang wohnende Komponistin mit einem Werkkonzert geehrt werden. Aus der geplanten Aufführung wurde eine Gedenkfeier: Felicitas Kukuck ist kurz zuvor, am 4. Juni 2001, im Alter von fast 87 Jahren gestorben. Über 300 Menschen fanden sich in der Blankeneser Kirche am Markt zu diesem Konzert »in memoriam« ein. Der Kammerchor Blankenese und Angehörige des Hamburger Konservatoriums hatten für diesen Abend aus dem geistlichen und weltlichen Werk der Verstorbenen einige Kompositionen ausgewählt – unter anderem als Uraufführung den Liedzyklus *Ich bin in Sehnsucht eingehüllt*, die Vertonung von bewegenden Gedichten einer 18-jährigen rumänischen Jüdin, die in einem SS-Arbeitslager den Tod fand. Immer wieder treiben Felicitas Kukuck solche Schicksale um, und immer wieder hofft sie – auch in der Kantate *Gott ist die Liebe* –, dass die Menschen aus dem Vergangenen lernen mögen.

Mit dem seit fast vier Jahrzehnten bestehenden Blankeneser Kammerchor hat Felicitas Kukuck nicht nur einen

Kreis von Singbegeisterten um sich geschart, der viele ihrer Chorwerke uraufgeführt hat, es ist auch ein Kreis von Verbündeten, der ihre Friedensarbeit unterstützt. Die Tochter der Komponistin, Margret Johannsen, hat den Text zu ihrem Requiem *Und es ward: Hiroshima. Eine Collage über Anfang und Ende der Schöpfung* geschrieben. Das Werk wurde 1995 im Rahmen einer Weltfriedenswoche in der Hamburger Turmruine St. Nikolai erstmals gespielt. Auch zu den beiden Kirchenopern *Der Mann Mose* und *Ecce homo* schrieb die Tochter das Libretto. Für Mitschnitte und Technik waren die männlichen Familienmitglieder zuständig. Im Chor mitgesungen haben alle, von Anfang an ihr Mann und die vier Kinder, später kamen die Enkelkinder mit ihren Familien dazu, und auch die Urenkel sollen in den Chor hineinwachsen.

Über ihren Drei-Generationen-Chor sagt die Gründerin in einem Interview: »Wir proben jede Woche bei mir zu Hause. Bei Nebel hört man dann manchmal die Dampfer tuten. Ich wohne nämlich in Blankenese, im Treppenviertel, und wenn die Sonne scheint, geh ich auf die Landungsbrücke und guck mir die Schiffe auf der Elbe an.« Am Ufer der Elbe ließ sie sich zu einem Lied, einer Liebeserklärung an ihre Stadt, inspirieren: *Hamburg im Gegenwind.* Und mit dem Gegenwind kamen die Erinnerungen. Erinnerungen an die unbeschwerte Kindheit, das allmähliche, nicht mehr so unbeschwerte Erwachsenwerden, an die Emigration der Eltern, den Aufbruch nach Berlin …

Cohnheim heißt man nicht

Felicitas' Vater, der Physiologe Prof. Dr. Otto Cohnheim, wird 1913, ein Jahr vor ihrer Geburt, nach Hamburg berufen, um die Medizinische Fakultät innerhalb der neu gegründeten Universität mit aufzubauen. Der hoch geachtete jüdische Wissenschaftler richtet sein Institut im Eppendorfer Universitätskrankenhaus ein und hält hier auch seine Vorlesungen. Er ist mit einer Nichtjüdin, Tochter eines freisinnigen Reichstagsabgeordneten aus Bremen, verheiratet, die nach der Hochzeit ihre sich anbahnende Karriere als Sängerin aufgegeben hat und nicht mehr öffentlich auftritt – zur damaligen Zeit ein durchaus üblicher Schritt. Den Mann in seiner Arbeit zu unterstützen, ein gastliches Haus zu führen, sich den Kindern zu widmen und die eigenen künstlerischen Ambitionen auf das häusliche Umfeld zu beschränken, wird, im Gegensatz zur späteren Töchtergeneration, in bürgerlichen Kreisen nicht als Einschränkung der Lebensentfaltung empfunden.

Auch eine jüdische Abstammung gilt – noch – nicht als Makel oder Berufshindernis. Trotzdem, vielleicht auch in Vorahnung des Kommenden, drängt die Mutter Otto Cohnheims ihren Sohn, den jüdischen Familiennamen abzulegen. Professor Cohnheim, der gleich zu Beginn des Ersten Weltkriegs als Wehrmachtsarzt eingezogen wurde, hat eigentlich andere Sorgen, aber er kommt ihrem Wunsch nach und beantragt die Namensänderung. So wird aus der zweijährigen Tochter Felicitas Cohnheim eine Felicitas Kestner. Erste Kindheitserinnerungen sind nicht vom Krieg geprägt, sondern von der fröhlich musikantischen Atmosphäre des Elternhauses, von der Mutter, die am Klavier sitzt und Entbehrungen im wahrsten Sinne des Wortes überspielt.

Als Sechsjährige wird Felicitas zusammen mit ihrer älteren Schwester Elisabeth mit einem Hilfstransport für unterernährte Kriegskinder nach Holland verschickt. Die eindrücklichste Erinnerung an diesen Aufenthalt ist bezeichnenderweise nicht das Essen wie im Schlaraffenland, sondern ein Drehorgelmann, der sonnabends auf der Straße zum Tanz aufspielt. Tanzen, Singen, Theaterspielen –

das ist die Welt der kleinen Felicitas, und die Mutter lässt diesen kreativen Ausbrüchen freien Lauf, sie hält nichts davon, Kinder zu früh in ein Leistungskorsett zu zwängen.

Mit sieben hat das freie Streunerleben ein Ende, Felicitas wird eingeschult und marschiert mit ihrer Schwester jeden Tag eine Dreiviertelstunde von Eppendorf zum Henckel-Lyceum in der Nähe des Dammtorbahnhofs. Die Schule macht Spaß, weil die Lehrerin so spannende Geschichten vom Paradies, von der Sintflut und von Joseph und seinen Brüdern erzählt: »Es waren die schönsten Märchen, die ich kenne und wiedererkannte in Thomas Manns Josephs-Roman ... diese Geschichten durchziehen mein Leben. Ich habe später, in den siebziger Jahren, mehrere Singspiele für Kinder zu biblischen Stoffen komponiert und auch getextet. Wahrscheinlich stammt meine Freude an den biblischen Geschichten aus dieser frühen Schulzeit.«

Bei den Mitschülerinnen ist sie – wohl weil sie »anders« ist und außerdem »Liebkind« der Lehrerin – nicht beliebt: »Sie lebten in einer ganz anderen Welt als ich. Ihre Väter waren reiche Kaufleute und sie wohnten in schönen Villen mit großen Gärten, während wir im 4. Stockwerk eines Etagenhauses wohnten, ohne Garten.« Das väterliche Renommee als Universitätsprofessor zählt zwar bei der Lehrerin, aber die Klassenkameradinnen auf diesem privaten Lyceum, das offenbar von Kindern begüterter Eltern besucht wird, haben andere Maßstäbe. Sie müssen Blumen für die Lehrerin nicht, wie Felicitas, heimlich in einem Park pflücken und dann behaupten, sie stammten aus dem eigenen Garten ...

Musikunterricht erhält Felicitas erst mit zehn. Doch zu dieser Zeit hat sie gemeinsam mit ihrem Bruder Fritz längst eigene musikalische Entdeckungsreisen am Klavier gemacht: »Wir spielten vierhändig nach Bilderbüchern ... Wir vertonten alles: Regen und Sonnenschein, das Trippeln von Zwergen, aber besonders gern lauten Donner.« Die Klavierlehrerin unterbindet die Improvisationen nicht, versucht sie aber in geordnete Bahnen zu lenken, spielt der ungestümen Schülerin Chopin vor und macht ihr deutlich, dass temperamentvolles Spiel auch nach Noten und festgeschriebenen Sätzen möglich ist.

Zu aufsässig für eine Mädchenschule

Felicitas ist ein eigenwilliges Kind mit Fragen, die Erwachsene, Lehrer vor allem, in Verlegenheit bringen. Nur der von ihr bewunderte Vater weiß auf alles eine Antwort – auch auf die Frage, wo denn die Seele im Körper sitze. Im Gehirn, sagt er ohne Zögern, und so sitzt die Seele für Felicitas fortan im Gehirn. Die Antworten der Lehrer, meist unwillig oder zerstreut gegeben, befriedigen ihren Wissensdurst weniger. Sie wird eines Tages wegen Aufsässigkeit von dieser Mädchenschule verwiesen. Ihr Glück.

Die Eltern nehmen den Ausschluss gelassen. Die renitente Tochter darf zur Lichtwarkschule, der einzigen Hamburger Schule mit Koedukation, überwechseln. Die von der Reformpädagogik geprägte Schule, die auch ihr Bruder besucht, ist nach Alfred Lichtwark, dem führenden Vertreter der Kunsterzieherbewegung, benannt und legt auf musische Bildung, den Zusammenklang von Kunst, Literatur und Musik besonderen Wert. Felicitas ist vom Unterricht der politisch meist links orientierten Lehrer sehr angetan: »Endlich fühlte ich mich unter ›meinesgleichen‹ und wurde von den Mitschülern akzeptiert. Vor allem der Musikunterricht war großartig ...« Sie wird gleich in den Oberstufenchor aufgenommen und darf bei der Aufführung von Brechts *Jasager* mitmachen. Die Vertonung durch Kurt Weill fasziniert sie, ebenso die Musik Paul Hindemiths in der Schulaufführung seines Stückes *Wir bauen eine kleine Stadt.* Hier werden Weichen für das spätere Studium gestellt. Zum großen Goethefest 1932 komponiert Felicitas schon eine Revue mit eigenen Songs, kess durchsetzt von Goethe-Zitaten aus dem Faust.

In dieser Zeit tritt sie – »politisch ungebildet und naiv«, wie sie später sagt – der kommunistischen Jugend bei: »Ich textete und komponierte damals Lieder mit vielen gängigen Schlagworten und Phrasen, die wir – die Gruppe – sonntagmorgens in einem Lastwagen stehend heruntergrölten, während wir durch Eimsbüttel fuhren.« Vor den Eltern hält sie ihre politischen Aktivitäten geheim, aber eines Tages, als sie mit ihren Songs in einem Kino auftritt, sitzt die Mutter in der ersten Reihe – nicht um sie zu tadeln, sondern um sie zu beschützen und herauszuholen, falls es zu den berüchtigten Saalschlachten zwischen Nazis und Kommunisten kommen sollte. Das politische Klima ist, nicht nur in Hamburg, explosiv in jenen Tagen kurz vor Hitlers Machtergreifung.

Felicitas versteckt, da die »kommunistischen Nester« nach und nach alle ausgehoben werden, auf dem vermeintlich sicheren Dachboden ihres Elternhauses heimlich Parteischriften. Von der jüdischen Herkunft ihres Vaters ahnt sie nichts – das einzige Tabuthema in der liberalen Familie. Erst als eines Tages ihr Haus von »den Braunen« durchsucht wird, muss der Vater sich den Kindern offenbaren. Die heiße Ware auf dem Dachboden wird nicht entdeckt, die Tochter schafft sie anderntags noch mit zitternden Knien weg. Obwohl bei der Durchsuchung des Elternhauses nichts Verdächtiges gefunden wird, verliert der Vater seine Professur und muss seinen Platz im Institut räumen. Damit hätte der im Ersten Weltkrieg mit dem Eisernen Kreuz Erster Klasse Ausgezeichnete nie gerechnet. Die Namensänderung – in den Akten des Einwohnermeldeamtes säuberlich registriert – hat sich als Tarnkappe nicht bewährt.

Auch in der »verjudeten« Lichtwarkschule werden 1933 die profiliertesten Lehrer verhaftet oder verjagt, die Schule wird »gleichgeschaltet«, der liberale Schulleiter durch einen parteitreuen ersetzt. Für Felicitas bedeutet das wieder Schulwechsel. Sie kommt nun in der berühmten »Schule am Meer« in Juist unter. In diesem Landschulheim des Reformpädagogen Martin Luserke ist alles auf musische Erziehung ausgerichtet. Ihr Musiklehrer Eduart Zuckmayer, ein Bruder des Dichters Carl Zuckmayer, fördert sie sehr. Die musikalisch und mathematisch begabte Schülerin fühlt sich wohl in dieser Atmosphäre; doch die Schule wird 1934 geschlossen, da fast alle zahlungskräftigen jüdischen Schüler mit ihren Eltern emigrieren.

Felicitas muss sich in der Oberprima noch einmal an eine neue Schule gewöhnen, diesmal ist es die Odenwaldschule. Hier wird sie nicht richtig heimisch: Der Schulleiter Paul Geheeb hat sich mit einigen Mitarbeitern in die Schweiz abgesetzt, und zurückgeblieben ist ein trauriges Häuflein von Lehrern, »das nicht das nötige Rückgrat hatte, um dem neuen, braunen, stupiden Geist zu begegnen. Ich war froh, als ich mein Abitur in der Tasche hatte …«

Die Herausforderung Hindemith

Das Abitur – Schlüssel zum Studium. Nicht für Felicitas Kestner. Ihr Plan, an der Hochschule für Musikerziehung in Berlin zu studieren, scheitert am geforderten Nachweis arischer Abstammung bis zurück ins Jahr 1800. So versucht sie, an der Berliner Musikhochschule einen Studienplatz zu ergattern. Sie besteht die Aufnahmeprüfung für das Hauptfach Klavier und legt 1936 mit Erfolg die Privatmusiklehrerprüfung ab. Doch das schöne Diplom nützt ihr nichts, denn es ist gekoppelt mit einem generellen Unterrichtsverbot – arische Schüler sollen nicht unerwünschten jüdischen Einflüssen ausgesetzt werden. Felicitas Kestner macht aus der Not eine Tugend und studiert weiter. Nun Querflöte, ein Instrument, das sie liebt und das sie schon während ihrer Schulzeit gespielt hat. Ihr Harmonielehrer, dem sie einige ihrer Kompositionen gezeigt hat, empfiehlt sie an den Kollegen Hindemith weiter – wieder werden Weichen fürs Leben gestellt, wieder erweist sich ein Verbot als Chance.

In die Kompositionsklasse von Paul Hindemith aufgenommen zu werden bedeutet eine hohe Auszeichnung. Er hat die zeitgenössische Musikentwicklung in Deutschland maßgeblich beeinflusst, seine Opern sprengen den konventionellen bürgerlichen Rahmen. Mit exzentrischen Stücken wie *Mörder, Hoffnung der Frauen* nach Texten von Oskar Kokoschka wird er für die einen zum Bürgerschreck, für die anderen zum mutigen Verfechter einer Avantgarde, für die die Nationalsozialisten nur den Stempel »entartet« übrig haben.

Paul Hindemith ist kein Jude und unterliegt nicht den Einschränkungen und Verboten, denen jüdische Künstler ausgesetzt sind. Die NSDAP macht ihm das Leben trotzdem schwer, beschimpft ihn als »Kulturbolschewist« und streicht seine Werke aus den Aufführungsplänen. Der Dirigent Wilhelm Furtwängler, der seine Symphonie *Mathis der Maler* uraufgeführt hat, macht in einem Artikel zum »Fall Hindemith« auf die Diskriminierung des Komponisten aufmerksam, doch Propagandaminister Goebbels ist nicht gewillt, sich für den unliebsamen »Geräuschemacher« einzusetzen.

In der Hochschule geht vorerst alles noch seinen gewohnten Gang. Hindemith ist ein kritischer, aber ungemein anregender und fröhlicher Lehrmeister. Dreimal wöchentlich jeweils vier Stunden arbeitet er mit seinen sechs Kompositionsschülern, verteilt knifflige Aufgaben, die eine intensive Beschäftigung mit dem Stoff verlangen, korrigiert Entwürfe mit subtilem Einfühlungsvermögen und ermutigt zu Experimenten: »Melodien wurden gemeinsam analysiert und auf ihre melodische, harmonische formalrhythmische Gestalt abgehorcht und beurteilt. Diese Untersuchungen waren das Interessanteste und Anregendste, was ich in meinem Studium erlebt habe.« Felicitas Kestner ist und bleibt die einzige Frau in Hindemiths Kompositionsklasse – nicht weil er Frauen für weniger begabt hält, sondern weil deren Interesse mehr in der Instrumentalausbildung zu liegen scheint.

Auch die Studentin Kestner widmet sich neben den Kompositionsaufgaben intensiv dem Instrumentalbereich. Sie bereitet sich auf die künstlerische Reifeprüfung im Hauptfach Klavier vor, wirkt als Flötistin im Hochschulorchester mit und singt in Kurt Thomas' A-cappella-Chor und im Hochschulchor. In diesen Hochschulchor werden auch begabte Nichtmusiker aufgenommen, so ihr Freund und späterer Mann Dieter Kukuck, der an der Technischen Hochschule Elektrotechnik studiert und eine sehr schöne Tenorstimme besitzt. Er hat wie sie in Hamburg die Lichtwarkschule besucht. Die beiden sind seither eng befreundet und finden es ganz selbstverständlich, dass sie in Berlin zusammen wohnen – was damals selbst in der Großstadt für junge Leute aus bürgerlichem Milieu als unschicklich gilt. Die beiden kümmern sich nicht um das Gerede, hausen höchst bescheiden in ihrer kleinen Wohnung, essen mittags für 35 Pfennig Eintopf beim Roten Kreuz, leisten sich die Straßenbahn für 10 Pfennig und besuchen abends die kostenlosen Konzerte der Hochschule. Für die Miete und sonstige Festkosten kommt Felicitas' Vater auf, dem erstaunlicherweise sein Beamtengehalt weiter überwiesen wird, obwohl er Lehrverbot hat und die Universität nicht mehr betreten darf.

In Berlin und in der Hochschule hat Felicitas Kestner niemandem außer ihrem Freund Dieter von ihrem jüdischen Vater und dem Arisierungsversuch durch die Namensänderung erzählt. Aber sie lebt in ständiger Sorge, dass ihre Herkunft aufgedeckt werden könnte. In ihrer näheren Umgebung geschehen schreckliche Dinge, die jüdischen Freunde sind emigriert, untergetaucht oder zum Transport in ein Lager abgeholt worden. Eine jüdische Bekannte schenkt ihr eines Tages einen Stapel »überflüssiger« Bettwäsche. Als sie sich am nächsten Tag mit einer Sonderzuteilung Bohnenkaffee bedanken will, klingelt sie vergebens an der Wohnungstür. Das Ehepaar hat sich, wie sie von Nachbarn erfährt, in der Küche mit Gas vergiftet. Trotz dieser schockierenden Erlebnisse denkt sie nicht an Emigration. Sie will sich nicht von ihrem Freund trennen und kann sich nicht vorstellen, anderswo als in Deutschland zu leben, dem Land mit der »ewigen Musik« eines Johann Sebastian Bach.

Bei ihrer Abschlussprüfung an der Hochschule spielt sie Bachs Präludium und Fuge in c-moll und die zweite Klaviersonate von Paul Hindemith – ein kühnes Bekenntnis zu ihrem Lehrmeister, der trotz einer Unterschriftenaktion seiner Schüler die Lehrtätigkeit an der Musikhochschule aufgekündigt hat, nachdem die Aufführung all seiner Werke in Deutschland verboten wurde. 1938 ist er nach Amerika emigriert, ihm kann nichts mehr passieren und seine Schülerin höchstens durch die Prüfung fallen, wenn sie sich dem Rat ihres Klavierlehrers widersetzt und die Prüfungskommission mit dem verfemten Hindemith schockt. Sie fällt – wider alle Erwartung – nicht durch. Für sie der Beweis, dass mit etwas Zivilcourage manchmal auch unmögliche Dinge möglich sind.

Anfang 1939 wird ein Gesetz erlassen, das Juden und jüdischen Mischlingen, die ihren Namen geändert haben, vorschreibt, wieder den alten Namen zu führen. Dieter Kukuck weiß, dass dies auch seine Freundin betrifft. Nur ein »echter« arischer Name kann sie schützen. Er bestellt ohne ihr Wissen in aller Eile das Aufgebot und findet auch einen verständnisvollen Standesbeamten, der auf Ahnenpass und Namensänderungsurkunde verzichtet und sich mit einer nachträglich auf den Namen Kestner ausgestellten Urkunde zufrieden gibt. Die Eltern, denen es 1939 noch gelingt, sich nach England abzusetzen, erfahren erst hinterher von der Blitzheirat.

Felicitas heißt nun Kukuck und bringt im August 1940 einen kleinen Kukuck zur Welt, den Sohn Jan. Ihr Mann wurde bei Kriegsbeginn nicht gleich eingezogen, da er neben seinem Studium als Elektrotechniker für Siemens arbeitete. Erst nach seiner Diplomprüfung 1941 erhält er den Gestellungsbefehl zur Marine. Felicitas Kukuck erlebt, was viele Frauen erleben, deren Männer im Krieg sind: Bombenangriffe, ausgebrannte Wohnungen, Nächte im Luftschutzkeller mit verstörten Kindern. Sie singt gegen die Angst an, singt ihren Sohn und auch die anderen Kinder auf den harten Pritschen in den Schlaf.

Eines Tages klingelt eine Frau an der Wohnungstür und bittet um Asyl – eine Jüdin, frühere Lehrerin an der Talmud-Thora-Schule in Hamburg, die der Gestapo entkommen ist. Was tun? Juden Unterschlupf zu gewähren ist mehr als lebensgefährlich, aber Felicitas Kukuck bringt es nicht über sich, die Frau wieder wegzuschicken. Alles ist Risiko: Essen besorgen ohne Lebensmittelkarten, bei Fliegeralarm in der Wohnung im vierten Stock bleiben, ein neues Versteck in einer ausgebrannten Ruine suchen, als die Wohnungsvermieterin überraschend ihren Besuch ankündigt …

Die Jüdin hat den Krieg unversehrt überlebt und mit ihr viele andere, die von mutigen Berlinern auf Dachböden und in Kohlenkellern versteckt wurden – für Felicitas Kukuck die Bestätigung, dass es auch in einem noch so perfekten System da und dort Schlupflöcher gibt, die Rettung bedeuten, wenn man sich nicht von Angst lähmen lässt.

Die letzten Tage vor Kriegsende im stockdunklen Luftschutzkeller, die völlig ausgebrannte Wohnung, der Gang durch die Ruinenstadt, den kleinen Jan an der einen, den Koffer mit den geretteten Habseligkeiten in der anderen Hand, gewalttätige und hilfsbereite Russen, der Unterschlupf bei Freunden in Heiligensee, die Hungersnot, die Suche nach dem verschollenen Mann – all dies bedrückende Erinnerungen mit einigen Lichtblicken dazwischen, zu denen die »Aktion Storch« gehört, die ihren unterernährten Jan zur Erholung mit einem Kindertransport aufs Land nach Oldenburg bringt. Im November 1945 gelingt es auch ihr, mit einem Güterzug aus Berlin herauszukommen.

Die Güterwagen mit zusammengepferchten Frauen und Kindern sind eine Woche Richtung Norden unterwegs. Bei einem nächtlichen Zwischenhalt bekommt Felicitas Kukuck mit, dass der Zug zwar über Hamburg fährt, aber dort nicht halten darf – die Flüchtlinge sollen in der Umgebung untergebracht werden. Mit einigen anderen Hamburgern wagt sie nachts am Bahnhof Dammtor den Sprung aus dem langsam fahrenden Zug: Sie will ihren Mann, von dem sie auf Umwegen ein Lebenszeichen aus Hamburg erhalten hat, möglichst rasch wiedersehen. Morgens um fünf, nach der nächtlichen Ausgangssperre, fährt sie mit der ersten Straßenbahn nach Uhlenhorst, wo sie den lange Vermissten zu treffen hofft. »Der Schaffner rief in das Wageninnere hinein: ›Is hier noch Schemand?‹

Wie das mein Herz ergriff! Hier war ich zu Hause! Hier sprach man eine vertraute Variante des Plattdeutschen, das Missingsch …«

Ein folgenreiches Wiedersehen

Das Wiedersehen mit ihrem Mann, den man wegen seiner nichtarischen Ehe vom Offizier zum einfachen Matrosen degradiert und dann aus der Marine ausgestoßen hat, verläuft stürmisch: »Seit dieser Nacht hatte unser Leben nicht nur Gegenwart, sondern auch Zukunft. Die neun Monate bis zum Beginn dieser Zukunft sind mir endlos lange vorgekommen, und sie waren überschattet von existentieller Not und schrecklichem Hunger.« Mit Care-Paketen eines ehemaligen Lichtwarkschülers aus Amerika und mit Gelegenheitsarbeiten, die mit Lebensmitteln bezahlt werden, schlagen sie sich bis zur – überraschenden – Geburt von Zwillingen durch. Die Hebamme, die zur behelfsmäßigen Unterkunft am Wiesendamm gerufen wird, kann es gar nicht fassen, dass eine geschwächte und ausgehungerte Frau zwei so kräftige Mädchen zur Welt bringt … Die Mutter sieht die Abfütterung des hungrigen Pärchens musikalisch: »Es erklang jedes Mal ein 2-stimmiger Kanon in Engführung. Während Margret schluckte, krähte Ischi, und wenn Ischi dran war, krähte Margret.«

Nachbarn und alte Freunde schleppen Essbares an und stricken aus aufgeribbelter Wolle Babyjäckchen. Die Mutter schickt über das Rote Kreuz Windeln aus England. Die größte Hilfe aber ist für Felicitas Kukuck nicht von materieller Art: das Angebot, für den in Wolfenbüttel neu gegründeten Musikverlag Möseler Liedkompositionen zu schreiben. Der Überbringer dieser guten Nachricht heißt Gottfried Wolters, Lektor bei Möseler und Begründer des in der Tradition der Jugendbewegung stehenden Norddeutschen Singkreises. Sie, die mit Mann und drei Kleinkindern in einem Zimmer haust, sagt freudig zu. Sie ist zwar mit Arbeit voll ausgelastet, aber geistig ausgetrocknet; das Komponieren ist in den wirren Kriegsjahren auf der Strecke geblieben. Nun entstehen auf einem völlig verstimmten Klavier, umrahmt von Kindergeschrei, die ersten Liedsätze, die später im monatlich erscheinenden Liederblatt *Das singende Jahr* veröffentlicht werden. Das Honorar ist gering, aber ihr Mann hat inzwischen eine Anstellung bei der Landesbildstelle gefunden, sie können sich – das vierte Kind ist unterwegs – endlich nach einer eigenen Wohnung umsehen.

Wieder ein Glücksfall: Dieter Kukuck macht eine Erdgeschosswohnung in seinem früheren Elternhaus am Elbhang in Blankenese ausfindig. Der Vormieter hat Hühner in den Wohnräumen gehalten – das Parkett muss vom Hühnerdreck mühsam freigekratzt werden, es gibt kein Badezimmer und keinen funktionierenden Wasserhahn, dafür aber einen herrlich verwilderten Garten mit Obstbäumen, den die Kinder gleich als ihr Paradies in Beschlag nehmen. Felicitas Kukuck hat zwar keinen Flügel zum Üben, aber immerhin ein brauchbares Klavier, das ihr Mann gegen sein Fahrrad und einen Anzug des Vaters eingetauscht hat.

Der Tauschhandel blüht noch in jenen Tagen der Währungsreform, die 40 Mark »Kopfgeld«, die für jedes Familienmitglied ausbezahlt werden, reichen nicht weit, aber die Familie lebt genügsam. Die Kinder toben mit ihren Spielgefährten durch das autofreie Treppenviertel, lassen Schiffchen auf der Elbe schwimmen und wissen, dass sie Mutti beim Komponieren nicht stören dürfen. Felicitas Kukuck schreibt Chorsätze und Kinderlieder für den Möseler Verlag, die Gottfried Wolters beim jährlichen Treffen der europäischen Chöre zur Aufführung bringt. Dazwischen versorgt sie den jüngsten Sohn Thomas, der im November 1948 geboren ist.

Ihr kompositorisches Werk wächst von Jahr zu Jahr: Geistliche und weltliche Vokalmusik, Oratorien, Kantaten und Motetten entstehen. Fast alle ihrer Werke kommen zur Aufführung – eine Benachteiligung als Frau, wie dies viele Komponistinnen beklagen, hat sie nie erlebt, ihre Hürde war in der NS-Zeit der fehlende Ahnenpass. Außer dem Internationalen Arbeitskreis Frau und Musik tritt sie keiner Organisation bei, sie pflegt auch Umgang mit anderen Musikschaffenden und das gesellschaftliche Leben Hamburgs interessiert sie nicht. So nehmen Presse und Öffentlichkeit von ihr weniger Notiz, als es ihrem Werk gebührt.

Die Kinder wachsen heran und gehen nach und nach eigene Wege. Auch die Wege von Felicitas und Dieter Kukuck laufen nach über zwei Jahrzehnten auseinander: Die beiden sind sich fremd geworden. Felicitas Kukuck bleibt in ihrem »Paradies« am Elbhang wohnen und tritt Anfang der siebziger Jahre eine Stelle an der Lola-Rogge-Schule an. Bis 1981 unterrichtet sie Musiklehre, Improvisation und Musikgeschichte. Diese Aufgabe liegt ihr, sie hat von ihrem Lehrmeister Hindemith den pädagogischen Impetus mitbekommen. An Hindemith, der nach seiner Rückkehr aus Amerika an der Universität Zürich Komposition und Musikpädagogik lehrte, imponiert ihr auch die ethische Grundhaltung und sein Verantwortungsgefühl für die Schöpfung. Diese Sensibilisierung für Menschenwürde und Umweltschutz hat sie motiviert, sich immer wieder für den Frieden und die Friedensbewegung zu engagieren – nicht durch Belagerung von Raketenbasen, sondern durch ihr Werk. Noch 1996 entstehen unter dem Titel *Kein Soldat mehr sein* zehn Lieder gegen den Krieg.

Bis in die letzten Lebenswochen hinein sitzt die 87-Jährige am Schreibtisch oder am Klavier. Ihr Komponieren bezeichnet sie als »freitonal«. Im Rückblick auf ihr Werk sagt sie: »Meine Musik ist nicht ›modern‹. Sie gehört nicht zur Avantgarde, aber das entspricht auch nicht meiner Intention. Mir geht es darum, einen Text nach meinen Maßstäben und nach meinem Verständnis in Musik umzusetzen.«

Die Freie und Hansestadt Hamburg hat die Komponistin mit der Biermann-Ratjen-Medaille und der Johannes-Brahms-Medaille geehrt. Die Tochter Margret Johannsen, die den Nachlass der im Jahre 2001 Verstorbenen betreut, sagt über ihre Mutter: »Sie war bescheiden und selbstbewusst zugleich und buhlte nie um die Aufmerksamkeit der Avantgarde. Politik war ihr als eine Sache der Moral und Humanität stets ein wichtiges Anliegen.« – Eine verblendete Politik hat die frühen Etappen ihrer künstlerischen Entfaltung behindert. Doch Felicitas Kukuck ist daran nicht zerbrochen, sie hat ihr Leben gegen Widerstände gelebt, mit schöpferischer Tatkraft und Mut.

Die Musik war ihr Lebenselixier, ihr Himmelsschlüssel. »Du aber bist allein vom Himmel zu uns abgestiegen; / So musst du auch recht himmlisch sein …« Sicher kannte Felicitas Kukuck diesen Bachschen Kantatenvers über die Musik.

Bei der Trauerfeier sang ihr Kammerchor jene Verse von Eichendorff, die sie zeitlebens begleitet haben und die sie nun – in ihrer Vertonung – auch auf ihrem letzten Gang begleiten sollten:

> Schläft ein Lied in allen Dingen,
> die da träumen fort und fort,
> und die Welt hebt an zu singen,
> triffst du nur das Zauberwort.

Geschichten von der Waterkant

Heidi Kabel

*1914
Volksschauspielerin

> Und ging's auch drüber oder drunter,
> Wir bleiben unverzagt und munter.
> Es ist ja richtig: Heut pfeift der Spatz
> Und morgen vielleicht schon holt ihn die Katz.
>
> Wilhelm Busch

Straßenumfrage in einer süddeutschen Stadt: »Was fällt Ihnen zu Hamburg ein?« Die Passanten in der Fußgängerzone, alte und junge, stutzen, überlegen kurz, einigen fällt nichts ein, andere antworten spontan: »Hafen« oder »Reeperbahn« oder »HSV« – oder »Ohnsorg-Theater«. Hafen und Reeperbahn waren ja zu erwarten, vielleicht auch der HSV von den Fußballfans – aber das Ohnsorg-Theater? In Süddeutschland? Diese typisch norddeutsche Volksbühne mit dem Hamburger Platt und den »Döntjes« von der Waterkant?

Gerade diese Döntjes – kleine, humorige Geschichten – sind es aber, die das Publikum begeistern. Sie haben für Nichtnorddeutsche den Charme des Exotischen und sind doch gleichzeitig so alltagstypisch für Menschlich-Allzumenschliches, dass sie in jeder Umgebung spielen könnten. Aber nur auf einer Hamburger Bühne denkbar ist die Frau, die das Ohnsorg-Theater über Jahrzehnte geprägt hat: Heidi Kabel.

Seit das Fernsehen die Aufführungen aus dem traditionsreichen Theater in den Großen Bleichen überträgt, seit

Heidi Kabel

1954, ist Hamburg überall und Heidi Kabel flimmert bundesweit als gewitzte Familienmutter, als klatschsüchtige Nachbarin, als tapfere Witwe oder aufdringliche Nervensäge in die deutschen Wohnzimmer, in Rollen, die das Leben schreibt, als Frau, die man von nebenan kennt. – Aber kennt man auch sie: die Frau *hinter* der Rolle?

Vor dem Spiegel

»Spieglein, Spieglein an der Wand, wer ist die Schönste im ganzen Land?« Diese Frage von Schnewittchens Stiefmutter hat sich Heidi Kabel nie gestellt. Schönheit ist für sie kein vorrangiges Kriterium, ein schönes Gesicht kann ein »totes« Gesicht sein. Sie aber will mit jeder Bewegung ihres Gesichtes ausdrücken, was in ihr vorgeht. Kein geschlossenes Visier, kein Pokerface – bei ihr weiß jeder, woran er ist, im Leben und auf der Bühne. Durch die Lebendigkeit ihrer Mimik und Gestik wirkt sie selbst auf dem Bildschirm zum Anfassen nah.

Mit ihr freut und sorgt sich, feixt und lacht, schimpft und schnödet die ganze Fernsehgemeinde. Es macht ihr nichts aus, als keifende Alte oder misstrauische Vettel aufzutreten, auch wenn sie weiß, dass viele Zuschauer sie mit ihren Rollen identifizieren. Sie ist nicht eitel, sieht keinen Anlass, ihre Falten mit einer dicken Puderschicht zu übertünchen, sie gehören zu ihr, spiegeln ihr Leben wider, die Sorgen, die Krankheiten, die genauso zu diesem Leben gehören wie die Zeiten unbeschwerten Glücks.

Warum sollte sie ihr Alter hinter einer unbewegten Maske verstecken? Sie hadert nicht mit ihren Falten, sie kann ihr Spiegelbild gut ertragen. In einer Zeit des Jugendkults muss es auch Gegenbilder geben, die Alter nicht als Gebrechlichkeit, sondern als Erfahrungsfülle und heiteres Über-den-Dingen-Stehen zeigen. Ihre Stimme am Telefon klingt dynamisch und gleichzeitig altersweise – eine seltene Mischung.

Die ihr zugewachsene Rolle als »Oma aus dem Internet« hat sie mit Gelassenheit, vielleicht auch mit ein bisschen Stolz angenommen. Menschen aller Altersstufen drücken auf ihrer Website aus, wie sehr sie sich von der Herzlichkeit und Lebensnähe der Schauspielerin angesprochen fühlen. Da heißt es etwa: »Ich bin eine Hamburger Deern der Kriegs- und Nachkriegsgeneration und Sie haben zu meinem Leben dazugehört. Ihre Lebensführung ohne Skandale und Wichtigtuerei und dennoch mit Einsatz für Ihr Theater und Organisationen, die Ihnen wichtig sind, ist für mich beispielhaft!«

Die Eintragungen aus allen möglichen Gegenden zeigen auch, dass das für das Ohnsorg-Theater typische »Missingsch« – eine Mischung aus Plattdeutsch und Hochdeutsch – überall verstanden wird. Bei den Aufführungen für das Hamburger Publikum überwiegt das Platt, Heidi Kabel selbst kann auch anders, wenn's sein muss spricht sie ein beinahe akzentfreies Hochdeutsch.

Einmal Große Bleichen – immer Große Bleichen

Sie ist 1914 in den Großen Bleichen geboren, im Haus Nummer 30. Ihre lebenslange Wirkungsstätte, das Ohnsorg-Theater, liegt dem Geburtshaus schräg gegenüber, in den Großen Bleichen 23–25. Ein kleiner, überschaubarer Lebensradius, der, zumal in der weltoffenen Stadt Hamburg, nicht Enge bedeuten muss. Ihr Vater betreibt eine kleine Druckerei und ist Vorsitzender des Vereins geborener Hamburger. Da ist es selbstverständlich, dass er, wenn er in seiner Freizeit als Rezitator auftritt, plattdeutsch spricht. Die Tochter wächst in diese bodenständige, humorvolle Atmosphäre hinein, in einer Zeit, in der Humor nur zu oft zum Galgenhumor wird. Aber das komödiantische Element lässt sich nicht unterdrücken, weder beim Vater noch bei der Tochter. Sie tingelt mit ihm nach der Schule als kesses »Woterküken« durch Hamburger Säle und Kleintheater. Ihre spritzigen plattdeutschen Lieder, die sie selbst auf dem Schifferklavier begleitet, kommen beim Publikum, das in den düsteren Jahren der Weltwirtschaftskrise nicht viel zu lachen hat, gut an.

Die Mutter hat für diese lockeren Auftritte nicht viel übrig, sie bildet mit ihrer Strenge und Disziplin den Gegenpol in der Familie. »Lautes Lachen und Weinen waren ungern gesehen«, erinnert sich Heidi Kabel: »Die Disziplin, die mir in meiner Kindheit zuteil wurde, hat mich ein Leben lang begleitet. Habe ich als Kind darunter öfters gelitten, so half mir gerade die Disziplin später über viele schlimme Stunden hinweg.«

Der Vater hat das musische Talent der Tochter früh entdeckt und gefördert, allerdings weniger in schauspielerischer als in musikalischer Richtung. Pianistin sollte sie werden. Doch ihr wird bald klar, dass »all die Überei am Klavier wohl nie eine Konzertpianistin aus mir machen würde«.

Der Zufall kommt ihr zu Hilfe. Eines Tages begleitet sie ihre Freundin Eva, die gern Schauspielerin werden möchte, zum Vorsprechen bei Dr. Richard Ohnsorg, dem Leiter der Niederdeutschen Bühne. Die Theaterluft behagt ihr außerordentlich, sie spürt: Das wäre das Richtige für sie – und wird prompt als Elevin angenommen, während ihre Freundin beim Vorsprechen durchfällt. Doch man rollt ihr beileibe keinen roten Teppich aus, sie muss sich während ihrer zweijährigen Ausbildung allmählich hochdienen, von der Garderobiere zur Requisiteurin, Souffleuse und Chorsängerin, bis sie endlich in ihrer ersten Rolle im Wandsbeker Stadttheater auf der Bühne steht. Das Ensemble hat damals noch kein festes Haus und tritt in den verschiedensten Theatersälen auf.

Das ändert sich, als Dr. Ohnsorg 1936 das Theater in den Großen Bleichen übernimmt, ein Haus mit Tradition: 1910 wurde hier das Intime Theater gegründet, bei dessen Nachtvorstellungen Operetten und Schwänke auf dem Spielplan standen. Drei Jahre später wurde daraus das Kleine Theater, in dem die berühmte Chansonnière Claire Waldoff des Öfteren gastierte. Die Namen wechselten häufiger, vom Kleinen Lustspielhaus zum Neuen Theater – bis mit der Niederdeutschen Bühne, die nach dem Zweiten Weltkrieg in Ohnsorg-Theater umbenannt wird, Kontinuität einzieht.

Für Heidi Kabel ist der nur ein paar Schritte vom Elternhaus entfernte Arbeitsplatz eine praktische Sache: »Morgens Probe, abends Vorstellung und dann die vielen Abstecher. Es gab eigentlich kein Privatleben, das Leben spielte sich im Theater ab.« Kein Wunder: Die junge Schauspielerin hat sich in einen Kollegen verliebt, den 14 Jahre älteren Hans Mahler. 1937 wird geheiratet, richtig in Weiß, mit Brautschleier und Myrtenkranz – ein bisschen Romantik im nüchternen, harten Theateralltag.

Familienleben und Bühnenalltag

Heidi Kabel – sie führt ihren Mädchennamen in der Ehe weiter – ist bei ihrer Heirat 23 Jahre alt. Als junge Schauspielerin hat sie bei Hitlers Machtübernahme geglaubt, nun würde sich alles zum Besseren wenden. Später bezeichnete sie diese unkritische Hoffnung als »naiv« – aber teilte sie diese Hoffnung in den ersten Jahren des Tausendjährigen Reiches nicht mit der Mehrzahl der Deutschen? Die Ernüchterung kommt nach und nach, mit Kriegsbeginn sind alle Illusionen endgültig begraben.

Die ersten Ehejahre sind beruflich, in der Zusammenarbeit mit ihrem Mann, beglückend, im Alltag aber hart: die mühsame Suche nach einer Wohnung, die Hausgeschäfte, die neben den langen Proben und den abendlichen Aufführungen erledigt werden müssen, Schwangerschaften, die sich nicht so genau planen lassen wie heute, Kinder, die zu unpassenden Zeiten krank werden, Kriegsschrecken, Überlebenskampf ...

Das Domizil der Niederdeutschen Bühne in den Großen Bleichen, ein massiv gebautes Kontorhaus der Jahrhundertwende, bleibt bei den schweren Bombenangriffen der Alliierten 1943 unversehrt, doch an einen geregelten Spielbetrieb ist nicht mehr zu denken. Die meisten Schauspieler werden eingezogen, 1944 lässt Reichspropagandaminister Goebbels das Theater wie alle anderen Spielstätten im Deutschen Reich schließen. Auch die Schauspielerinnen werden dienstverpflichtet. Sie müssen in den Kontorräumen der Großen Bleichen Viehfutter abfüllen.

Das Ohnsorg-Theater in deutschen Wohnzimmern

Schon kurz nach Kriegsende öffnet das Theater in den Großen Bleichen seine Pforten wieder, aus der Niederdeutschen Bühne wird nun das Ohnsorg-Theater. An dieses erste Nachkriegsjahr mit Intrigen und Querelen im Ensemble und ihrem Rückzug denkt Heidi Kabel ungern zurück: »Ich glaubte nicht mehr alles und jedem und begann, um mich herum eine Mauer aufzurichten, die mir die Menschen auf Distanz halten sollte.«

Doch ein Jahr später steht sie wieder auf der Ohnsorg-Bühne. Ihr Mann, Hans Mahler, hat die Intendanz übernommen, und alles läuft wieder in geordneten Bahnen –

zumindest äußerlich, in ihrem Inneren wirken die Kränkungen noch lange nach, und nicht von ungefähr heißt ihr autobiografisches Buch *Manchmal war es nicht zum Lachen.* Die Theaterbesucher merken nichts von ihren Verwundungen, auf der Bühne gibt sie sich humorvoll heiter und lässt ihren dezenten Hamburger Charme spielen, etwa im Stück *Benefiz bi Mattler*, in dem sie gemeinsam mit ihrem Mann auftritt. Die Bühne, auf der die Schauspieler agieren, ist winzig: fünf Meter breit, acht Meter tief und drei Meter hoch. Einen Schnürboden gibt es nicht, Kulissen werden von Hand geschoben und entsprechend sparsam eingesetzt, wirken sollen die Schauspieler.

Das Ohnsorg-Theater hat 389 Plätze, und die sind fast jeden Abend ausverkauft: 160 000 Besucher pro Spielzeit, viele kommen von auswärts, sie wollen die Atmosphäre dieses kleinen Theaters live erleben, obwohl das Fernsehen seit 1954 regelmäßig Aufführungen ausstrahlt, auch ganze TV-Serien wie die amüsante Folge über *Tante Tilly* oder die Serie *Campingpark.* Ältere Fernsehzuschauer erinnern sich an »Straßenfeger« mit Einschaltquoten, wie man sie sonst nur von Fußballendspielen oder berühmten Krimiserien kennt. Das Stück, das im Jahre 1966 alle Rekorde brach, hieß *Tratsch im Treppenhaus.* Heidi Kabel spielte die neugierig-verlogene Klatschtante Boldt, der 1977 verstorbene Henry Vahl den pensionierten Steuerbeamten Brummer. Die Auftritte mit Vahl, erinnert sich Heidi Kabel, waren immer besonders spannend. Wenn er, was häufiger vorkam, seine Texte vergaß, improvisierte er genial. Und um seinen Partnern dann wieder den Anschluss zu ermöglichen, ermunterte er sie: »Nu segg du doch ook mol wat!«

Den traurigsten Theaterabend erlebt Heidi Kabel am 23. März 1970. In der Pause überbringt man ihr die Nachricht vom plötzlichen Tod ihres Mannes: Herzschlag. Die Kollegen wollen den Vorhang senken und das Publikum nach Hause schicken, sie jedoch reißt sich zusammen und spielt ihre burleske Rolle zu Ende – diszipliniert, wie ihre Mutter sie erzogen hat. Das Ohnsorg-Theater hat seinen langjährigen Intendanten verloren, Heidi Kabel den treuen Gefährten auf der Bühne und im Leben, die drei Kinder – Tochter Heidi und die Söhne Hinnerk und Klaas – den verständnisvollen Vater.

Heidi Kabel spielt weiter, auch wenn es mit dem Nachfolger ihres Mannes einige Konflikte gibt. Tochter Heidi tritt zu ihrer großen Freude in die Fußstapfen der Eltern. Immer häufiger steht sie neben ihrer Mutter auf der Bühne des Ohnsorg-Theaters – ein gut eingespieltes Paar – etwa in dem hintersinnigen Stück *Das Kuckucksei* oder in der Komödie *Frauen an Bord:* Beim Frühstück zählt die noch verschlafene Tochter (Heidi Mahler) der Mutter (Heidi Kabel) auf, was sie alles beim Hausputz erledigt hat: »Die Bude ist blitzblank, du müsstest die Küche mal sehen …« Das Gesicht der Mutter bei der Küchenbesichtigung spricht Bände … Die Szene ist so gut gespielt, dass die Zuschauer sich fragen, ob es bei Heidi Kabel zu Hause vielleicht ähnlich zugeht. Möglich. Berufliche Rivalitäten gibt es allerdings nicht zwischen Mutter und Tochter, da die Rollen klar verteilt sind und man sich gegenseitig nicht ins Gehege kommt. Und die beiden Söhne? Die haben keinerlei Theaterambitionen, sagt Heidi Kabel.

Ostern 1990, nur wenige Monate nach dem Mauerfall, gastiert das Ohnsorg-Theater zum ersten Mal im lange abgeschotteten Osten Deutschlands mit der Inszenierung *Een Mann mit Charakter.* Nostalgische Erinnerungen kommen hoch: In Rostock stand Heidi Kabel zuletzt vor über 50 Jahren auf der Bühne – mit Konplikationen: Man hatte vergessen, ihr Kostüm einzupacken, sodass aus dem Theaterfundus schleunigst Ersatz beschafft werden musste.

In den neunziger Jahren tritt Heidi Kabel etwas kürzer. Eine ihrer letzten großen Rollen spielt sie 1994 – da ist sie 80 – im Stück *De Bürgermeisterstohl.* Sie beschränkt sich nun auf eine Inszenierung pro Spielzeit: »Proben. Sechs Wochen spielen. Dann noch Tournee – das reicht für mein Alter.« Das Textlernen fällt ihr immer schwerer, Gelenkschmerzen machen ihr zu schaffen. 1997 steht sie zum letzten Mal auf der Bühne des Ohnsorg-Theaters. Seit 65 Jahren gehört sie zu diesem Ensemble. Der Abschied fällt ihr nicht leicht, auch wenn sie weiß, dass die Familientradition durch ihre Tochter weitergeführt wird.

Reihe 2, Mitte, Platz 9

Heidi Kabels Stammplatz, seitdem sie sich von der Bühne in den Zuschauerraum zurückgezogen hat. Von hier aus verfolgt sie – noch mit 88 Jahren – wohlwollend kritisch jede Premiere, manchmal begleitet von einem ihrer Enkel. Die fünf Enkel – vier studieren, der jüngste geht noch zur Schule – sind ihr ganzer Stolz. Ob einer von ihnen sich je von der Bühne so faszinieren lässt wie sie damals? Ob der komödiantische Funke in die dritte Generation überspringen wird? Im Jubiläumsstück *Utmustert* zum 100-jährigen Bestehen des Ohnsorg-Theaters im Oktober 2002 spielt Tochter Heidi die Hauptrolle. Wie hätte ihr Mann sich gefreut über diese Kontinuität: 100 Jahre Ohnsorg und die Tochter als festes Mitglied im Ensemble …

Zu Hause in ihrem gemütlichen Heim in Hamburg-Nienstedten setzt sich Heidi Kabel mit einer »Tass Kaff'« vor den Fernseher, wenn Ohnsorg läuft, manchmal Wiederholungen alter Stücke, in denen sie die Hauptrolle spielte. Über 200 Fernsehaufführungen kann sie verbuchen, dazu annähernd so viele »Heimspiele« im Theater in den Großen Bleichen.

Doch sie schwelgt nicht in Nostalgie, sie lebt im Heute, sieht sich die Tagesschau an und bildet sich ihre Meinung zum Weltgeschehen. Einer Partei gehört sie nicht an, gibt aber den Grünen ihre Stimme, »weil ich schon immer grün war«. Dass sie auf der Bühne so oft resolute, selbstbewusste Frauenzimmer gespielt hat, färbt auf das private Leben ab: Man glaubt »Volkes Stimme« zu hören, wenn sie ihre Meinung kundtut, man erwartet von ihr den sprichwörtlichen Mutterwitz und gesunden Menschenverstand ihrer Figuren – das kann anstrengend sein, zeigt aber andererseits, wie sie es in ihrer langen Bühnenlaufbahn vermocht hat, Rollen so lebendig zu gestalten, dass Realität und Spiel zur Deckung kommen.

Sie ist froh, dass sich ihr Leben nicht auf Fernseher und Lehnstuhl beschränkt, dass sie noch mitmischen kann – zum Beispiel bei einem von Amelie Fried moderierten »kritischen Dialog« mit Bundeskanzler Schröder im Hamburger Hauptbahnhof: Unter den geladenen »100 starken Frauen«, die mit dem Kanzler über Frauen- und Sozialpolitik debattierten, war sie die weitaus älteste. Und sie vertrat nicht »Volkes Stimme«, sondern sich selbst.

Bei der Feier ihres »halbrunden« 85. Geburtstags im August 1999 nannte Bürgermeister Ortwin Runde die Volksschauspielerin »mit der persönlichen Ausstrahlung und der Liebe zum Theater und zu den Menschen« eine Hamburger Botschafterin: »Schon lange vor Internet und Satellitenschüsseln war Deutschland im wahrsten Sinne des Wortes ›verkabelt‹ – bis in die hintersten bayerischen Täler, überall haben Sie ein Stück Hamburg hingetragen.« Und auf eine ihrer Bühnenrollen anspielend sagte er: »Sie werden 85. Was ist das schon gegen eine ›Manda Voss‹, die ihren 106. Geburtstag feierte?«

Darauf kann Heidi Kabel nur antworten: »Es kommt nicht darauf an, wie *alt* man wird, sondern *wie* man alt wird.«

Am 27. August 2004 hat die »Hamburger Botschafterin« ihren 90. Geburtstag gefeiert. Sie lebt nun, liebevoll umsorgt, in einer Seniorenresidenz in Hamburg-Othmarschen – noch immer im Mittelpunkt ihrer großen Familie und für Freunde und Fans unvergessen als Mittelpunkt des Ohnsorg-Theaters.

Herrin über eine Tankerflotte

Liselotte von Rantzau-Essberger

1918–1993

Reederin

> Mit ihrer Weltoffenheit und Fürsorglichkeit, ihren klaren Maßstäben und ihrem Verantwortungsbewußtsein war sie eine ganz ungewöhnliche Unternehmerpersönlichkeit.
>
> RICHARD VON WEIZSÄCKER

Es gibt kaum noch Lebenswelten, die ganz von Männern geprägt sind. Die Hochseeschifffahrt gehört dazu, auch wenn von rauer Seemannsromantik und verwegenen Abenteuern auf den Weltmeeren nur noch die alten Kämpen zu berichten wissen. Risikoreich ist die Seefahrt jedoch geblieben. Trotz hoher Technisierung lassen sich Unwägbarkeiten der Natur und menschliches Fehlverhalten nicht völlig ausschalten. Dazu kommen politische Komplikationen im globalen Verkehr – und auch Spannungen, die sich an Bord ergeben können: Männer unter sich, wochenlang getrennt von ihren Familien, auf engstem Raum zusammenlebend …

Nicht nur an Bord, auch in den Kontoren der großen Reedereien haben Männer das Sagen. An der Palmaille in Hamburg-Altona wird diese Tradition im Jahre 1959 zum ersten und einzigen Mal durchbrochen. Eine Frau tritt an die Spitze der Tankreederei John T. Essberger und der Deutschen Afrika-Linien: Liselotte von Rantzau-Essber-

Liselotte von Rantzau-Essberger

ger. Nach dem Tod ihres Vaters, des legendären »Tankerkönigs« John T. Essberger, gibt es keine männlichen Erben in der Familie, die Söhne Liselotte von Rantzaus sind noch im Schulalter, so nimmt sie selbst im wahrsten Sinne des Wortes das Ruder in die Hand und behält es über 30 Jahre lang sicher im Griff, bis sie es an ihre Söhne Heinrich und Eberhart von Rantzau weitergeben kann. Selbstbewusst lässt sie sich am Schreibtisch ihres Vaters nieder – vor dem Fenster liegt ihr Imperium, das Hamburger Hafengelände. Warum sollte in der Schifffahrt nicht möglich sein, was in Königshäusern üblich ist: die Weiterführung der Familientradition durch eine Frau?

Skeptiker, die ihr das harte Männergeschäft nicht zutrauen, werden bald eines Besseren belehrt. Von Jugend an ist sie in die Geschäfte ihres Vaters hineingewachsen und hat ihn auf seinen Fahrten oft begleitet. Sie kennt sich aus in der Branche, und was ihr an Spezialkenntnissen fehlt, holt sie sich ohne Angst, das Gesicht zu verlieren, von ihren Mitarbeitern. Ihr steht eine erfahrene Crew zur Seite, allen voran der weltläufige Jurist Prof. Dr. Rolf Stödter, den John T. Essberger noch zu seinen Lebzeiten zum Geschäftsführer und Teilhaber am Tankergeschäft gemacht hat. Zum engen Vertrauten wird ihr über fast 30 Jahre Ruprecht Brennecke, der Geschäftsführer der Deutschen Afrika-Linien. Diesen Linien fühlt sich die Reederin emotional am stärksten verbunden. Sie liebt Südafrika, das Land, das schon ihrem Vater ans Herz gewachsen war. Vieles hat sie, bewusst oder unbewusst, von ihrem Vater übernommen, dieser markanten Persönlichkeit mit unternehmerischer Fantasie und wagemutiger Durchsetzungskraft.

Als Liselotte von Rantzau sich 1959 im erinnerungsträchtigen Kontor ihres Vaters einrichtet, hat sie seine Aufstiegsgeschichte vor Augen, die von Wagnis und Glück geprägten Anfangsjahre, die Schwierigkeiten im Dritten Reich, die Kriegsverluste und den Neuaufbau der Reederei aus dem Nichts nach dem Zweiten Weltkrieg.

Ihre Geburt im Oktober 1918 in Kiel fällt in eine unruhige Zeit. In ihrer Geburtsstadt proben die Matrosen der Kaiserlichen Marine den Aufstand und geben damit das Signal zur Revolution auch in anderen Städten. In Berlin ruft Philipp Scheidemann die Deutsche Republik aus, am 11. November kommt es zum Waffenstillstand von Compiègne. Mit diesem Ausgang des Ersten Weltkrieges sind herbe Sanktionen für die deutsche Marine verbunden: die Übergabe aller U-Boote an die Alliierten und die Abrüstung der Hochseeflotte.

Der gebürtige Engländer John T. Essberger, der auf deutscher Seite als Torpedoboot-Kommandant gekämpft hat, kann die Niederlage und die Versenkung seines Torpedozerstörers nur schwer verkraften, auch wenn sich in seinem Privatleben alles zum Guten wendet. Noch kurz vor Kriegsende hat er die Kieler Kapitänstochter Charlotte Simonsen geheiratet, die ihm zwei Töchter schenkt: Liselotte und Anneliese. Am 20. Januar 1921 charakterisiert er in einem Brief seine dreijährige Tochter: »Liselotte ist jetzt schon sehr vernünftig, das heißt, man kann sich fast mit ihr unterhalten. Im übrigen ist sie unglaublich frech und dickköpfig.« Die Dickköpfigkeit wird der späteren Reederin bei der Durchsetzung ihrer Vorstellungen inmitten einer Männerriege sehr hilfreich sein.

Ihr Vater, der schon bald wieder als Korvettenkapitän zur See fährt, gründet 1924 mit sicherem Gespür für kommende Entwicklungen in Hamburg eine Tankschiffreederei, die sich in kurzer Zeit zum größten privaten Schifffahrtsunternehmen Deutschlands entwickelt. Nach der Scheidung von seiner Frau Charlotte heiratet er 1929 in zweiter Ehe die Witwe eines jüdischen Zigarrenfabrikanten, Elsa Wolff, die drei »halbjüdische« Kinder mit in die Ehe bringt. Die elfjährige Liselotte muss die Trennung von ihrer Mutter und die Gewöhnung an die neue Familie – an die beiden Stiefschwestern Inga und Lisa und den Stiefbruder Eberhart – verkraften.

Der Halbbruder wird später im Zweiten Weltkrieg trotz seiner jüdischen Herkunft bei der Luftwaffe dienen – protegiert von keinem Geringeren als Hermann Göring, der die Judendiskriminierung im Dritten Reich eigenwillig auslegt nach dem Motto: »Wer hier Jude ist, bestimme ich.« Eberhart ist der einzige männliche Nachkomme aus dem Essberger-Wolff-Clan, der später die Reederei übernehmen könnte. Der »arische Mischling« stirbt jedoch – makabrerweise – als Kampfflieger »den Heldentod für Führer, Volk und Vaterland«. John T. Essbergers Augenmerk richtet sich nun auf seine älteste, »dickköpfige« Tochter.

Liselotte hat die rasante Expansion des Tankergeschäfts und die weltweiten Reederei-Verbindungen ihres Vaters als junges Mädchen miterlebt. Bei der Machtergreifung Hitlers ist sie 15, die komplizierten politischen Verflechtungen kann sie kaum durchschauen. Der Vater wird einerseits von den NS-Machthabern umworben und gefördert, andererseits misstrauisch beobachtet wegen seiner halbjüdischen Stiefkinder und auch wegen seiner Freundschaft mit dem Chef der Abwehr, Admiral Canaris, der nach dem 20. Juli 1944 als Mitglied des Widerstands hingerichtet wird.

Die Tochter erlebt die mit großem Presseaufwand inszenierte Auszeichnung der Reederei als NS-Musterbetrieb und gleichzeitig die hasserfüllte Beschimpfung dieses Betriebs als »Judenbude«. Im väterlichen Kontor hängt das obligate Hitlerbild, während die Gestapo zur selben Zeit das Elternhaus an der Elbchaussee nach Trophäen aus dem Familienbesitz der Stiefmutter durchsucht, deren erster Mann trotz jüdischer Herkunft hochdekorierter Jagdflieger im Ersten Weltkrieg war. Und zugleich sieht Liselotte die Stiefmutter, die aus ihrer Empörung gegen Hitlers Rassengesetze in der Öffentlichkeit keinen Hehl macht, an einer Festtafel im elterlichen Haus neben Reichsmarschall Göring sitzen – lauter irritierende Beobachtungen, die sich nicht zu einem stimmigen Bild fügen.

Ihr Vater, Mitglied der Freimaurerloge und alles andere als ein treuer Gefolgsmann der NSDAP, versteht es offensichtlich, durch geschicktes Manövrieren seine Großreederei über lange Jahre vor staatlichem Zugriff zu bewahren. Das ihm 1933 ohne seinen Antrag zugestellte Parteibuch gibt er aus Rücksicht auf seine Kinder und wohl auch auf seine Geschäftsinteressen nie zurück – was ihm später Schwierigkeiten machen wird. Doch erst einmal bringt der Wirtschaftsaufschwung im Dritten Reich auch ihm geschäftliche Vorteile. Der Verband Deutscher Reeder wählt ihn zu ihrem Vorsitzenden, und die Stadt Hamburg ernennt ihn zum Staatsrat.

Das klassizistische Gebäude an der Elbchaussee in Blankenese, das die Familie bewohnt, ist mit seinen repräsentativen Räumen ein Mittelpunkt des Hamburger Gesellschaftslebens. Liselotte lebt in dieser scheinbar gesicherten Welt zwischen erlesenen Möbeln und impressionistischen Gemälden; dass der Name ihres Vaters im Zusammenhang mit dem so genannten Röhmputsch auf einer Todesliste der SS steht, dass einige seiner Freunde erschossen werden, ahnt sie nicht. John T. Essberger ist nicht der Mann, der über Bedrohungen spricht und sich einschüchtern lässt. Er baut sein Imperium unbeirrt weiter aus.

1936 erwirbt er das ehemalige Baur'sche Palais an der Palmaille in Altona, das noch heute Sitz der Reederei ist. 1938 läuft der nach modernsten Erkenntnissen gebaute und auf den Namen seiner Frau getaufte Frachter *Elsa Essberger* vom Stapel, der von der NS-Propaganda als deutsches Musterschiff herausgestellt wird. Beim Stapellauf ist Tochter Liselotte dabei. Sie wächst allmählich ins Reedereigeschäft hinein und geht dem Vater auf seinen vielen Reisen zur Hand. Mit Kriegsbeginn gestaltet sich die Lage für die internationalen Linien immer schwieriger, die Welt ist in Freund und Feind geteilt, die gesamte Seeschifffahrt wird mehr und mehr von politischem Kalkül bestimmt. Essberger verliert seinen ehrenvollen Posten als Vorsitzender der Deutschen Reeder, und fast seine gesamte Flotte wird von der Kriegsmarine beschlagnahmt. Gegen Ende des Krieges werden die letzten Schiffe der Reederei zur Evakuierung von Flüchtlingen eingesetzt.

Verlust der Flotte und Neubeginn

Im Sommer 1942, mitten im Krieg, heiratet Essbergers Lieblingstochter Liselotte den acht Jahre älteren Regierungsrat Cuno von Rantzau. Er hat zum Bedauern des Schwiegervaters keinen Bezug zur Seefahrt, sondern arbeitet als Jurist für die Universitätsverwaltung. Das Ehepaar zieht in das Essbergersche »Weiße Haus« an der Elbchaussee. 1943 wird das erste Kind, Sohn Roland, geboren, im Jahr darauf der zweite Sohn Heinrich – Kriegskinder, die vom Kriegsgeschehen jedoch weitgehend verschont bleiben. Cuno von Rantzaus langwierige Erkrankung macht einen Luftwechsel erforderlich, die junge Familie siedelt auf das Schlossgut Thal in der Steiermark über. Die Kinder leben hier und auf Gut Trittau bei Hamburg in ländlicher Umgebung, fern vom zerbombten Hamburg.

Die Essbergers und von Rantzaus sind während des Krieges von persönlichen Katastrophen verschont geblieben: Kein Toter ist zu beklagen, die beiden Häuser, das Reedereikontor an der Palmaille und das Wohnhaus an der Elbchaussee, stehen noch. Doch John T. Essberger ist ein gebrochener Mann. Seine gesamte Flotte ist zerstört, versenkt, verschollen oder als Beutepfand in die Hände der Siegermächte geraten. An einen Neuaufbau seines Werkes glaubt der früher so wagemutige Reeder nicht mehr. Während er in einem Internierungslager bei Neumünster von den Briten festgehalten wird, muss sich die Familie an das improvisierte Nachkriegsleben gewöhnen. Im beschlagnahmten Reedereikontor an der Palmaille residiert nun Max Brauer, der erste Nachkriegsbürgermeister der Stadt, in Schloss Thal, dem Refugium derer von Rantzau, zieht der britische Hochkommissar für Österreich ein, und auch das Wohnhaus an der Elbchaussee ist von der britischen Besatzungsmacht okkupiert. Die Schäden halten sich in Grenzen: Verschmutzte Gobelins, die den Soldaten als Fußabtreter dienen und mit roter Farbe »verzierte« barocke Putten – andere Hausbesitzer erleben Schlimmeres.

Nach der Freilassung aus dem Internierungslager fasst John T. Essberger neuen Mut. Bei den Entnazifizierungsverhandlungen hat man ihm zwar seine Parteizugehörigkeit vorgeworfen und ihn als »Profiteur des Naziregimes« eingestuft, aber frühere Mitarbeiter, NS-Verfolgte und Widerstandskämpfer haben sich erfolgreich für ihn verwandt, sodass er nicht mit Berufsverbot belegt wird. Eines der ersten Tankschiffe, das er nach der Bergung wieder flottmacht, wird auf den Namen Eberhart getauft. So heißt sein 1948 geborener dritter Enkel.

Deutschlands einzige Großreederin

In den fünfziger Jahren boomt das Tankergeschäft weltweit. In Deutschland herrscht Wirtschaftswunderoptimismus, doch John T. Essberger verliert nach einer schweren Gallenblasenoperation seinen gewohnten Elan: Er braucht einen Nachfolger, dem er seine wieder international agierende Reederei anvertrauen kann. Der einzige Mensch, dem er diese Aufgabe zutraut, ist seine Tochter Liselotte. 1955 nimmt er sie als Teilhaberin und potenzielle Nachfolgerin in die Firma auf. Sie hat ihm lange genug zur Seite gestanden und sich das notwendige Wissen auch ohne klassische Ausbildung zur Reedereikauffrau angeeignet. Der Vater hat in kluger Voraussicht gehandelt. Nach seinem Tod im Juli 1959 geht der Reedereibetrieb in gewohntem Rahmen weiter. Für Außenstehende völlig ungewohnt ist nur die Tatsache, dass nun eine Frau auf dem Chefsessel sitzt.

Liselotte von Rantzau behält nach der einvernehmlichen Scheidung von ihrem Mann dessen Familiennamen bei, fügt ihm aber, als Nachfolgerin ihres Vaters, den Namen Essberger hinzu. Die drei Söhne tragen den Namen von Rantzau. Der stets kränkelnde Cuno von Rantzau hat sich auf ein Familiengut in der Lüneburger Heide zurückgezogen, bleibt aber mit der Familie – vor allem dank des gemeinsamen Jagdinteresses – in Kontakt. Liselotte von Rantzau-Essberger kniet sich mit voller Kraft in die Arbeit hinein, denn sie fühlt sich dem Erbe ihres Vaters verpflichtet – und sie will allen Skeptikern beweisen, dass auch eine Frau Manns genug ist, eine Großreederei zu führen.

Mit dem Tankergeschäft geht es weiterhin aufwärts- 1966 kann die Reedereichefin einen hochmodernen Rohöltanker auf ihren Namen taufen, und im Jahr darauf bezieht sie mit ihren Mitarbeitern das neue Verwaltungsgebäude an der Palmaille, das mit seiner luziden Glasfassade einen reizvollen Kontrast zum daneben liegenden traditionsreichen Baur'schen Palais bietet. Da dieses unter Denkmalschutz stehende Gebäude nicht erweitert werden durfte, war ein Neubau dringend erforderlich. Die Genehmigung dazu hat Liselotte von Rantzau-Essberger der Stadt abgerungen mit der Drohung, den ganzen Reedereibetrieb aus Hamburg abzuziehen, falls eine Baugenehmigung nicht erteilt werde. Die Baubehörde kann sich damit trösten, dass der solchermaßen »erzwungene« Neubau das alte Palais nicht verdrängt, sondern sich harmonisch in das Ensemble einfügt.

Krisen als Herausforderung

Die Tankschifffahrt ist extrem krisenabhängig: Kriege und politische Auseinandersetzungen lassen sich nicht voraussehen, der Bau von Tankern erfordert jedoch eine langfristige Vorausplanung – eine Schwierigkeit, die sich besonders bei den Ölkrisen der siebziger Jahre und im Jom-Kippur-Krieg zwischen Israel und Ägypten zeigt. Das Ölembargo der arabischen Staaten und die Konkurrenz durch japanische Werften setzen dem europäischen Tankergeschäft zu. Folgenschwere Havarien von Tankern beschädigen das Ansehen der Reedereien. Die Reederei Essberger, die auf den Bau von Großtankern gesetzt hat, erleidet herbe Verluste, die auch durch die Beteiligung eines Versicherungskonzerns nicht ausgeglichen werden können. Die Reedereichefin springt zur Überbrückung der Krise mit ihrem Privatvermögen ein.

In der Tankschifffahrt beginnt eine heilsame Zeit des Umdenkens und des Umbruchs: Nicht mehr Größe, sondern Sicherheit ist das entscheidende Kriterium beim Tankerbau. Doch die soliden Reedereien, die dieser Entwicklung Rechnung tragen, sehen sich der Konkurrenz obskurer Firmen ausgesetzt, die unter der Flagge von Liberia,

Panama oder den Bahamas auf Kosten der Sicherheit mit maroden »Seelenverkäufern« und kaum ausgebildetem Personal über die Weltmeere schippern.

Die Reederei Essberger mit ihrer flexiblen Chefin an der Spitze zieht aus dem Debakel der Tankschifffahrt Konsequenzen und stellt auf kleinere, hoch spezialisierte Küstentanker für den Chemikalientransport um. Die grell orangefarbenen Schiffe, die alle Sicherheitsstandards erfüllen und äußerst wendig sind, kommen hauptsächlich auf den viel befahrenen Routen in der Nord- und Ostsee zum Einsatz.

Besondere Verdienste um die Sicherheit der Seeschifffahrt hat sich die Reederei mit dem Bau des weltweit modernsten und leistungsfähigsten Seenotrettungskreuzers erworben, den Liselotte von Rantzau auf den Namen ihres Vaters *John T. Essberger* getauft hat. Das von der Deutschen Gesellschaft zur Rettung Schiffbrüchiger bestellte Schiff hat gleich im ersten Einsatzwinter bei Orkanstürmen über der Nord- und Ostsee mit der Rettung von zwei Fischkuttern aus Seenot und der Evakuierung von Kindern aus einem von den Sturmfluten eingeschlossenen Erholungsheim seine Bewährungsprobe bestanden.

Nach dem Modell der *John T. Essberger* werden weitere Seenotrettungskreuzer gebaut. Wer erinnerte sich nicht beim Anblick der auslaufbereiten Rettungsschiffe im Hafen an die dramatische Schulbuchlektüre, die Ballade *Nis Randers* des Hamburger Autors Otto Ernst: »Krachen und Heulen und berstende Nacht… / Boot oben, Boot unten, ein Höllentanz! / Nun muss es zerschellen…! Nein: es blieb ganz …«

Geburtstagsbriefe für die Belegschaft

Die Einsätze des Seenotrettungskreuzers und die Arbeit der Deutschen Gesellschaft zur Rettung Schiffbrüchiger sind ganz im Sinne der Reederin, die bei Besuchen ihres Patenschiffes stets kleine Überraschungsgeschenke für die Besatzung im Gepäck hat und sich Zeit nimmt für die Sorgen und Nöte der Mannschaft. Besuche an Bord ihrer Schiffe gehören für sie zu den angenehmen Pflichten ihres Berufs.

Besonders verbunden ist sie den Frachtschiffen der Deutschen Afrika-Linien. Sie weiß, dass sie an Bord jederzeit willkommen ist und dass die Offiziere, die ihr in weißer Tropenuniform ihre Referenz erweisen, dies nicht nur aus gebotener Höflichkeit tun. Sie schätzen die offene, herzliche Umgangsart ihrer Chefin, die auch in die Maschinenräume hinuntersteigt und sich dort mit der Besatzung unterhält. Jedes dieser Schiffe ist ihr vertraut, hat für sie einen eigenen Charakter »wie ein lebendiges Wesen«, und sie gesteht: »Wenn ich Ärger habe, fahre ich am liebsten im Hafen auf ein Schiff. Ich fühle mich an Bord am entspanntesten.«

Während diese persönliche Vertrautheit bei kleineren Schiffen noch möglich ist, läuft bei den Großtankern, auch wenn sie auf den Namen von Familienmitgliedern getauft sind, alles nüchterner, anonymer und automatisierter ab. Besonders im harten globalen Containergeschäft zählen in erster Linie ökonomische, nicht menschliche Gesichtspunkte. Umso wichtiger ist es für Liselotte von Rantzau, wenigstens den Mitarbeitern an Land, im Kontor an der Palmaille, eine familiäre Atmosphäre zu erhalten.

Ihr ausgeprägtes Zusammengehörigkeitsgefühl und Sozialempfinden zeigt sich bei vielen Gelegenheiten – nicht nur bei Betriebsausflügen, Weihnachtsfeiern und Hafengeburtstagen, die immer ihren persönlichen Stempel tragen. Einige Rituale haben Tradition: der Puter auf dem Weihnachtstisch, für die Kleinen ein Besuch des Weihnachtsmärchens im Theater, die persönlichen Geburtstagsgrüße in zierlicher Sütterlinschrift, die Besuche mit einem Strauß weißer Kaprosen bei alten und kranken Betriebsangehörigen. Sie kennt viele ihrer Mitarbeiter beim Namen, hört sich geduldig ihre Beschwerden an und versucht diskret zu helfen, wo es um finanzielle Probleme geht. Als »Mutter der Kompanie« macht sie schon einmal Kündigungen rückgängig, wenn sie ihr zu hart erscheinen. Das Vorbild ihres Vaters steht ihr vor Augen, wenn sie sagt: »Wir legen ganz besonderen Wert auf die persönlich-menschlichen Beziehungen zu unseren Mitarbeitern – und insbesondere zu unseren Seeleuten. Wir versuchen allen unseren Reedereiangehörigen das Gefühl zu vermitteln, daß sie Mitglieder einer großen Familie sind, in der sie persönliche Sicherheit und Geborgenheit finden sollen.« Eine hausinterne Zeitschrift, die *Flaggen Post*, trägt dazu bei, dieses Familiengefühl zu erhalten.

Da sich die Reederin nicht selbst um sämtliche Anliegen der Belegschaft kümmern kann, hat sie einen Sozialdienst aufgebaut, den alle – auch die pensionierten Mitarbeiter – in Anspruch nehmen können. Über diese mütterliche Fürsorge, die nicht als Aktivposten in der Geschäftsbilanz erscheint, verliert sie nur wenig Worte: »Der Reederberuf mag für den Außenstehenden als in der männlichen Gefühlswelt und in männlichen Interessen liegend erscheinen. Ich weiß jetzt aber, daß es in einem Schifffahrtsunternehmen sehr viele Dinge gibt, die von einer Frau durchaus richtig beurteilt werden können. Ich denke hier weniger an das Buchen von Ladung oder an den Abschluß von Zeitcharterverträgen, als vielmehr an die … rein menschlichen Probleme, die sich für die Besatzungen der Schiffe ergeben.«

Sie hat sich für die Ausbildung weiblichen Schiffspersonals nachdrücklich eingesetzt – nicht nur für Stewardessen und Funkerinnen, auch für weiblichen Nachwuchs in Führungspositionen. Nur ganz wenige Frauen haben es zu ihrem Leidwesen bis zum Kapitänspatent gebracht; sie tun Dienst als Erste Offiziere. Die Verantwortung als Kapitän eines Überseeschiffes liegt nach wie vor in männlichen Händen, während es in der Luftfahrt schon Flugkapitäninnen gibt.

Vorausdenken und loslassen können

Liselotte von Rantzau-Essberger hat noch eine Menge Pläne und Ideen im Kopf, die sie verwirklichen möchte. Aber sie spürt auch, dass im Reedereibetrieb eine neue Zeit angebrochen ist, dass sie nicht mehr allen Entwicklungen folgen kann und will. Das ist der Augenblick, ohne Hektik und Resignation die Zukunft zu planen. Sie hat es einfacher als ihr Vater damals, sie braucht sich um die Nachfolge keine Gedanken zu machen. Zwei ihrer Söhne, gut ausgebildete Fachleute, sind bereit, die Reederei in dritter Generation weiterzuführen.

Heinrich von Rantzau tritt nach einem Jurastudium und einer Reedereiausbildung in Großbritannien, den USA und Südafrika 1978 als Geschäftsführer in die Firma John T. Essberger ein. Sein jüngerer Bruder Eberhart hat seinen Wehrdienst nach dem Vorbild des Großvaters als Reserveleutnant zur See auf einem Zerstörer der Bundesmarine geleistet und nach einem Studium der Betriebswirtschaftslehre und der Promotion bei Schifffahrtsunternehmen und Banken in Frankreich, Großbritannien und den USA volontiert. Auch er ist als Fachmann für Finanzen gut gerüstet für den Eintritt in die Geschäftsleitung.

Die Söhne bringen Zukunftsperspektiven ein: Der Bau von sicheren Chemikalientankern soll Schwerpunkt des Unternehmens bleiben und weiter ausgebaut werden. Tankerunfälle mit verheerenden Folgen haben die Öffentlichkeit aufgeschreckt – Greenpeace ist wachsam. Die

Familienreederei hat die geforderten Sicherheitsstandards immer schon erfüllt, trotzdem bemüht sie sich um weitere Verbesserungen des Umweltschutzes. Dazu sind langfristige Investitionen notwendig, die nur durch Kontinuität in der Führung gewährleistet sind. Diese Kontinuität ist in der dritten Generation gesichert und wird sich auch, wenn alles in normalen Bahnen verläuft, in die vierte Generation hinein fortsetzen: Heinrich von Rantzau und seine Frau Annette haben drei Söhne, Eberhart von Rantzau und seine Frau Patricia sind Eltern eines Sohnes und einer kleinen Tochter – vier männliche Nachkommen: Da wird Liselotte von Rantzau-Essberger wohl die einzige Reedereichefin bleiben – in der Familiengeschichte und vielleicht auch in der Geschichte der deutschen Seeschifffahrt.

Mäzenin mit hanseatischer Zurückhaltung

Auf ihren Schultern lastet nun nicht mehr die alleinige Verantwortung für das schwieriger werdende Reedereigeschäft. So kann sie sich stärker den internen Problemen widmen und sich mehr Zeit für ihre ehrenamtlichen Tätigkeiten nehmen – und für ihre Aufenthalte in Südafrika, dessen landschaftliche Schönheit, aber auch dessen Apartheidsprobleme sie schon zu Zeiten ihres Vaters kennen gelernt hat.

Ihr Haus in Kapstadt ist nicht nur Refugium und Mittelpunkt für gesellschaftliche Anlässe, hier werden auch wirtschaftspolitische Gespräche geführt, die für die Bundesrepublik und für Südafrika gleichermaßen von Bedeutung sind. Die lange belasteten Handelsbeziehungen haben sich unter Staatspräsident de Klerk wesentlich verbessert. Der Friedensnobelpreisträger schätzt es, sich im Hause der von Rantzaus mit Vertretern von Wirtschaft und Politik zu beraten. Die Hausherrin ermöglicht nicht nur als charmante Gastgeberin solche Treffen auf diplomatischer Ebene, sie fühlt sich auch zuständig für die Sozialbetreuung der farbigen Arbeiter auf einer reedereieigenen Fruchtfarm am Kap. Als Vorsitzende des Afrika-Vereins hat sie gute Kontakte zu afrikanischen Künstlern und unterstützt diese durch großzügige Ankäufe ihrer Werke.

Auch in Hamburg gilt sie als bedeutende Mäzenin, obwohl ihr Wirken selten ins Blitzlicht der Presse, schon gar nicht der Boulevardpresse, gerät. Als Hanseatin liebt sie das Understatement: mehr sein als scheinen. Mit großem Engagement hat sie sich für die Städtepartnerschaft zwischen Hamburg und Dresden eingesetzt und Auftritte der Sächsischen Staatskapelle Dresden unterstützt. Für Musik hat sie stets ein offenes Ohr und eine offene Hand, sie sponsert die Hamburger Musikfeste und macht sich für den Förderkreis Philharmonie stark. Als Kunstliebhaberin vervollständigt sie die Impressionistensammlung ihres Vaters, die bei Kennern hohes Ansehen genießt. Ihr ganz persönliches Hobby ist die umfangreiche Sammlung von Meißner Porzellan, die sie im Laufe der Jahre zusammengetragen hat.

Von Jugend an gilt ihre Liebe den Pferden – mit Pferden sind auch die Söhne groß geworden. Die Ponyzucht auf Gut Trittau ist von jeher Familienangelegenheit, während der Deutsche-Afrika-Linien/John T. Essberger-Preis, der beim traditionsreichen Deutschen Derby auf der Rennbahn in Hamburg-Horn verliehen wird, internationales Ansehen genießt.

Dass die Förderung begabter Jugendlicher ein besonderes Anliegen Liselotte von Rantzaus ist, erstaunt nicht. Noch kurz vor ihrem Tod, im Dezember 1992, richten die Deutschen Afrika-Linien die Preisverleihung des Bundeswettbewerbs Mathematik des Stifterverbandes für die

Deutsche Wissenschaft im Essberger-Haus an der Palmaille und im Weißen Haus in Blankenese aus.

Alle Flaggen auf Halbmast

Am 25. Januar 1993 werden weltweit auf allen Schiffen der Rantzau-Gruppe die Flaggen auf Halbmast gesetzt. Liselotte von Rantzau-Essberger, die mehr als 30 Jahre an der Spitze des Unternehmens stand, ist im Alter von 74 Jahren an den Folgen einer Herzoperation gestorben.

Obgleich Freunde und Mitarbeiter sich seit längerem Sorgen um den Gesundheitszustand der Seniorchefin gemacht haben, hat zu diesem Zeitpunkt wohl nur die engste Familie mit ihrem Tod gerechnet. Man wollte nicht glauben, dass diese vitale, willensstarke Frau sich nicht aus eigener Kraft und mit Hilfe erfahrener Ärzte wieder erholen könnte. Die Folgen des Herzinfarktes und der Operation in Hamburg hoffte sie in der ihr vertrauten Klinik in Mammern am Bodensee auszukurieren. Doch statt der ersehnten Genesung ließen ihre Kräfte mehr und mehr nach. Sie nahm zwar bei Besuchen ihrer Familie noch lebhaft Anteil an allen Geschäften und freute sich über die Enkel, litt aber sehr unter der erzwungenen Inaktivität: wollen, aber nicht können – eine Erfahrung, die ihr in ihrem Leben bisher erspart geblieben war.

Zum feierlichen Gedenkgottesdienst finden sich am 5. Februar fast 3000 Trauergäste in der Hamburger Hauptkirche St. Michaelis ein. Pastor Helge Adolphsen wählt als Predigtthema das Gleichnis von den jedem anvertrauten Talenten aus dem Matthäus-Evangelium. Liselotte von Rantzau hat ihre Talente genutzt – zum Wohl der Familie, des Unternehmens und der Gesellschaft. Mitglieder des Philharmonischen Staatsorchesters Hamburg und der Sächsischen Staatskapelle Dresden danken der Gönnerin auf ihre Weise: mit Musik von Mozart und Bach, die die Verstorbene so liebte.

Den Dank der Republik Südafrika stattet im Namen von Staatspräsident de Klerk Botschafter van Heerden ab, die Trauerrede hält Hamburgs Erster Bürgermeister Dr. Henning Voscherau. Er hebt die von Frau von Rantzau wie selbstverständlich praktizierte unternehmerische Verantwortung und Fürsorge für alles ihr Anvertraute hervor und ihre Verdienste um das Gemeinwohl: »Hamburg verliert eine Mäzenin, die auf leise, unauffällige Art und Weise Anstöße für Projekte gab, die heute das Gesicht unserer Stadt mitprägen.«

Kapitäne der John T. Esslinger-Flotte tragen den nur mit der blauweißen Reedereiflagge geschmückten Sarg aus der Kirche. Liselotte von Rantzau-Essberger findet an der Seite ihres Vaters auf dem Friedhof Hamburg-Nienstedten die letzte Ruhe.

Das Eis der Seele spalten

Dorothee Sölle

1929–2003
Theologin und Schriftstellerin

> Ein Traum, ein Traum ist unser Leben
> Auf Erden hier.
> Wie Schatten auf den Wegen schweben
> Und schwinden wir.
> Und messen unsre trägen Tritte
> Nach Raum und Zeit;
> Und sind (und wissens nicht) in Mitte
> Der Ewigkeit.
>
> JOHANN GOTTFRIED HERDER

27. April 2003. In den Abendnachrichten die bestürzende Meldung vom Tod Dorothee Sölles: Herzinfarkt auf einer Tagung in Bad Boll. Am frühen Morgen ist sie in einem Göppinger Krankenhaus gestorben. Sie hatte die Tagung mit Gedanken über »Gott und das Glück« eröffnet. Es war ihr letzter Vortrag.

»Mitten im Leben sind wir vom Tod umfangen« – dies war Dorothee Sölle immer bewusst. Sie sprach oft über den Tod, nahm ihn hinein in die Fülle des Lebens. Dass er so schnell, so unerwartet kommen würde, wird sie kaum geahnt haben. Vielleicht hätte sie ihn sich nicht anders gewünscht: Es war ein Abschied mitten aus der Arbeit heraus, aus der »Seelsorge«, wie das altmodisch treffende Wort heißt.

Dorothee Sölle

Ein nicht beendetes Gespräch

Im Computer der noch unfertige, zu lange hinausgezögerte Sölle-Text. Es gab noch offene Fragen, die in einem Gespräch geklärt werden sollten. Drei Daten für ein weiteres Treffen im Terminkalender angekreuzt – mit Fragezeichen. Die Vielbeschäftigte konnte sich noch nicht genau festlegen – Reisen, Seminarveranstaltungen, dringliche Publikationen standen an, aber dazwischen würde sich eine ruhige Stunde für ein Gespräch finden …

Nun müssen Daten und Fragezeichen aus dem Kalender gestrichen werden. Es kann kein Treffen mehr geben. Zu spät. Die Fragen auf dem Notizblock werden unbeantwortet bleiben. Der Text des Sölle-Porträts muss umgeschrieben werden: Vergangenheit statt Gegenwart. Ihre Vitalität, ihre Pläne, ihre Neugier auf Unbekanntes – Vergangenheit. Die auf Zukunft ausgerichteten Eingangsverse von Rose Ausländer passen nicht mehr, wären ein Widerspruch zur Realität – aber ist nicht vieles im Leben Dorothee Sölles widersprüchlich gewesen? Darüber hätte man sprechen müssen. Zu spät.

Bleibt nur die Erinnerung an den Besuch bei ihr zu Hause. Der Taxifahrer hat Mühe, das Haus am Roosens Weg in Hamburg-Othmarschen zu finden. Ein naturbelassener Garten – selten in dieser gepflegten Gegend –, ein vollgepackter Flur, ein geräumiges Arbeitszimmer, das nach Arbeit aussieht und nach Enkeln, mit bunten Zeichnungen, Fotos und einem alten Pferdchen auf Rädern. Vom Biedermeiersofa aus geht der Blick über Bücherwände hinaus ins Grüne.

Dorothee Sölle nimmt sich Zeit für das Gespräch – kein übliches Frage- und Antwort-Interview, sondern ein Erzählen aus der Fülle der Erfahrung, das Positionen klärt, auf Verständnisschwierigkeiten eingeht, zum Beispiel auf den provozierenden Buchtitel *Atheistisch an Gott glauben*, eine »Theologie nach dem Tode Gottes«, die Gottes Menschwerdung nicht als abgeschlossenen Vorgang, sondern als weiterwirkenden Prozess versteht. Auf die Frage nach den Konsequenzen für uns Menschen antwortet die Theologin, man könne nicht Gott ins Jenseits verlegen und die Liebe als das »nur« Menschliche sehen, denn: »Es gibt keine andere Transzendenz als die Liebe.« Diesen letzten Satz könnte auch der rebellische Katholik Drewermann geschrieben haben; aber die rebellische Protestantin möchte sich mit Eugen Drewermann nicht identifizieren, er ist ihr zu psychologisierend, zu sehr heilsverkündend. Beide jedoch denken nicht daran, aus ihrer Kirche auszutreten, obwohl sie eher für eine »Kirche außerhalb der Kirche« stehen, für eine Kirche nahe am Menschen.

Dass die Theologin Sölle nah am Menschen bleibt, dafür sorgen, neben den Lehrerfahrungen in Amerika, die Fragen der eigenen Kinder: »Wo war Gott in Auschwitz?« Eine Frage wie ein Hammerschlag – wer könnte sie ungeduldigen Jugendlichen kurz und bündig beantworten? Die Kinder sind kirchenkritisch geblieben, zehren aber vom religiösen Fundus, der mit biblischen Geschichten und Ritualen im Elternhaus gelegt wurde. Die jüngste Tochter Mirjam, heute Juniorprofessorin in Lüneburg, hat sich zwar der Konfirmation verweigert und nicht kirchlich geheiratet, aber ihr Töchterchen Charlotte taufen lassen. Sohn Martin, »dem Existenzialisten und Skeptiker«, der als Buchhändler in Köln lebt, hat die Mutter das Buch *Gegenwind* gewidmet.

Das Engagement Dorothee Sölles für die Befreiungstheologie hängt nicht zuletzt mit den Besuchen bei ihrer Tochter Caroline in Bolivien zusammen, die dort als Ärztin tätig ist und die Unterdrückung einer »Kirche von unten« durch die römische Amtskirche miterlebt. Überall in

Lateinamerika gab es Priester und Bischöfe, die sich mit dem von Diktatoren unterdrückten Volk solidarisierten und dafür aus dem Amt gejagt, gefoltert oder ermordet wurden. Rom sah in diesen mutigen Kämpfern für Gerechtigkeit eher rote Rebellen als Märtyrer und verhielt sich der ganzen Befreiungsbewegung gegenüber reserviert. Dabei könnten hier, davon ist Dorothee Sölle überzeugt, der Kirche neue, starke Kräfte erwachsen – Gläubige, die das Evangelium ernst nehmen und bereit sind, Zeugnis davon abzulegen.

Sie hat selbst Gemeinden in El Salvador und Guatemala besucht, hat Kontakte geknüpft zu Befreiungstheologen, hat erfahren, welch starken Widerhall die Namen von Ernesto Cardenal, Leonardo Boff oder Oscar Romero im gläubigen Volk hervorrufen. Nach Romero ist in Luzern ein Haus der Begegnung benannt, in dem die evangelische Theologin und ihr Mann, Professor Fulbert Steffensky, Religionspädagoge und ehemaliger Mönch des Klosters Maria Laach, oft und gern zu Gast waren.

Gemeinsam mit ihrem Mann hat Dorothee Sölle das Buch *Nicht nur Ja und Amen: Von Christen im Widerstand* geschrieben. Wenn es um Erneuerung der Kirche, um spirituelle Fragen geht, liegen die beiden auf einer Linie. Bei so banalen Dingen wie dem leiblichen Wohl kann die Ehefrau, der Kochen stets ein Graus war, jedoch nicht mithalten. Pünktlich um eins bittet Professor Steffensky zu Tisch in der großen, sehr kreativ eingerichteten Wohnküche. Er hat einen herrlichen Gemüseeintopf gezaubert aus allem, was Garten und Kühlschrank hergaben, und der Kreation einen klangvollen südamerikanischen Namen gegeben, passend zum Landwein in den irdenen Bechern. Dazu entwickelt der Wein- und Menschenkenner eine eigene Philosophie oder Psychologie des Trinkens: Aus dem Weingenuss seiner Gäste zieht er Rückschlüsse darauf, ob er einen asketischen Protestanten oder einen trinkfreudigen Katholiken vor sich hat. Seine Kochkünste hat er sich »aus Notwehr« angeeignet: Wenn seine Frau kocht, gibt es angeblich immer nur Fischstäbchen … Zum Nachtisch kommt ein rustikaler Korb mit Obst auf den Tisch, aus biologischem Anbau, versteht sich: knurzelig anzuschauen, aber schmackhaft. Da ist das Gespräch gerade bei Karl Barth angelangt, dem Theologen der »Gott ist tot«-Schockthese. Zu einer Aufschlüsselung des rätselhaften Satzes und zu einem Espresso reicht die Zeit nicht mehr. Das Taxi wartet.

Ein Vermächtnis

Auf dem Schreibtisch liegt die letzte Sölle-CD: *Verrückt nach Licht.* Die Widmung läuft mit krakeliger Schrift schräg über das beiliegende Textheft: »schwesterlich …« Viele Frauen waren ihr Schwestern, auch wenn Gespräche nicht immer in Harmonie verliefen. Vielleicht gerade dann.

Diese CD, die in Zusammenarbeit mit der südamerikanischen *Grupo Sal* entstanden ist, lag ihr besonders am Herzen. Die Musik dieser Band – Querflöte, Quena, Bass, Percussion und Gesang – entspreche ihrem Lebensgefühl, sagte sie: Trauer und Glück, Klage und Fröhlichkeit. Dazwischen ihre Texte: Gedichte, eine Talmudgeschichte, Sozialkritisches übers Reichwerden und die Ausbeutung der Indios, über Gewalt und gewaltlosen Widerstand, zum Schluss ein Brief an ihre Kinder. – Das ganze Vermächtnis der radikalen Christin, eingebrannt in eine dünne blanke Scheibe: die Nähe zum Judentum, zum Talmud und zum Alten Testament. Die Kritik an einer Gesellschaftsordnung, in der die Reichen immer reicher, die Armen immer ärmer werden. Die Solidarisierung mit den Latinos und die Unterstützung der Befreiungstheologie. Der Einsatz für die Friedensbewegung und die Ächtung von Waffen. Schließlich die Botschaft an die vier Kinder, in ein Märchen gekleidet: »Vergiß das Beste nicht!«

Was aber ist das Beste? – »Von allem, was ich Euch gern mitgegeben hätte in die Feindschaft, mit der das Leben Euch beutelt und beuteln wird, ist dies am schwersten zu vermitteln«, sagt sie. »Es ist, als hätten wir Eltern kein bewohnbares Haus der Religion anzubieten, nur ein verfallenes. Vielleicht habe ich mich darum gescheut, Euch ins Christentum zu locken …« Da ist kein sicherer Steg, über den sie die Kinder führen könnte, keine Gewissheit – nur der Wunsch, sie möchten alle »ein bisschen fromm werden«, nicht kirchenfromm, doch Gott in ihr Leben einbeziehen, ihm hie und da danken, ihn loben mit einem Halleluja oder dem großen Om der indischen Religion. Und sie legt ihnen Meister Eckhart ans Herz, den großen Mystiker des Mittelalters.

Den Himmel erden

Die andere Dorothee Sölle, die unbekanntere: nicht die aktionistische, kämpferische, die soziale Gerechtigkeit und Achtung der Menschenrechte auf dieser Welt einfordert, sondern die kontemplative, der Mystik verhaftete, die das Jenseits zu »erden« versucht. Eines ihrer Bücher trägt denn auch den Titel *Den Himmel erden*. Immer wieder und mit immer neuen Mitteln versucht sie, Menschen – heutige Menschen – ein Stück Weges zu begleiten ins Ungewisse, ins Abenteuer Glauben. Sie ist eine Missionarin, aber keine von der penetranten und selbstgewissen Art, die den einzig richtigen Weg genau kennt. Sie ist selbst eine Suchende, eine, die mit Zweifeln lebt und deshalb die Zweifel der anderen verstehen kann. Auch wenn die Kirchen sich leeren und viele Menschen sich in den zu Gottes Ehre gebauten

Häusern nicht mehr zu Hause fühlen, bleibt doch – davon ist die Theologin Sölle überzeugt – die Sehnsucht und Suche nach etwas, das über den Alltag und die kleinkreisige Gegenwart hinausweist.

Es muss doch mehr als alles geben – ein Buchtitel der Sölle, der bewusst zum »Nachdenken über Gott« herausfordert, jenen Gott, dessen Nähe man vielleicht nicht mehr spürt, der einem eines Tages zusammen mit dem Kinderglauben abhanden gekommen ist und zu dem man jetzt keinen Zugang mehr findet. Hier versucht Dorothee Sölle, pädagogisch geschickt und anschaulich, Brücken zu bauen. Sie unterscheidet drei Phasen der religiösen Entwicklung, wie sie für einen noch vom Christentum geprägten Lebensraum typisch sind. In die erste Phase, die sie die »dörfliche« nennt, wachsen Kinder ganz selbstverständlich hinein, übernehmen Werte und Normen aus dem Elternhaus oder dem kirchlichen Umfeld und orientieren sich an Vorbildern und Traditionen. Viele Menschen verharren ihr Leben lang in diesem Hort absoluten Vertrauens, andere hinterfragen eines Tages den naiven Kindheitsglauben, rebellieren, werfen alle verinnerlichten Gottesbilder über Bord und stehen mit leeren Händen da. Unbehaust leben sie in dieser zweiten Phase »als nach-christliche Bürger in der säkularen Stadt«.

Hier beginnt die dritte Phase, die Suche nach *religio*, Rückbindung; Dorothee Sölle sieht darin eine Hoffnung, selbst in unserer säkularisierten Welt: »Wer zu einer kritischen Bejahung des Glaubens gekommen ist, nach einer intensiven Auseinandersetzung in der zweiten Phase, der kämpft nun auch um die Entwicklung neuer Lebensformen der Religion.« Diese Lebensformen sieht die evangelische Theologin nicht nur innerhalb der abendländisch-christlichen Horizonte, auch Sufimeister oder fernöstliche Gurus können Wege weisen. Doch näher liegt uns als Vorbild und Lehrer ein »zum Klischee erstarrter, aber ganz unbekannter Meister«: Jesus. Seine Botschaft auf unkonventionelle, oft provozierende Weise weiterzugeben, hat sich Dorothee Sölle ihr Leben lang bemüht – und sich damit eine begeisterte Gemeinde und ein erbittertes Lager von Gegnern geschaffen.

Ihre Streitlust hat sie nie bezähmt, auch wenn sie ihr zum Nachteil gereichte und sie sich damit Karrierechancen verbaute. Unbegreiflich etwa für amerikanische Professorenkollegen, dass die promovierte und habilitierte, wissenschaftlich ausgewiesene Theologin in Deutschland auf keinen Lehrstuhl berufen wurde. Für Kenner deutscher Verhältnisse durchaus begreiflich: eine Frau ohne Respekt vor Amtsautoritäten und starren Lebensnormen, Sympathisantin einer »Kirche von unten«, Feministin, Pazifistin, dazu gefährliche Konkurrentin als Bestsellerautorin – das konnte nur außerhalb offizieller Gleise gut gehen.

Die Rebellin

Dorothee Sölle war kein Arbeiterkind, das sich nach oben durchbeißen musste, sie gehörte nicht zu einer unterprivilegierten und verfolgten Minderheit, sie entstammte der angesehenen Kölner Intellektuellenfamilie Nipperdey. Allerdings musste sie sich gegen drei ältere, dominierende Brüder behaupten, was ihre Findigkeit und Schlagfertigkeit beförderte. Klein und schmächtig war sie in der Schule, die Lehrerin nannte sie »Streichhölzchen«, nur mit Worten war sie ihren Mitschülerinnen überlegen. Groß und kräftig wäre sie gern gewesen, am liebsten ein Junge, der »für Deutschland reitet«. Die Faszination des Mythos Deutschland wirkte auf die 15-Jährige stärker als die nüchterne Skepsis des Elternhauses allem Nationalsozialistischen gegenüber. Dass ihr Vater Vierteljude war, blieb ein Familientabu. »Luftschutzkeller« und »Hamsterfahrten« sind Schlüsselwörter jener Tage. Mit Hamstern hatten die Nipperdey-Kinder kein Glück, für Bücher und Opernpartituren rückte niemand eine Speckseite heraus. »Ich fror in den abgetragenen Mänteln meiner Brüder«, schreibt Dorothee Sölle in ihren Erinnerungen. 1944 brannte das Elternhaus aus und der Mythos Deutschland verbrannte mit.

Die Evakuierung nach Thüringen folgt. In Jena am 3. Mai 1945 Eintrag ins Tagebuch: »Der große Krieg geht seinem Ende zu. Der Führer ist an der Spitze der restlichen Truppen in Berlin im Kampf gegen den Bolschewismus gefallen … Ich bemühe mich, nicht daran zu denken. Ich lese und lerne Hölderlin, Shakespeare und Sophokles.« Aber Hölderlin ist kein Beruhigungsmittel. Die 16-Jährige empört sich über die Entnazifizierung und politische Erziehung der Sieger – und schreibt erste Protestbriefe.

Sie entdeckt Heidegger und berauscht sich an dem Satz: »Dasein ist das Hineingehaltensein in das Nichts.« Dann hört sie Sartre: »Ich bin meine Freiheit!« Neugierig-hilflose Suchbewegungen: »Niemand hatte mir geholfen, die deutsche Katastrophe als die deutsche Befreiung zu begreifen. Im Zusammenbruch war nicht nur das Dritte Reich zusammengestürzt, sondern auch die Welt, die es nicht aufhalten oder hindern konnte, die Welt des deutschen Bürgertums.«

Am 9. Juni 1948 fragt sie im Tagebuch: »Sind wir nicht immer, alle, ›draußen vor der Tür?‹ Da schlägt man wie ein Irrsinniger gegen die Tür, aber sie ist zu. Es gibt keine Antwort.« Weder das Studium der klassischen Philologie noch der Philosophie in Köln und Freiburg geben diese Antwort: »Der Nihilismus jener Jahre hatte mich hungriger gemacht. Aus einer Krise erwachend, fing ich endlich an, eine andere Form des Lebens zu suchen. Ich studierte

Theologie, um ›die Wahrheit herauszubekommen‹. Man hatte sie mir lang genug vorenthalten. Langsam nistete sich ein radikales Christentum in mir ein.«

Sie liest Kierkegaard und Bonhoeffer. Doch: »Was mich eigentlich in die Theologie gebracht hat, war Christus.« 1954 schließt sie ihr Theologie- und Germanistikstudium in Göttingen mit dem Staatsexamen ab, schreibt noch im selben Jahr bei Wolfgang Kayser eine literaturwissenschaftliche Dissertation und heiratet den Maler Dietrich Sölle. Sechs Jahre lang unterrichtet sie Religion und Deutsch an einem Kölner Mädchengymnasium. In diese Zeit fällt die Geburt des Sohnes Martin und der Tochter Michaela. Vor der Geburt des dritten Kindes, Caroline, gibt sie die Schule auf und arbeitet freiberuflich für Rundfunk und Zeitschriften weiter.

Ihre eigentliche politische Zeit beginnt: Dass die SPD mit dem Godesberger Programm einer Wiederbewaffnung zustimmte, hat ihr einen Schock versetzt. Sie beteiligt sich an den Ostermärschen und knüpft Kontakte zu christlichen Widerstandsgruppen. Als Studienrätin im Hochschuldienst lehrt sie ab 1964 an der Universität Köln – nur zwei Tage die Woche, aber an diesen zwei Tagen wird Tochter Michaela regelmäßig krank, sodass sie stets mit schlechtem Gewissen aus dem Haus geht. Ihre Künstlerehe wird nach zehn gemeinsamen und doch nicht gemeinsamen Jahren geschieden. Sie ist nun allein erziehende Mutter mit drei kleinen Kindern: ein psychologisches und ein logistisches Problem, das Flexibilität und vollen Einsatz erfordert.

Trotzdem nimmt sie sich noch Zeit für politische Aktionen. 1968, auf dem Höhepunkt der Studentenrevolte und des Vietnamkrieges, initiiert sie mit einigen evangelischen und katholischen Freunden ein ökumenisches Nachtgebet, geleitet von der Überzeugung, dass sich die Kirchen nicht aus den politischen Entwicklungen heraushalten dürfen, dass sie zum Protest gegen Krieg und Menschenrechtsverletzungen verpflichtet sind. Das von Kölner Laien und Theologen ausgehende und bald in anderen Städten übernommene »Politische Nachtgebet« beschäftigt sich mit aktuellen Problemen: Vietnam, Santo Domingo, DDR, autoritäre Strukturen in der Kirche, Frauendiskriminierung, Entwicklungshilfe, Strafvollzug – lauter heiße Eisen, bewusste Provokationen, die Gegenreaktionen herausfordern.

Kardinal Frings verbietet Nachtgebete in der katholischen Kirche St. Peter, der Schriftsteller Heinrich Böll reagiert auf dieses Verbot empört, nennt den Vorwurf, Politik gehöre nicht in die Kirche, eine »geradezu absurde Frechheit«. Die beiden großen Kirchen verhalten sich nach Ansicht der Initiatorin Sölle »bemerkenswert einmütig«: Raumverbote, Druck auf die Massenmedien, Versetzung oder Nichteinstellung von beteiligten Pfarrern, Hetzkampagnen, die in einigen Fällen sogar zu Telefonterror führen. Ihre Kinder müssen sich anhören, die Mutter sei eine »Kommunistensau«.

Bei der Vorbereitung der Politischen Nachtgebete arbeitet Dorothee Sölle mit dem Benediktinermönch Fulbert Steffensky zusammen, den sie zwei Jahre zuvor auf einer Tagung in Jerusalem kennen gelernt hat und dem sie beim gemeinsamen Besuch des Grabes von Martin Buber näher gekommen ist. Aus dem politischen und weltanschaulichen Gleichklang erwächst eine enge persönliche Beziehung; nach der Laisierung Steffenskys heiratet das Paar 1969. Im Jahr darauf wird die Tochter Mirjam geboren.

Neben Säuglingsbetreuung und Vorbereitung auf die Habilitation geht die politische Arbeit in der Friedensbewegung, vor allem der »Kampf gegen den Atomtod«, weiter. Der Dialog zwischen Christen und Marxisten, der 1968 durch den Einmarsch sowjetischer Truppen in Prag ein jähes und brutales Ende fand, verlagert sich in die Dritte Welt, nach Lateinamerika. Der Befürchtung, Christen machten sich zu »nützlichen Idioten« der Kommunisten, widerspricht Dorothee Sölle: »Die Christen wurden keineswegs im Dienste einer sich allwissend glaubenden Ideologie instrumentalisiert, eher umgekehrt: Christen benutzten die brauchbaren Instrumente der Befreiung, welche die marxistische Theorie bereitstellte.«

Hochschulerfahrung

Der erste Versuch der unangepassten Wissenschaftlerin, sich an der philosophischen Fakultät der Universität Köln zu habilitieren, scheitert: Sie fällt – vor 60 ausschließlich männlichen Fakultätsangehörigen – durch das mündliche Prüfungsgespräch. Das hat es seit 1945 in Köln nicht gegeben. Ihr ironischer Kommentar: »Ich hatte die einfachsten Regeln der deutschen Universität nicht gelernt: Wenn du schon das Unglück hast, eine Frau zu sein, dann musst du dich anpassen, unterordnen. Die Themen, die du auswählst, müssen absolut wissenschaftlich sein; die Methoden, die du brauchst, müssen sich den herrschenden angleichen.« Sie aber sucht eine andere Art des Schreibens und Lehrens: »Ich wollte meine Bücher nicht durch unnötige Fußnoten belasten. Ich wollte nicht mein Wissen dokumentieren, sondern meinen Denkprozeß.«

Das gelingt ihr in Amerika. Nach dem zweiten, geglückten Anlauf zur Habilitation und nach einem Lehrauftrag an der Theologischen Fakultät der Universität Mainz wird sie 1975 auf den Lehrstuhl für Systematische Theologie am Union Theological Seminary in New York berufen. Mit Mann und zwei Kindern – die anderen beiden sind schon flügge – und einer Menge kultursnobistischer Vorurteile macht sie sich in die Neue Welt auf – und sieht ihre Klischeevorstellung enttäuscht. Sie erlebt Offenheit, Entgegenkommen, Neugier. Während deutsche Studenten in den Vorlesungen nach Schwachstellen suchen, wo Kritik ansetzen könnte, empfindet sie die pragmatische Haltung in Amerika wie ein heilsames Kontrastprogramm: »Hier fragte man: Du hast uns also einen Schlüssel mitgebracht, welche Türen können wir denn damit aufschließen?« Sie empfindet bei Studenten und Professoren weniger Konkurrenzdruck als in Deutschland und eine geringere »Entfremdung« vom Leben durch das Studium.

Auch in der amerikanischen Friedensbewegung fühlt sie sich vom ersten Augenblick an zu Hause: Während in Deutschland die pazifistisch-bürgerrechtliche Bewegung und das Christentum oft weit voneinander entfernt sind und sie sich unter Sozialisten entschuldigen muss, Theologin zu sein, ist in Amerika die politische Radikalität aus dem Christentum erwachsen und geht mit ihm zusammen.

Und wie steht Sölle zum Feminismus, wie sie ihn vor allem in Amerika kennen gelernt hat? Zum Missfallen deutscher Radikalfeministinnen, die Ehe und Feminismus für unvereinbar halten, ist ihre Position klar: »Bei aller Kritik am Patriarchat ist mein Feminismus nicht separatistisch, was die Männer angeht.« Sie hält den Separatismus für eine Übergangsphase, die für die Selbstfindung der Frauen wichtig sein kann, aber danach müssten »die menschheitlichen Aufgaben wieder gemeinsam mit Männern angegangen werden«. Die von Feministinnen abgelehnte Abhängigkeit von einem Partner stört Dorothee Sölle nicht – im Gegenteil, zu ihrem Menschenbild gehört gegenseitiges Angewiesensein im sexuellen, geistigen und emotionalen Bereich: »Das Leben in Ganzheit und der Wunsch nach Vereinigung oder Hingabe sind Vorteile bei der Vermenschlichung.« Und sie fragt provokativ, was denn aus dem Feminismus werden soll, wenn die Frauen sich – die andere Hälfte der Menschheit ausschließend – wie Rassisten verhielten?

Zwölf Jahre amerikanische Hochschulerfahrung, ein Jahr Gastprofessorin in Kassel, ein Jahr in Basel. Ehrendoktorin der Faculté Protestante von Paris und der Episcopal Divinity School in Cambridge, Massachusetts, 1994 Ehrenprofessur in Hamburg – dies sind die Stationen ihrer Karriere. Doch keine Berufung als ordentliche Professorin auf einen deutschen Lehrstuhl. Woran liegt's? Nicht an der wissenschaftlichen Qualifikation, die hat sie durch etliche theologische Fachpublikationen zur Genüge bewiesen. Auch nicht an der Frage, ob sie sich vor einem großen Auditorium behaupten kann, das zeigen ihre Kirchentagspredigten. Ebenso wenig am internationalen Renommee, besonders in Amerika. Nein, die Nichtberufung, so darf vermutet werden, hat politische Gründe, staatspolitische, kirchenpolitische, hochschulpolitische: Dorothee Sölle ist eine Unruhestifterin, eine Frau, die als »Missionarin des Friedens« nach Nordvietnam und Nicaragua reist, die nach Sitzblockaden in Mutlangen und Fischbach wegen »Nötigung« und »versuchter Nötigung« verurteilt wird. Eine Frau, die einen »anderen Protestantismus« fordert und kirchenkritische Aktionen initiiert. Eine Frau, die Fakultätsgrenzen aufweicht und »unwissenschaftliche« Methoden in die Universität einschleppt. Und – dies eine besondere Provokation – eine Frau, die mit Sachbuchbestsellern Auflagenhöhen erreicht, von denen die meisten Professoren und Politiker nur träumen können …

Mystik des Todes

Nach akademischen Ehren strebt Dorothee Sölle in den letzten Jahren nicht mehr. Das Bücherschreiben ist ihr wichtiger: nicht nur theologische Abhandlungen, zunehmend auch meditative Texte und Lyrik. Der Gattung der Politpoesie, die sie bei Bert Brecht und ihrem Freund Erich Fried so schätzte, stellt sie die »Theopoesie« zur Seite. Ihr großes Vorbild ist Ernesto Cardenal, der Dichter und Priesterrebell aus Nicaragua, in dessen Psalmen sich Himmel und Erde spiegeln. Auch sie möchte mit ihren Texten die Menschen anrühren, versteinerte Herzen aufbrechen, »das Eis der Seele spalten«, wie eines ihrer Bücher heißt.

Immer schon waren ihr die Mystiker nahe, Meister Eckhart vor allem. Nach schwerer Krankheit im Winter 1993/94 hat sie sich noch intensiver mit deren Werken befasst. So geht es auch in ihrem letzten Vortrag, wenige Tage vor ihrem Tod, um den mystischen Weg zum Glück, um das staunende Entdecken der Welt und um das Loslassenkönnen, die mystische Erfahrung, die »hauslos« macht – und frei. Über die Mystik des Todes wollte sie noch ein Buch schreiben, über die heitere Kunst des Loslassenkönnens. Der Gedanke an den Tod hat sie nie geschreckt. Sie sah sich als Teil der Natur, wie ein Blatt, das fällt und vermodert: »Und dann wächst der Baum weiter, und das Gras wächst, und die Vögel singen, und ich bin ein Teil dieses Ganzen. Ich bin zu Hause in diesem Kosmos …«

Einem ihrer Bücher hat Dorothee Sölle den Spruch vorangestellt, der auf dem Grabstein des jüdischen Religionsphilosophen Martin Buber steht und der auch ihr Zuversicht gab:

> Und doch bleibe ich stets bei Dir,
> meine rechte Hand hast Du erfasst.
> Mit Deinem Rate leitest Du mich,
> und danach nimmst Du mich in Ehre hinweg.
> (Psalm 73, 23–24)

Blick hinter Mauern und Fassaden

Eva Rühmkorf

*1935

Diplompsychologin und Frauenpolitikerin

> Es ist so viel Dreck auf der Erde, was sollen wir denn tun, als sie ein bißchen zu verbessern?
>
> Peter Rühmkorf

Hinter Mauern und Fassaden heißt der Titel eines Buches von Eva Rühmkorf. Er benennt nüchterne Realität – ihre Zeit als Gefängnisdirektorin hinter ausbruchssicheren Mauern und grauen Fassaden – und spielt gleichzeitig auf ihre Erfahrung als Psychologin an, auf Menschen, die sich einmauern, Blendfassaden aufbauen, hinter denen sich ihr eigentliches Leben verbirgt. Solche Fassaden zu durchschauen, Menschen aufzuschließen, den Beweggründen ihres Handelns nachzugehen – dieser hartnäckige Spürsinn hat Eva Rühmkorf bei all ihren beruflichen Tätigkeiten geleitet, ob in der Marktforschung, im Strafvollzug oder in der Politik. Psychologische Studien betrieb sie nicht als Berufsroutine, sondern aus einem sozialen, gesellschaftspolitischen Antrieb heraus.

»Ich habe immer schon die Welt verbessern wollen«

Verkrustete Verhältnisse aufbrechen, etwas bewegen und verändern, das wollte Eva Rühmkorf stets in ihrer langen überraschungsreichen Laufbahn. Dass die 1935 in Breslau geborene Psychologin vom Job in einem Marktfor-

Eva Rühmkorf

schungsinstitut zur politischen Arbeit überwechselt, ist da nur konsequent. Auch dass sie während des Studiums in Marburg dem Sozialistischen Deutschen Studentenbund und wenig später der SPD beitritt, überrascht nicht, das hat Tradition in der Familie. Ihre Großmutter hat noch Rosa Luxemburg und Clara Zetkin gekannt. Sie trug Reformkleider und nahm an Demonstrationen zur Abschaffung des Korsetts teil. Die jungen Frauen zogen damals in schwarzen Badeanzügen durch die Straßen und ließen sich von empörten Zurufen über die »unzüchtige« Kleidung nicht beirren.

1907, als sich noch kaum Frauen für Politik interessierten, trat die Großmutter als 23-Jährige in die SPD ein und profilierte sich schon bald in der Parteiarbeit. Sie wurde Landtagsabgeordnete – später Stadträtin im Magistrat der Stadt Breslau und zog daneben vier Kinder groß. Als ihr Mann – auch er war als Gewerkschaftssekretär im Stadtrat – im Ersten Weltkrieg eingezogen wurde und danach in Gefangenschaft kam, hat sie die Familie allein durchgebracht. Die vier Kinder wuchsen als Jungsozialisten früh in die Parteiarbeit hinein, denn Eva Rühmkorfs Mutter engagierte sich bei den Naturfreunden. Gegen die Verlockungen nationalsozialistischer Jugendorganisationen waren diese Kinder immun.

Für Eva Rühmkorf ist die Breslauer Großmutter die prägende Figur ihrer Kindheit. Den Vater hat sie nur in Uniform auf Heimaturlaub in Erinnerung. Er fällt 1944 in der Normandie, da ist sie neun, ihre Schwester sechs. Die Mutter ist verzweifelt, sieht keinen Sinn im Leben mehr, will sich und die beiden Mädchen im Kirschbaum aufhängen, bevor die Russen kommen ... Doch noch vor den Russen kommen die Großeltern mit einem hoch bepackten Schlitten und überreden die Mutter zur gemeinsamen Flucht in den Westen. Die Großmutter organisiert alles:

Wurstbrote von den Rote-Kreuz-Schwestern, Plätze in einem überfüllten Soldatenzug, ein Zimmer bei Evas Patentante in einem hessischen Dorf, später ein preisgünstiges Internat in Bensheim, das mit der kargen Waisenrente bezahlt werden kann.

Die Mutter stirbt 1947 an Brustkrebs. Doch dieser Tod schmerzt die Zwölfjährige nicht so tief wie der der geliebten Großmutter einige Jahre danach. Die Zivilcourage dieser Frau steht der Enkelin später stets als Ansporn und Mahnung vor Augen, wenn es darum geht, sich politisch oder beruflich zu exponieren, oder wenn unbequeme Entscheidungen zu treffen sind.

Nach dem Abitur studiert Eva – nun ganz auf sich allein gestellt – in Marburg erst einmal Germanistik, Anglistik und Theologie mit dem Berufsziel Lehrerin, schwenkt dann aber zur Psychologie über. Politisch engagiert sie sich im Sozialistischen Deutschen Studentenbund und in der SPD. Als der SDS 1961 samt ihrem politischen Mentor Professor Wolfgang Abendroth aus der sozialdemokratischen Partei ausgeschlossen wird, gibt auch sie ihr Parteibuch zurück. Ihre Sympathie haben jedoch nicht die militanten Gruppen, sondern die »Bergpredigt-Sozialisten«, denn es widerstrebt ihr, Andersdenkenden ihre Überzeugung mit revolutionärer Gewalt aufzuzwingen. Sie setzt lieber auf Überzeugung durch beispielhaftes Verhalten, also durch gute Studienleistungen – und erntet damit den Hohn der Kommilitonen.

1961 schließt sie ihr Studium als Diplompsychologin ab und nimmt eine Stelle in einem Hamburger Marktforschungsinstitut an. Sieben Jahre lang testet sie nun mit wachsender Unzufriedenheit die Wirkung von Zeitungsanzeigen für Seifen, Margarine, Hundefutter und Trockenrasierer: »Mir wurde die Diskrepanz zwischen meiner politischen Einstellung und meinem Arbeitsalltag immer bewußter. Von den hehren Idealen meiner Studienzeit war die Praxis als Marktforscherin Lichtjahre entfernt … Mein linker Kopf konnte schließlich die Einsicht nicht länger verdrängen, daß ich mit dieser Arbeit wahrlich nicht zur Verbesserung der Gesellschaft, zur Aufklärung von Menschen beitrug.« 1970 tritt sie wieder in die SPD ein, sie hat inzwischen die Erfahrung gemacht, dass sie »für den Status der heimatlosen Linken wenig geeignet war«.

Als Gefängnisdirektorin auf dem Prüfstand

Eva Rühmkorf bewirbt sich um eine von der Hamburger Justizbehörde ausgeschriebene Stelle. Ein »Grundsatzreferat« soll neu eingerichtet werden. Beim Vorstellungsgespräch spürt sie den Gegenwind, der ihr aus der kritischen Männerrunde entgegenweht: Sie ist weder Juristin noch erfahren im Strafvollzug. Auch gibt ihr Dossier beim Verfassungsschutz Anlass zu Bedenken, vor allem aber: Sie ist eine Frau, und Frauen gibt es bei der Justizbehörde nicht in leitenden Stellungen. Doch wider Erwarten stimmt die Mehrheit der Deputierten für ihre Einstellung, erst auf Probe, dann, 1968, als »Wissenschaftliche Rätin im Verwaltungsdienst«. An das Neuwort »Rätin« gewöhnen sich einige altgediente Justizhengste nur schwer. Die Arbeit der jungen Kollegin wird misstrauisch unter die Lupe genommen, Reformvorschläge und Anschaffungswünsche stoßen auf Erstaunen: Wozu denn das? Das hat doch noch nie jemand verlangt …

Die Besichtigung der verschiedenen Hamburger Strafanstalten ist ein Schock für sie, obwohl sie alle Presseberichte über Missstände, auch über einen mysteriösen Todesfall, vorher gelesen hat. Abends schreibt sie in ihr Notizbuch über einen Zellenrundgang: »Eine Mischung widerlicher Gerüche von abgestandenem Essen, ungelüfteten Betten und Fäkalien verursachte mir Übelkeit. Nicht umkippen, dachte ich, du mußt das durchstehen, du willst etwas verändern!« Der Leiter des Untersuchungsgefängnisses lässt sie deutlich spüren, was er von einer 33-jährigen Nichtjuristin hält, die sich anmaßt, den Strafvollzug zu reformieren.

Eines wird ihr bald klar: Reformprozesse lassen sich nicht von oben anordnen. Eine langwierige Überzeugungsarbeit steht ihr bevor bei den 1300 Vollzugsbediensteten, den 3000 Gefangenen und auch in der Öffentlichkeit. Sie macht sich Erfahrungen aus England, Holland und den USA zunutze. Sozialtherapeutische Einrichtungen für Problemgruppen werden geplant, Möglichkeiten, Häftlinge durch Freigänge auf eine bevorstehende Entlassung vorzubereiten, erwogen. Die Idee, Frauen als Vollzugsbeamtinnen einzusetzen, um die »Männer-Monokultur« aufzubrechen, lässt sich Anfang der siebziger Jahre noch nicht realisieren, die Einrichtung von Anstaltsbeiräten stößt hingegen bei den Gefangenen und in der Öffentlichkeit, die mehr Transparenz im Strafvollzug fordert, auf breite Zustimmung.

In der 1970 neu eröffneten festen Anstalt für männliche Jugendliche in den Vierlanden südlich von Hamburg wird auf Transparenz besonderer Wert gelegt. Mit dem jungen und dynamischen Anstaltsleiter Jan Braden arbeitet Eva Rühmkorf eng zusammen. Als er in den weniger aufreibenden Richterdienst zurückkehrt, wird sie seine Nachfolgerin – die erste Frau im Hamburger Strafvollzug, die eine Anstalt mit männlichen Insassen leitet. Das ist der Presse allemal eine Schlagzeile wert. »Chef im Gefängnis wird jetzt eine Frau«, titelt das *Hamburger Abendblatt* am 14. August 1973.

Sie steht unter Erfolgszwang. Diesen Druck spüren alle Frauen, die in männliche Domänen einbrechen. Sie beobachtet sich selbstkritisch: Ist sie schon auf dem Weg, von Sachzwängen gebeutelt, ihre Persönlichkeit zu verbiegen und den Anstaltsleitern ähnlich zu werden, die sie früher ob ihrer Unbeweglichkeit so oft kritisiert hat? Wie stark lässt sie sich von der Diskrepanz zwischen Anstaltswirklichkeit und ihren Reformträumen entmutigen? Ist ihr »revisionistischer« Weg der kleinen pragmatischen Schritte der richtige? Die zum Alltag gehörenden Auseinandersetzungen kosten Zeit und Kraft: die Streitereien und Handgreiflichkeiten zwischen deutschen und ausländischen Häftlingen, die Kluft zwischen reformbereiten und am Althergebrachten klebenden Beamten, die Konflikte zwischen der Anstaltsleitung und aufsässigen Sozialpädagogen, die sich mit den Häftlingen solidarisieren und deren Auflehnung schüren.

Unversehens ist sie doch wieder in unerquickliche politische Grabenkämpfe verstrickt, aber sie hält an ihrer Überzeugung fest, dass Konflikte, auch wenn sie an Nerven und Nieren gehen, nicht unterdrückt oder kaschiert werden dürfen. Wenigstens in ihrer Anstalt soll eine konstruktive Streitkultur möglich sein. Die hat jedoch da ihre Grenzen, wo eingeschleuste Flugblätter gegen »Bullenterror« hetzen, sie als »Lagerkommandantin« verunglimpfen und ein ehemaliger »Knacki« nach einer Gerichtsverhandlung mit einer Pistole »die Alte kaltmachen« will.

Nach fünf Jahren Anstaltsleitung mit Zehnstundentag und psychischem Stress zieht sie in der Silvesternacht 1978 trotzdem eine positive Bilanz: »Ich hatte in meinen Knastjahren nicht nur viel gelernt, ich hatte auch bewirkt, daß die Jugendanstalt Vierlande weit über die Grenzen Hamburgs hinaus als Modell für einen liberalen, humanen Jugendstrafvollzug bekannt und anerkannt wurde.«

Pionierarbeit in der Frauenpolitik

Hamburg hat nicht nur im Jugendstrafvollzug, sondern auch in der Frauenpolitik neue Wege bestritten. Schon 1978 plant der Senat, eine »Leitstelle für die Verwirklichung der Gleichberechtigung der Frau« einzurichten. Eva Rühmkorf, für Experimente stets aufgeschlossen, lässt sich von der schwerfälligen Amtsbezeichnung nicht schrecken und bewirbt sich – ihre für Emanzipation kämpfende Großmutter vor Augen – um die Leitung der geplanten Stelle. Der Senat stimmt zu, so wird sie zur ersten Gleichstellungsbeauftragten in der Bundesrepublik und steht, wieder einmal, im Blickpunkt der je nach Parteiausrichtung mehr oder weniger wohlwollenden Medienberichte.

Im Zuge der 68er-Revolte hat sich auch eine neue Frauenbewegung formiert, die sich »als gesellschaftspolitische und kulturelle Gegenbewegung zur männlich geprägten patriarchalen Gesellschaft« versteht. Selbsterfahrungs- und Selbsthilfegruppen entstehen allerorten. Entkriminalisierung der Abtreibung und Streichung des Paragrafen 218 werden gefordert, wobei das Selbstbestimmungsrecht der Frau Priorität haben soll vor dem Lebensrecht des Embryos – eine von den Kirchen und vielen bürgerlichen Frauenorganisationen missbilligte Kampagne. Feministische Netzwerke, unterstützt von Alice Schwarzers Zeitschrift *Emma,* setzen sich für mehr »Frauenpower« ein – und Eva Rühmkorf fällt es nicht immer leicht, in endlosen Gesprächen und Diskussionen Standpunkte zu klären, zwischen den Fronten zu vermitteln: »Einerseits kann und will ich nicht verheimlichen, daß mir die Form des bis zur Männerfeindlichkeit reichenden Feminismus schlicht zuwider ist; andererseits bin ich eine uneingeschränkte Befürworterin der Gleichberechtigung – in jeder Beziehung.«

Bei Studienaufenthalten in den USA und in Schweden informiert sie sich über Frauenhäuser und die Entwicklung der Frauenforschung, die in Deutschland erst anläuft. In Hamburg richtet sie einen monatlichen Journalistinnentreff ein, um in der Öffentlichkeit Frauenprojekte bekannter zu machen und sich selbst über Fragen und Wünsche aus Frauenkreisen zu informieren. In den Sprechstunden der Leitstelle kann vielen Frauen in Not geholfen werden. Dabei zeigt sich, dass häusliche Gewalt nicht allein ein Unterschichtenproblem ist, dass sie sich in bürgerlichen Kreisen nur versteckter abspielt. Zum Problemfeld der Leitstelle gehört auch das Rotlichtmilieu um St. Georg und St. Pauli. Besonders die noch minderjährigen Prostituierten brauchen eine Anlaufstelle, wenn sie von Zuhältern ausgebeutet und misshandelt werden. Eva Rühmkorf bemüht sich erfolgreich um private Unterstützung für ein Pilotprojekt, das »Café Sperrgebiet«, das später auch aus Haushaltsmitteln des Senats gefördert wird.

Ein besonderes Anliegen ist ihr die Förderung von Frauenkultur, die sich nicht in der Umbenennung männlicher Titel und Berufsbezeichnungen erschöpft. Zur Frauenkultur gehören auch die Erforschung der nicht nur in Hamburg lange vernachlässigten Frauengeschichte und der Nachweis geschlechtsspezifischer Benachteiligungen. Eva Rühmkorf selbst kann sich nicht beklagen: Sie wird 1983 zur Staatsrätin ernannt – der ersten in der Geschichte des Hamburger Senats. Das Angebot des Regierenden Bürgermeisters von Berlin, Hans-Jochen Vogel, Sozialsenatorin in seinem Kabinett zu werden, schlägt sie Ende 1982 aus, verspricht jedoch, ihm im Falle eines Wahlsieges der SPD auf Bundesebene als Staatssekretärin für Frauenpolitik zur Verfügung zu stehen. Es kommt nicht dazu, die SPD verliert am 6. März 1983 die Bundestagswahl. Dieser Abend der Wahlniederlage, den sie mit ihrem Mann und einigen engen Freunden in der Bonner Parteizentrale, der »Baracke«, erlebt, gehört zu den bittersten Momenten ihrer politischen Laufbahn.

Doch es muss weitergehen. Sie zieht in Schleswig-Holstein für Björn Engholm in den Wahlkampf, fährt bei Schnee und Eis über Land, von Gasthof zu Gasthof, von AWO-Stätte zu AWO-Stätte. Aber am Wahltag fehlen der SPD einige Stimmen zum Sieg. Wieder eine Enttäuschung. Trotzdem ist sie, als Björn Engholm sie im Februar 1987 erneut um Mitarbeit beim Landtagswahlkampf bittet, dazu bereit. Sie weiß aus Erfahrung, dass sie in der Frauenpolitik nur etwas bewegen kann, wenn sie mitmischt. Und sie hat sich im Laufe der Jahre ein dickeres Fell zugelegt. Widerstände versteht sie als Herausforderung.

Ministerin in Schleswig-Holstein

Ein Aufbruch zu neuen Ufern: Im Mai 1988, nach der Barschel-Affäre und Neuwahlen in Schleswig-Holstein, die diesmal mit dem Sieg der SPD enden, wird Eva Rühmkorf als Kultusministerin ins Kabinett Björn Engholms berufen. Es werden vier turbulente Jahre mit internen Machtkämpfen, aus denen sie sich herauszuhalten versucht.

Sie ist unter anderem für die Schulpolitik zuständig. Ihr Einsatz für Gesamtschulen trägt ihr Zustimmung aus den eigenen Reihen und erbitterte Angriffe politischer Gegner ein. Dabei will sie die Einführung dieser Schulform nicht flächendeckend und nicht mit der Brechstange durchsetzen. Doch als »Überzeugungstäterin« betont sie: »Ich weiß, daß die Gesamtschule Jungen und Mädchen gute Chancen für die Entwicklung ihrer Begabungen und Leistungen bietet. Dennoch wollen wir Gesamtschulen nicht von oben her verordnen.« Neue Gesamtschulen sollen nur dort eingerichtet werden, wo Eltern dies wünschen. Inzwischen hat die Pisa-Studie gezeigt, dass der Lernerfolg von Kindern weniger von der Schulform als vom Engagement der Lehrer, von der Lernmotivation und individuellen Förderung der Schüler und vom Schulklima abhängt.

Neben der Schulpolitik ist die Kulturpolitik ein Schwerpunkt der Ministerin. Sie will regionale Kultur, »Kultur für alle«, fördern: »Wir müssen die Einzelnen ermutigen, die Sinne aufzuschließen, Zugänge zur Sprache, zur Geschichte, zur Gegenwartskunst zu entwickeln, ohne der Gefahr zu erliegen, Dritt- und Viertklassiges als Kultur zu etablieren ...« Das Schleswig-Holstein-Musikfestival wird von ihr, wenn auch nicht üppig, weiterhin unterstützt – zum Missfallen vieler Genossen, für die »Veranstaltungen in Herrenhäusern und eigens dafür (mit öffentlichen Mitteln) hergerichteten Scheunen und Kuh-Häusern ein elitäres Unternehmen nach Gutsherrenart« sind.

Besonders entwicklungsbedürftig in diesem nördlichsten Bundesland ist die Frauenkultur, die nun erstmals einen eigenen Etat im Kulturhaushalt des Landes erhält. Damit werden Künstlerinnenprojekte bezuschusst, Literatinnen und Filmemacherinnen unterstützt und Frauennetzwerke an Hochschulen gefördert. Da öffentliche Gelder nur beschränkt zur Verfügung stehen, fürchten männliche Kulturschaffende um ihre Fleischtöpfe. Auch in der Verwaltung stoßen die unkonventionellen Ideen der Kultusministerin nicht überall auf Gegenliebe.

Als Eva Rühmkorf 1990, kurz nach der Wende, turnusgemäß die Präsidentschaft der Kultusministerkonferenz der Länder übernimmt, bemüht sie sich darum, »den Menschen hier das andere, immer noch fremde Deutschland näherzubringen«. Schulbücher sollten überprüft werden, wie weit darin »vorurteilsfrei über die Nachbarn informiert wird«. Statt Mauerfahrten wünscht sie sich Schulpartnerschaften und Künstleraustausch. Die Frage beschäftigt sie, ob es die von Günter Grass proklamierte *eine* deutsche Kulturnation tatsächlich gibt oder ob die beiden Teile Deutschlands unumkehrbar auseinandergedriftet sind.

Nicht alle Fragen lassen sich eindeutig beantworten, nicht alle Probleme auf die Schnelle lösen, diese Lektion hat die politische Macherin im Laufe ihres bewegten Berufslebens gelernt. Aber etwas aussitzen ist Eva Rühmkorfs Sache nicht, obwohl es bequemer wäre. Nach ihrem Wechsel vom Kultusministerium ins Ministerium für Bundesangelegenheiten hofft sie auf etwas weniger Stress und Ärger. Doch als Engholm 1991 Bundesvorsitzender der SPD wird, rückt sie zur stellvertretenden Ministerpräsidentin auf. Das bedeutet ständiges Pendeln zwischen Kiel und Bonn, bedeutet weiterhin Stress, dazu gesellschaftliche Verpflichtungen und Medienpräsenz. Noch schwelt die Barschel-Affäre, noch müht sich ein Untersuchungsausschuss, Licht in die verworrene Angelegenheit zu bringen.

Als Engholm 1993 von seinen Ämtern zurücktritt, findet sich in den eigenen Reihen niemand für die Abschiedsrede. Eva Rühmkorf, von Engholm vier Jahre zuvor ins Kabinett berufen, übernimmt die heikle Aufgabe und beklagt dabei die »selbstgefällige Selbstgerechtigkeit«, nicht nur beim politischen Gegner, sondern auch bei den eigenen Genossen: »In unserer Partei, für die Solidarität ein so hoher Wert ist, hat das Dolcheschleifen traurige Tradition.« Ein zorniger, ein mutiger Satz – oder ein Eingeständnis von Resignation?

Endstation Hamburg

Eva Rühmkorf kehrt nach Hamburg zurück. Ein Kapitel ihrer politischen Karriere ist abgeschlossen. Ihre Erfahrungen schreibt sie Jahre später als »Erinnerungen einer engagierten Frau« im Buch *Hinter Mauern und Fassaden* nieder. Sie widmet dieses Buch nicht nur »den Frauen, die mir Vorbild und Beispiel waren« , sondern auch »den Frauen, die nach uns kommen«.

Eine dieser jungen Frauen ist Ute Vogt, die SPD-Landesvorsitzende von Baden-Württemberg. Aus einem Treffen im Schwarzwald mit zwei *Spiegel*-Redakteuren, aus Diskussionen und privaten Zwiegesprächen entsteht ein Buch über »starke Frauen und Politik«. Der Titel *»Wir sind die Besseren«* ist – wohl vom Verlag – unglücklich gewählt, er klingt anmaßend und überheblich wie ein vollmundiger Wahlslogan. Wird er eingelöst?

Die beiden Politikerinnen tauschen sich aus über drängende politische Fragen, über die Zukunft der Partei, über das weibliche Rollenverständnis und die Macht der Medien. Ihr Erfahrungshorizont ist denkbar verschieden: Psychologin die eine, Juristin die andere. Fast vierzig Jahre liegen zwischen ihnen und 800 Kilometer von Nord nach Süd. Was die Ältere erträumte und erkämpfte, ist für die Jüngere Selbstverständlichkeit. Aber Probleme gibt es noch immer, und die Nachwuchspolitikerin geht sie mit nicht weniger Elan an als die »Veteranin«, die nach ihrem Ausscheiden aus der aktiven Politik im Bundesvorstand von Pro Familia ein neues Wirkungsfeld gefunden hat, zunächst als stellvertretende, dann als Bundesvorsitzende und heute als Mitglied der Schiedskommission.

Soziales und politisches Engagement ist für Eva Rühmkorf ein Lebenselixier geblieben, auch wenn sich einige ihrer Hoffnungen als Illusion erwiesen haben. Zum Beispiel das Glanzwort Bildung: »Daß Bildung automatisch zu einem offeneren Bewußtsein, zu einem besseren Menschen führt, wie das etwa Bertolt Brecht in seinen Stücken und Lehrgedichten formuliert hat, muß ich mir abschminken.«

Oder der Traum von einer gerechteren sozialistischen Welt: »Ich habe mir über den Sozialismus in der DDR nie Illusionen gemacht«, schreibt sie. »Es ist übrigens durchaus kein Anzeichen von Altersstarrsinn, wenn ich mich von meinen Ziel- und Wertvorstellungen auch nach dem Zusammenbruch des ›real existierenden Sozialismus‹ nicht verabschieden will. Der real existierende Turbo-Kapitalismus jedenfalls übertrifft auch alle meine früheren Einschätzungen und Befürchtungen. Ich halte eine tiefgehende und grundlegende Debatte über die Entwicklung unserer Gesellschaft und ihre Perspektiven für überlebenswichtig und kann mir sehr gut vorstellen, daß ein moderner, demokratischer Sozialismus eine gute Antwort auf die Fragen nach dem Wie-weiter in der globalisierten Welt sein könnte.«

Ein Zimmer für sich allein

Virginia Woolfs Forderung kann Eva Rühmkorf gut nachvollziehen. Auch ihr ist der eigene Freiraum wichtig, das Büro am Ballindamm, ihr Refugium, in dem sie ungestört arbeiten und für sich sein kann. Ein Luxus, den sie sich gönnt nach all den harten beruflichen Arbeitsjahren. Sie genießt vom Schreibtisch aus den Panoramablick auf die Binnenalster hinüber zum Jungfernstieg, sie genießt die Ruhe, die Ordnung, die sich in der kleinen Wohnung im Övelgönner Lotsenhaus, in der sie mit ihrem Mann seit den sechziger Jahren lebt, nie herstellen lässt. Hier sieht alles aufgeräumt aus und trotzdem nicht steril. Weiße moderne Möbel, weiße Wände. Raumbeherrschend eine eindrucksvolle Grass-Lithographie. Günter Grass gehört zum Freundeskreis des Ehepaares Rühmkorf. Sie treffen sich gelegentlich in der ländlichen Abgeschiedenheit Schleswig-Holsteins, bei Grass oder in ihrem Häuschen bei Mölln.

Eva Rühmkorf gießt Kaffee nach, füllt das Konfektschälchen auf und erzählt von ihren Plänen. Ihr Tag ist nach wie vor mit Arbeit angefüllt, doch sie kann nun selbst über ihre Zeit verfügen, sich freiwillig in Fron begeben. Eigentlich hatte sie vor, endlich die lange geplante Dissertation über die Sozialisation von Politikerinnen zu schreiben, aber die Theorie ist ihr ein Horror, so konzipiert sie das Ganze jetzt in lockerer Form als Buch.

Ihrem Mann kommt sie dabei nicht ins Gehege, beide gehen beruflich strikt getrennte Wege. Einmal nur, noch vor ihrer Heirat im Jahre 1964, als Peter Rühmkorf noch Lektor bei Rowohlt war, hat sie für ihn einen Katalogtext ins Englische übersetzt, aber er eignet sich nicht besonders für Teamwork, und sie kann und will nicht in die Rolle einer Sekretärin schlüpfen. Diese frühe Einsicht hat ihnen wahrscheinlich manche Auseinandersetzung erspart. Es gibt genügend andere Gemeinsamkeiten, die sie aufzählen kann: »das gemeinsame Interesse an Kultur und Politik, die Lust am Diskutieren über politische und kulturelle Themen und die Übereinstimmung in der Einschätzung gesellschaftlicher Entwicklungen«.

Dass sie beide zur linken Szene gehören und ihr Freundeskreis ähnlich gelagert ist, schafft eine verlässliche Basis für Gespräche und politisches Handeln. Allerdings scheut ihr Mann als notorischer Einzelgänger jede Einbindung in eine Partei oder andere Organisation, während sie lieber nach der Parole der Frauenbewegung »Vereint sind wir stark« handelt und bei ihren Aktionen stets nach Verbündeten sucht. Ihr haftet von klein auf der richtige Stallgeruch an, er jedoch, Sohn einer Lehrerin und eines reisenden Puppenspielers, hat diese sozialdemokratische Nestwärme nie kennen gelernt. Ihm sind Geborgenheitsoasen suspekt. »Wer sich in der Welt so richtig geborgen und zu Hause fühlt«, sagt er in einem *Zeit-*

Interview, »hat in der Literatur vermutlich gar nichts verloren«.

»Introvaganter Hochseilartist« nennt er sich, und das lässt ahnen, dass ein Zusammenleben mit diesem hochsensiblen Lyriker nicht einfach sein kann. Er hat depressive Phasen, in denen er sich einkapselt, dann wieder entschlossene Aufbrüche: »Das Dennoch ist die Gedankenfigur, die mein Leben beherrscht.« Dieser Satz könnte auch von Eva Rühmkorf stammen, der strukturellen Optimistin, die ihre sozialpolitische Arbeit nicht durchgehalten hätte ohne die Überzeugung, in dieser Gesellschaft, wenn auch mit winzig kleinen Schritten, doch etwas bewirken zu können.

Seit fast vier Jahrzehnten lebt das Ehepaar Rühmkorf zusammen, die meiste Zeit im alten Lotsenhaus über der Elbe in Övelgönne, dort, wo sich Künstler und Nonkonformisten angesiedelt haben. Ein südliches Flair liegt über dem schmalen Sandstrand und dem grünen Hang, der zur Elbchaussee hinaufführt. Von seinem Dachlukenfenster aus kann Peter Rühmkorf ein rechteckiges Stück Hamburger Welt beobachten: Vorgärten, die Uferpromenade mit flanierenden Spaziergängern, jenseits der Elbe die Hafen- und Kaianlagen und im Hintergrund die Harburger Berge. In seiner Mansardenklause herrscht Chaos, Zeitungsstapel auf dem Fußboden, darüber die aufgebockte Schreibplatte mit allem Lebensnotwendigen: Schreibmaschine, Aschenbecher, Teekanne, Manuskripten, Weinglas, Lesebrille, Krimskrams. Seine Frau macht dieses Durcheinander nervös, in ihrem kleinen Arbeitszimmer im unteren Stockwerk hat alles seinen festen Platz – Ordnung, die seine Kreativität lähmt, erleichtert ihr die Arbeit.

So verschieden wie das Schreibambiente war früher auch der Tagesrhythmus der beiden. Sie war zur Zeit ihrer Berufstätigkeit morgens am aktivsten, er ist ein Nachtmensch, ging zu Bett, wenn sie aufstehen musste. Heute genießt sie es, an keine festen Bürostunden gebunden zu sein und wie ihr Mann in die Nacht hinein zu arbeiten. Er bekocht sich meistens selbst und brüht den Tee für seine Gäste eigenhändig auf. Nur an den Wochenenden in der ländlichen Datsche essen sie gemeinsam. Über lange Zeiten haben sich die beiden kaum gesehen, wenn sie zwischen Kiel und Bonn pendelte oder er eine Gastprofessur irgendwo in der Welt angenommen hatte – in Austin/Texas, im englischen Warwick oder in New Hampshire. Diese unkonventionelle Lebensführung wäre, meint Eva Rühmkorf, Kindern nicht zuzumuten, sie sind deshalb bewusst kinderlos geblieben.

»Ich finde, wir haben es gut miteinander«, sagt sie, ihr gemeinsames Leben überblickend. Manchmal sitzen die beiden wie ein altes Rentnerpaar zusammen auf dem Biedermeiersofa und sehen sich die Tagesschau oder eine politische Sendung im Fernsehen an. Vorbei die Zeiten, wo sie mit eifersüchtigem Argwohn all die Verehrerinnen beobachtete, die ihren »Lyngi« – so nennen ihn die Freunde – nach Veranstaltungen mit Autogrammwünschen belagerten. Jetzt genießt sie seine Lesungen und freut sich über positives Echo aus dem Publikum.

In ihrem Buch *Hinter Mauern und Fassaden* zitiert sie die russische Schriftstellerin Nina Berberova, die ein Fazit ihres Lebens zieht. Dieses Fazit könnte auch für Eva Rühmkorfs Schaffen gelten: »Ich habe, so scheint mir, aus jeglichem Ballast irgend etwas gemacht, etwas Trauriges oder etwas Freudiges, in jedem Fall etwas Lebendiges. Wenn ich mich betrachte, sehe ich, daß mir, wie man so sagt, alles zum Vorteil gereicht hat, und wenn der Preis dafür manchmal übermäßig hoch war, so war es doch der Preis für das Leben.«

Birgit Breuel

EXPO mit Zukunftsvisionen

Birgit Breuel

*1937
Politikwissenschaftlerin

> Das Leben ist hart, und trotzdem war
> stets ein Gefühl des Auswegs da,
> und daß er möglich sei. Da er so lange
> nicht gefunden wurde, schwärmte
> träumerischer Mut nach überallhin aus.
>
> ERNST BLOCH

Visionen für die Zukunft standen im Mittelpunkt der EXPO 2000. Anders als bei früheren Weltausstellungen ging es in Hannover nicht in erster Linie um eine nationale und internationale Leistungsschau, sondern um Konzepte für ein zukünftiges Zusammenleben auf diesem immer stärker vernetzten und immer stärker geplünderten Planeten. Ein kühnes, ehrgeiziges Experiment. Hat es sich gelohnt? Die Generalkommissarin Birgit Breuel möchte noch keine endgültige Bilanz ziehen, für sie geht das Experiment weiter, weltweit. Die in der Agenda 21 von Rio geforderte Nachhaltigkeit lässt sich nicht kurzfristig messen.

Ein Jahrhundertexperiment

»An der Schwelle des neuen Millenniums stehen wir vor ungeahnten Herausforderungen, die bewältigt werden müssen«, schreibt die EXPO-Chefin in dem Band *Ideen für die Zukunft.* »Die EXPO 2000 wollte zeigen, wie überall auf dieser Welt Nationen und Regierungsorganisationen, Initiativen, Projekte und kreative Persönlichkeiten gemeinsam an der Lösung dieser Probleme arbeiten. Es ging uns nicht darum, nur schöne, perfekt gemachte Ausstellungen zu zeigen – wir wollten Anstöße geben und Unternehmungen vorstellen, in denen das Projekt Zukunft schon heute Gestalt annimmt.«

Visionen für das 21. Jahrhundert zu den Themenbereichen Mensch – Natur – Technik noch im alten Jahrhundert in langjähriger Arbeit zu entwickeln und nach und nach gegen heftige Widerstände zu gestalten – dazu gehörten Stehvermögen und Durchhaltewillen, Überzeugungskraft und Optimismus: Eigenschaften, die der erfahrenen Managerin schon immer zugeschrieben wurden. Die Kritik an der Jahrhundertschau entzündete sich vor allem an den immensen Kosten, die die Finanzexpertin Breuel zum größten Teil durch Einnahmen wieder hereinholen wollte. Die Rechnung ging nicht auf, sie ist noch bei keiner Weltausstellung aufgegangen. Aber sowohl die Bundesregierung unter Helmut Kohl als auch das Land Niedersachsen mit Ministerpräsident Gerhard Schröder stellten sich hinter das prestigeträchtige Projekt dieser ersten Weltausstellung auf deutschem Boden.

Mit kritischen Fragen grundsätzlicher Art musste sich die Expo-Chefin immer wieder auseinander setzen: Warum überhaupt noch ein Zurschaustellen einzelner Nationen im Zeitalter der Globalisierung? Warum dieser Aufwand zur Präsentation neuer Ideen, die auch im Internet abrufbar sind? Und Birgit Breuel wiederholte mit eiserner Langmut ihre Argumente für die Expo als Ort der Begegnung von Menschen und Kulturen, als Diskussionsforum für Fragen des zivilisatorischen Wandels und als Impuls für »die Veränderung des Denkens, der Werte, der sozialen Strukturen, die im Zuge der Globalisierung alle Gesellschaften – die der Industrienationen und die der sich entwickelnden Nationen – erfaßt hat«. Das Internet kann Themen nicht »sinnlich erlebbar und erfahrbar gestalten«, wie dies die Erlebnislandschaften taten, die einzelne Nationen in ihren Pavillons mit viel Fantasie aufgebaut hatten. Praxismodelle regten zur Nachahmung an: Warum sollten sich zum Beispiel in Zukunft nicht Tätigkeitsgesellschaften durchsetzen, in denen bezahlte Erwerbsarbeit, Familienarbeit und ehrenamtliche Arbeit kombiniert werden und gleichwertig nebeneinander stehen?

Die Weiterentwicklung der Industriegesellschaft zur Dienstleistungsgesellschaft kreativ und flexibel zu gestalten ist Birgit Breuel ein wichtiges Anliegen, genauso wie die Schärfung des ökologischen Bewusstseins und das Knüpfen neuer Beziehungen: »Aus Fremden sollen Freunde werden.« Das gilt nicht nur für weltweite Kontakte, sondern auch für das Zusammenwachsen innerhalb Europas, zum Beispiel mit den polnischen Nachbarn. »Es ist wohl nicht übertrieben zu sagen, dass von der weiteren Entwicklung der polnisch-deutschen Beziehungen viel für Europas Zukunft abhängt. Gegenseitiges Verstehen wird über eine Vielzahl direkter Kontakte erreicht und belebt. Denn die wirkliche Verständigung findet zwischen den Bürgern beider Staaten statt.«

Die Presse widmete diesen positiven Impulsen weit weniger Raum als kritischen Berichten. Während sie mit der EXPO-Leitung und mit deren Chefin hart ins Gericht ging – überhöhte Preise, Managementfehler, die *Süddeutsche Zeitung* sprach gar von einer »traurigen Kirmes« –, strömte die Bevölkerung in Massen zu den Hallen und Freiluftanlagen auf dem 160 Hektar großen Messegelände, reihte sich geduldig in die Warteschlangen ein, nahm keinen Anstoß an dem albernen EXPO-Maskottchen Twipsy und murrte höchstens über die teuren Würstchen. Die Besucher ließen sich von der virtuellen Journalistin Lisa neugierig durch künftige Megastädte führen, bestaunten den Einfallsreichtum der einzelnen Nationen, gingen bei den Finnen in einem echten Wald spazieren, bei den Japanern in einem stabilen Papiergehäuse und erholten sich bei den Schweizern in einer kunstvoll aus Hölzern aufgeschichteten »Oase der Stille«.

Ob die von nah und fern Angereisten außer schönen Erinnerungsfotos auch Anstöße für ihre eigene Lebensgestaltung mit nach Hause nahmen, wie die Veranstalter hofften, wird die Zukunft zeigen. Die Generalkommissarin gibt sich zuversichtlich, ist überzeugt, dass »diese Ideen weiterleben … mit Sicherheit in den weltweiten Projekten, die in allen Teilen der Welt lokale Antworten auf globale Herausforderungen geben«. Ein bleibendes Denkmal wie den Eiffelturm oder das Brüsseler Atomium hinterlässt diese Weltausstellung jedoch nicht.

Für Birgit Breuel, bei der seit 1995 auch als Beauftragte der Bundesregierung und seit 1997 als Geschäftsführerin alle Expo-Fäden zusammenliefen, war dieses Milliardenprojekt eine große berufliche Herausforderung. Über positives Echo freut sie sich, auf Kritik an ihrer zu optimistischen und erst spät berichtigten Kostenkalkulation antwortet sie kühl und entwaffnend: »Es war ein Fehler. Man muss seine Fehler auch offen zugeben, damit habe ich kein Problem. … Öffentliche Prügel kriegt man so oder so.«

Treuhand: Ein undankbares Geschäft

Prügel hat die furchtlose Hanseatin reichlich bezogen, nachdem sie 1991 die Leitung der Treuhandanstalt in Berlin übernommen hat: von den Ostmedien, von »abgewickelten« Betriebsangehörigen, von allen, die »die Beerdigung der DDR-Volkswirtschaft« betrauerten und »Vollstrecker des Kapitals« am Werk sahen. Die 1990 gegründete Anstalt sollte die Privatisierung der ehemals staatseigenen Betriebe der DDR in die Wege leiten. Tausende von Objekten mussten verkauft, saniert oder stillgelegt werden. Da in den neuen Bundesländern vielerorts noch alte Seilschaften jede Veränderung blockierten, setzte die Bundesregierung Sanierer aus dem Westen ein, die oft nicht mit dem nötigen Fingerspitzengefühl und Einfühlungsvermögen vorgingen und vorhandenes Misstrauen noch verstärkten. Doch als Anfang April 1991 Terroristen der Rote-Armee-Fraktion den ersten Leiter der Treuhand, Detlev Karsten Rohwedder, in seinem Wohnhaus heimtückisch ermordeten, war das Entsetzen auch in den östlichen Bundesländern groß.

Wie sollte es nun weitergehen mit der ungeliebten, aber notwendigen Anstalt? Niemand drängte sich in das gefährliche Amt. Schließlich erklärte sich Birgit Breuel, Vorstandsmitglied der Treuhand, zur Übernahme bereit, als – wie Helmut Kohl es formulierte – »alle Männer kniffen«. Sie bezog ihre Dienststelle im ehemaligen NS-Luftfahrtministerium und musste feststellen, dass sie nicht nur von massiven Mauern aus Stein umgeben war, sondern auch von den oft zitierten »Mauern in den Köpfen«. Sie versuchte in vielen Einzelgesprächen und in Diskussionsrunden an die Menschen heranzukommen, aber es ist schwer, Vertrauen zu gewinnen, wenn es überwiegend Hiobsbotschaften zu verkünden gibt: Schließungen unrentabler Betriebe, Kündigungen, Machtlosigkeit bei der Verfolgung westlicher Abzocker, die Firmen günstig aufkauften, sie ausschlachteten, stilllegten und die Belegschaft ohne Skrupel in die Arbeitslosigkeit entließen. Für die Betroffenen sind Positivbeispiele gelungener Sanierung – etwa der Zeiss-Werke in Jena durch Lothar Späth – kein Trost.

Die dreieinhalb Jahre Treuhand waren ein hartes Brot für Birgit Breuel, auch wenn sie eine Reihe erfolgreicher

Abschlüsse verbuchen konnte. Sie sagt rückblickend: »Aus dieser Zeit habe ich auch sehr quälende Gefühle. Ich mußte massiv in das Leben von vielen Menschen eingreifen. Es gab keinen besseren Weg, und trotzdem ist das menschlich unglaublich belastend gewesen, was ich da tun mußte.« Die Gespräche haben sie bis in die Träume verfolgt, aber sie ist trotz dieser bitteren Erfahrungen heute noch überzeugt, dass Privatisierung unter den gegebenen Umständen die beste Form der Sanierung war. Eine bessere Lösung hatten ihre Kritiker auch nicht anzubieten. Das Kapitel Treuhand schloss 1994 mit einem beachtlichen Schuldenloch. Daran konnte selbst die »Managerin des Jahres 1992« und Hanns-Martin-Schleyer-Preisträgerin als ausgewiesene Fachfrau nichts ändern.

Mit Bilanzen vertraut

Als junges Mädchen wäre es Birgit Breuel – damals noch Münchmeyer – nicht möglich gewesen, ins Bankhaus ihres Vaters einzutreten und dort Karriere zu machen. Für den Hamburger Privatbankier Alwin Münchmeyer war eine Frau an der Spitze seines Bankunternehmens undenkbar – er konnte sich nur einen Sohn als Nachfolger vorstellen. Tochter Birgit entschließt sich nach dem Abitur und einem Praktikum bei der Vereinsbank Hamburg zu einem Studium der politischen Wissenschaften und immatrikuliert sich an der Hamburger Universität. Zur Familientradition gehört es, sich Sprachkenntnisse nicht nur aus Lehrbüchern, sondern im praktischen Alltagsumgang anzueignen, so setzt sie ihr Studium in Oxford und Genf fort. Abgeschlossen hat sie es nie, denn inzwischen hat sie den sechs Jahre älteren Verlagskaufmann Ernst Jürgen Breuel kennen gelernt und – mit 21 – geheiratet.

Dr. Breuel ist Inhaber eines Verlages für bibliophile Bücher. Da liegt es nahe, dass sie, statt sich weiter mit Politikwissenschaft zu beschäftigen, die Prüfung als Einzelhandelskauffrau ablegt. Sie tritt jedoch nicht in seinen Verlag ein, sondern nimmt eine Stelle als Direktionsassistentin beim Hamburger Weltwirtschaftsarchiv an. Mit einem Job beim International Report in New York endet ihre Berufskarriere erst einmal: Sie bringt ihren ersten Sohn zur Welt. Obwohl sie eine passionierte Berufsfrau ist, sind weitere Kinder eingeplant, eine Familie mit nur einem Kind kann sie sich nicht vorstellen. Sie stammt selbst aus einer Fünfkinderfamilie und hat aus ihrem Elternhaus das – nicht immer konfliktfreie – Aufwachsen mit mehreren Geschwistern als positiv und bereichernd in Erinnerung. Vor allem die fröhliche, mit sanfter Autorität alles regelnde Mutter war es, die den Stil des Hauses prägte und sich trotz ihrer ehrenamtlichen und gesellschaftlichen Verpflichtungen immer Zeit für die Kinder nahm.

Diese selbstverständliche Geborgenheit möchte Birgit Breuel auch ihren Kindern vermitteln. Zum erstgeborenen Sohn Nikolaus kommen in kurzen Abständen noch zwei weitere Söhne, Christian und Philipp, hinzu. »In der Familie verschollen«, wie dies Elisabeth Albertsen in ihrem Buch *Das Dritte* beschreibt, fühlt sie sich deshalb noch lange nicht, obgleich auch sie mit drei kleinen Kindern trotz häuslicher Hilfe ziemlich ausgelastet ist.

Als der Älteste eingeschult wird, engagiert sie sich als Vertreterin der Elternschaft und ärgert sich von Jahr zu Jahr mehr über die Hamburger Schulverhältnisse. Lamentieren nützt nichts, das merkt sie bald, Veränderungen sind nur über eine andere Schulpolitik möglich. 1966 tritt sie deshalb in die oppositionelle CDU ein – und sitzt vier Jahre später, mit 32, als Abgeordnete in der Hamburger Bürgerschaft. Von da an ist die politische Karriere vorprogrammiert. In allen Parteien, nicht nur in der CDU, ebnet man jungen, engagierten Frauen den Weg nach oben, sie stehen für Aufgeschlossenheit und Reformwillen, nimmt sich doch der Frauenanteil in deutschen Parlamenten im internationalen Vergleich nicht besonders rühmlich aus. Schon bald avanciert die Landespolitikerin zur CDU-Fraktionssprecherin für Wirtschaft. Der kühne Versuch, mit einem Direktmandat in den Bundestag einzuziehen, scheitert allerdings.

1978 wirbt der neue niedersächsische Ministerpräsident Ernst Albrecht die Hamburger Politikerin nach Hannover ab und macht sie zur Wirtschafts- und Verkehrsministerin. Noch nie hat es so etwas in der Bundesrepublik gegeben: eine Frau zuständig für das klassische Ressort Wirtschaft! Frauen billigt man – wenn überhaupt – Kompetenz nur in der Sozial- und Kulturpolitik zu. Auch der noch mit patriarchalen Vorstellungen groß gewordene Bankier Münchmeyer ist über die Ernennung seiner Tochter zur Wirtschaftsministerin verblüfft – und gleichzeitig stolz auf sein »Mädchen«. Dieses Mädchen gilt schon bald als »der einzige Mann im Kabinett Albrecht«.

Mit ihrem Mut zu unpopulären Maßnahmen macht sich die Ministerin nicht nur Freunde. Sie ist eine Verfechterin der sozialen Marktwirtschaft und sieht in der »staatlichen Subventionitis« einen Hemmschuh für die wirtschaftliche Entwicklung des Landes. Dass durch den Abbau von Subventionen kurzfristig Härten entstehen können, hält sie für weniger gravierend als eine auf Dauer am staatlichen Tropf hängende Wirtschaft. Ihre Beurteilung der Lage wird von den einen als politisch vernünftig und weitsichtig gewertet, während andere sie für unsozial halten und hart kritisieren. Birgit Breuel ist nicht darauf angewiesen, eine Wahl zu gewinnen, ihr ständen auch andere Möglichkeiten als das politische Geschäft offen. Das macht sie unabhängig von Mehrheitstrends und Umfrageergebnissen.

Als ihre Partei 1986 in Niedersachsen die absolute Mehrheit verliert und eine Kabinettsumbildung notwendig wird, will man auf die in Wirtschafts- und Finanzfragen beschlagene Politikerin nicht verzichten und überlässt ihr ein anderes »hartes« Ressort: das Finanzministerium. Sie gibt dazu in ihrer trockenen Art den knappen Kommentar: »Ich wurde Ministerin, weil ich eine Frau bin, und bin Ministerin geblieben, obwohl ich eine Frau bin.«

In diese Zeit als Finanzministerin fallen die erbitterten Auseinandersetzungen um das Atomzwischenlager in Gorleben. Niedersachsen findet sich durch den organisierten Widerstand von Atomgegnern und die massiven Polizeieinsätze plötzlich im Fokus auch der internationalen Presse. Die niedersächsische Ministerin führt 1988 auf Bundesebene Verhandlungen mit Finanzminister Stoltenberg und Umweltminister Töpfer. Es geht um die »politische Akzeptanz des Entsorgungsprojektes im Land und vor Ort«. Diese Auseinandersetzungen zwischen Gegnern und Befürwortern des Zwischenlagers Gorleben sind noch nicht beigelegt, als Gerhard Schröder 1990 die Niedersachsenwahl gewinnt. Nun muss sich eine rotgrüne Koalition mit den Entsorgungsproblemen im Wendland auseinandersetzen. Birgit Breuel hat ein Problem weniger – und bürdet sich ein neues auf: die Treuhand.

Managerin auch im Ruhestand

Für ihre Verdienste als Ministerin wurde Birgit Breuel mit der Landesmedaille Niedersachsens ausgezeichnet. Ihrer Heimatstadt Hamburg hat sie, bedingt durch die beruflichen Tätigkeiten, für mehr als zwei Jahrzehnte den Rücken gekehrt: Erst die Studienzeit in Oxford und Genf, der Job in New York, dann das Engagement als Politikerin in Hannover und bei der Treuhand in Berlin, zuletzt das Abenteuer EXPO – da könnte die Rückkehr ins vertraute Hamburger Heim verdientes Ausruhen und Nichtstun im Liegestuhl an der Sonne bedeuten.

Nicht für die Managerin und Ehrendoktorin Breuel. Natürlich genießt sie das gemütliche Frühstück mit ihrem Mann und sturmerprobten Gefährten. Natürlich freut sie sich, endlich mehr Zeit für die beiden Enkel in Berlin zu haben und einspringen zu können, wenn einer krank ist. Natürlich kommt sie jetzt eher dazu, Fragen nachzugehen, die sie seit langem beschäftigen – etwa die Frage, wie man Menschen dazu bewegen kann, mehr Gemeinschaftsverantwortung zu übernehmen. Doch bei diesen Gedanken gerät sie nicht ins philosophische Grübeln, sie sucht nach praktischen Lösungen.

Wenn irgendwo ihre Hilfe gebraucht wird, packt sie zu. Als im Sommer 2002 die Flutkatastrophe über Sachsen hereinbrach, engagierte sie sich sofort im Kuratorium Fluthilfe, einer unter dem Vorsitz von Altbundespräsident Richard von Weizsäcker eingerichteten Schlichtungsstelle für übergangene Opfer, die nun aus einem »Nothilfetopf« entschädigt wurden. Diese Erfahrung hat ihr gezeigt, dass es bei den Deutschen doch eine Gemeinschaftsverantwortung gibt, wenn die Not groß ist. Die spontane Spendenbereitschaft überstieg die kühnsten Erwartungen – allerdings lässt sich diese Solidarität zu ihrem Bedauern nicht auf das normale Alltagsleben übertragen.

Verantwortung zu übernehmen auch für Projekte, die nicht dem eigenen Nutzen dienen, gehört zur hanseatischen Tradition und zum Pflichtbewusstsein ihres Vaters, dessen Haltung sie zur Richtschnur ihres eigenen Handelns gemacht hat. 1990, im Jahr ihres Ausstiegs aus der aktiven Politik, ist er gestorben. Ein weiterer schwerer Verlust lastet auf ihr und ihrer Familie: Ihr jüngster Sohn

Philipp erlag noch während seines Kunststudiums einem tückischen Krebsleiden.

Nach außen bewahrt Birgit Breuel stets Haltung, ihre Gesichtszüge verraten kaum innere Bewegung. Das macht es Gesprächspartnern schwer, an sie heranzukommen. Doch Abstand wahren muss nicht Interesselosigkeit oder Gefühlsarmut bedeuten, Menschen, die ihr nahe stehen, kennen sie auch anders: gelöst und heiter. Ihr Privatleben schirmt sie vor der Öffentlichkeit und der Presse nach Möglichkeit ab. Ihr Name steht nicht im Telefonbuch, zur Familie lässt sie sich nur knappe Daten entlocken. Ehemann Ernst Jürgen: selbstständiger Verlagskaufmann, Sohn Nikolaus: Jurist, Sohn Christian: Betriebswirt.

Für sich selbst könnte sie allerdings als Beruf schlecht »Rentnerin« angeben, denn ihr nun von Berufszwängen befreites Leben gestaltet sie höchst aktiv. Als sie nach dem Ende der EXPO in einem Interview gefragt wurde, was sie denn nun mit ihrer freien Zeit anfange, wies sie nicht auf ihre weiteren Tätigkeiten, zum Beispiel ihr Umweltengagement im Aufsichtsrat des WWF, hin, sondern antwortete ironisch: »Ich ziehe mich ins Privatleben zurück und werde Maiglöckchen züchten.« Hätte sie Ernst gemacht damit, wäre ihr Parkgarten über der Elbe längst von Maiglöckchen übersät, sie hätte eine Maiglöckchen GmbH gegründet, und auf dem Wochenmarkt wären sicher Maiglöckchen der besonders üppig blühenden und widerstandsfähigen Sorte »Birgit« zu kaufen …

Jil Sander

Die eigene Persönlichkeit betonen

Jil Sander

*1943
Modeschöpferin

> Es ist schwieriger, du selbst zu sein, denn irgend etwas anderes.
> VIRGINIA WOOLF

Mode hat viele Gesichter. Sie ist Ausdruck des Vergänglichen, des Wechsels und gleichzeitig eines Bedürfnisses nach richtungweisender Kontinuität. Sie steht für Kunst und für Kommerz. Psychologen bietet sie reichen Beobachtungsstoff, fördert sie doch die Akzentuierung der eigenen Persönlichkeit wie auch die Einbindung in einen Gemeinschaftstrend und die Unterwerfung unter ein von Leitfiguren gesetztes Diktat. Den einen sind die Extravaganzen der Mode Zeichen von Kreativität und belebende Farbtupfer im Alltagsgrau, die anderen betrachten sie als Ärgernis und überflüssigen Luxus in karger Zeit. Ästheten können Mode als Gesamtkunstwerk genießen oder sie als Beleidigung ihres Schönheitssinns sehen wie Oscar Wilde, der sarkastisch bemerkte: »Mode ist so unerträglich häßlich, dass wir sie alle Halbjahr wechseln müssen.« Der exzentrische Dandy war allerdings auch der Ansicht, man müsse entweder ein Kunstwerk sein oder eines tragen.

Was Mode ist, bestimmen nicht mehr wie in alten Zeiten Fürstenhöfe oder eine ständische Gesellschaft, sondern die Modeschöpfer – ein seltsamerweise von Männern geprägter Berufsstand. Nur die Zuarbeit in den Ateliers wird von Frauen geleistet. Da stellt sich die Frage: Sind Frauen weniger kreativ? Weniger wagemutig? Weniger geschäftstüchtig? Während Stardesigner wie Dior, Yves Saint Laurent, Givenchy oder Balenciaga den Modestil über Generationen hinweg bestimmten, gelang es in der ersten Hälfte des 20. Jahrhunderts nur einer einzigen Frau, die schöpferische Phalanx der Männer zu durchbrechen: Coco Chanel. Die 1883 geborene Französin eröffnete mit 26 Jahren in Paris ihre erste Modeboutique, und als sie 1971 mit 87 Jahren starb, hatten ihre Kollektionen längst weltweit einem neuen weiblichen Stil zum Durchbruch verholfen: sportlichbeschwingt, befreit von einengenden Zwängen und verspieltem Tand. Kein Wunder, dass eine junge, aufstrebende Designerin in Deutschland sich die um 60 Jahre ältere Pariserin zum Vorbild nahm!

Eleganz contra Parka- und Jeanskonformität

Als die 1943 geborene Jil Sander ihre erste Modeboutique in Hamburg-Pöseldorf eröffnet, ist sie sogar noch ein Jahr jünger als Coco Chanel bei ihrem Debüt als selbstständige Unternehmerin. Welche Verwegenheit oder welcher Übermut, ausgerechnet 1968 – auf dem Höhepunkt der Studentenrevolte gegen das Establishment – eine Luxusboutique mit Pariser Modellen in einem Hamburger Nobelviertel aufzumachen ... Doch der Laden bleibt von Sprühgraffitis verschont, denn die Besitzerin hat noch keinen Namen. Vielleicht befördern die uniformen Pressebilder von Gammeljeans und Parkas aus der Protestszene ja sogar ihren Aufstieg: Sie setzt dezente Eleganz gegen bewusst nachlässige Kleidung, Individualität gegen Einheitslook.

Die Mode der »kühlen Blonden aus Pöseldorf«, wie Modezeitschriften die zurückhaltende, attraktive Jungunternehmerin schon bald charakterisieren, kommt vielen Frauen entgegen, die sich modern kleiden wollen, ohne einem fremden Geschmack zu verfallen, der ihre Persönlichkeit verzerrt.

Wenn heute einer Umfrage zufolge ein Drittel der modebewussten Frauen sein und aussehen möchte wie Jil Sander, so zeigt dies – auch wenn die Zahl vielleicht zu hoch gegriffen ist –, dass ein Bedürfnis nach stilbildenden, nicht aufdringlichen Leitfiguren besteht – und sei es nur, um die eigene Unsicherheit zu verbergen. Durch Nachahmung befreie man sich »von der Qual der Wahl und der eigenen Verantwortlichkeit«, schreibt der Soziologe Georg Simmel; doch er betont, dass Mode andererseits auch »die individuelle Differenzierung, die Selbständigkeit, das Sichabheben von der Allgemeinheit« ermögliche.

Kleider machen Leute – das hat schon Gottfried Keller in seinen Seldwyler Geschichten mit der Figur des prächtig gewandeten Hochstaplers Graf Strapinski bewiesen. Aber nicht immer gelingt die Maskerade. Wer sich mit Hilfe äußerlicher Attribute eine neue Identität geben will, wird kaum zum Einklang mit sich selbst kommen. Genau hier setzt Jil Sander an: Mit ihren Entwürfen möchte sie die Persönlichkeit der Trägerin betonen, die eigene, nicht eine geborgte Identität unterstreichen. Ihre Kostüme, Kleider und Hosenanzüge sollen wie zum Körper gehörend getragen werden.

Um dieses Körpergefühl zu erreichen, muss man vor allem den Stoff im Griff haben. Jil Sander wählt für jedes Modell sorgsam die passende Stoffart, sie bevorzugt »Stoffe, die Energie haben«. Vertrautheit mit dem Material, Qualität der Verarbeitung, Verzicht auf überflüssige Verzierungen – all das gehört zum Geheimnis ihres Erfolges. »Stil ist richtiges Weglassen des Unwesentlichen«, hat der Maler Anselm Feuerbach einst formuliert. »Weniger ist mehr«, heißt das bei der Hamburger Modeschöpferin. Die dezent vornehme Schlichtheit ihrer Modelle entspricht hanseatischem Understatement, aber auch ihrem eigenen Habitus. Sie fühlt sich am wohlsten in Hosenanzügen, Blazern und Kaschmirpullis.

Emanzipation in Hosen

Dass Hosenanzüge heute zu allen Gelegenheiten, auch zu offiziellen Empfängen und Festlichkeiten, getragen werden, geht nicht zuletzt auf Jil Sanders Einfluss zurück. Der Trend zur Berufstätigkeit bei den Frauen kam ihr dabei zugute. Vollbeschäftigte Berufsfrauen brauchen pflegeleichte, qualitativ hochwertige, variationsreiche Kleidung – und greifen dabei wie selbstverständlich zum Hosenanzug. Wenn er das Etikett Jil Sander trägt, lassen sie sich dies einiges kosten. »Meine Mode ist nicht billig, aber so eine Anschaffung macht sich bezahlt«, argumentiert die Geschäftsfrau Sander. »Man spürt und sieht jahrelang die Qualität und vergisst den Preis.«

Eine zweifellos richtige Feststellung. Nur, was nützt sie, wenn die kaufwilligen Damen nicht die gertenschlanke Figur der Designerin und ihrer Mannequins besitzen? Wie bei allen Modemachern siegt auch bei Jil Sander das jugendliche Schönheitsideal über handfeste Geschäftsinteressen, denn – das zeigen Umfragen – die kaufkräftigste Kundinnenschicht wäre die »50-plus-Generation«, die jedoch von den Modeschöpfern kaum zur Kenntnis genommen wird. »Die über viel Geld verfügende Gruppe der über 50-Jährigen fristet seit Jahren in einer der Jugend huldigenden Gesellschaft ein Schattendasein«, schreibt Thomas Maier in der *NZ*. Ändern ließe sich dies seiner Meinung nach nur, wenn die Werbung sich auch auf diese Zielgruppe einstellte und nicht ausschließlich dem Jugendkult huldigte. Jil Sander kennt das Dilemma. Etliche ihrer Modelle kleiden auch Ältere vorteilhaft – allerdings, sagt sie, müssten diese Kundinnen auch etwas dazu beitragen, »in Form zu bleiben«.

Seit 1997 kleidet die Hamburger Designerin auch den Mann ein – und hat damit Erfolg. Die erste Modenschau mit männlichen Models, erinnert sie sich, war ein Wagnis. Sie ließ an der Mailänder Piazza Castello nicht die üblichen glatten und smarten Models auftreten, sondern sanfte, primanerhaft wirkende junge Männer, in leichten Sakkos und Rollkragenpullis, sportlich – eine neue Businessgeneration ohne Krawatte und Hemdkragen. Die Einkäufer waren irritiert, die Bestellungen liefen nur zögernd an, doch dann zeigte sich, dass Jil Sander mit ihrer Idee, die Männer von den konventionell steifen Anzügen mit Schulterpolstern zu befreien, richtig lag, wobei Leichtigkeit für sie niemals Schlabberlook oder Haltungslosigkeit bedeutet. Gerade salopp wirkende Kleidungsstücke müssen besonders sorgfältig und materialgerecht angefertigt werden, meist in Handarbeit, wie es die Tradition der Haute Couture verlangt.

Für Normalverbraucher manifestiert sich der Unterschied zwischen Haute Couture und Konfektionsware vor allem im Preis, für Jil Sander hingegen in der Stoffqualität, der unterschiedlichen Verarbeitung und der Raffinesse des Schnitts. Sie sieht die Designermode nicht gefährdet durch die Massenkonfektion. »Immer mehr Menschen achten auf Qualität und Stil«, ist ihre Überzeugung. Die Modeschöpferin spricht aus Erfahrung, sie ist schließlich seit bald 40 Jahren im Geschäft.

Der unaufhaltsame Aufstieg der Jiline Sander

Wer hätte gedacht, dass aus der kleinen, eigenwilligen Heidemarie Jiline aus Wesselburen, die sich weigerte, steife Petticoats zu tragen wie die ältere Schwester, einmal Deutschlands berühmteste Modeschöpferin würde? Für die später eingeschlagene Stilrichtung gibt es allerdings frühe Hinweise: Statt Kleider mit Rüschen und Schleifchen trägt Jiline lieber Hosen wie der jüngere Bruder – eine Vorliebe, die sie sich bis heute bewahrt hat. Auch die Lust, mit Stoffen umzugehen, mit ihnen zu gestalten, ist geblieben. Stoffreste, die als Spielzeug dienten und die Fantasie anregten, gab es genug im elterlichen Haus, die Mutter war eine kreative Frau, die selbst schneiderte und Puppen nähte.

Nach dem Besuch der Realschule entschließt sich Jiline zu einer Ausbildung als Textilingenieurin. Mit dem Diplom in der Tasche bricht sie voller Neugier und Unternehmungslust nach Amerika auf. In einem College in Los Angeles eignet sie sich weitere Kenntnisse an und jobbt als Redaktionsassistentin bei der Zeitschrift *McCall's* – zwei lehrreiche Jahre. Nach Deutschland zurückgekehrt, bringt sie ihre Erfahrungen – und auch ihre stark von amerikanischen Begriffen geprägte Sprache – als Modejournalistin bei den Zeitschriften *Constanze* und *Petra* ein, wird Ressortleiterin, drängt weiter, höher ... Doch immer ist jemand über ihr, der das Sagen hat. Sie aber weiß genau, was sie will: ihre eigenen Ideen verwirklichen, Frauen »befreien von den Lockenwicklern und dem ganzen Plüsch«, all dem Zurechtgemachten, das sie daran hindert »sie selbst zu sein«. Die junge Designerin vertraut ihrer gestalterischen Kraft, ihrer Vision. So wagt sie kühn den entscheidenden Schritt und macht sich mit 25 selbstständig. Sie hat ihr Auto verkauft, um ihre kleine Pöseldorfer Boutique an der Milchstraße einrichten zu können.

Neben Pariser Mode bietet sie erstmals eigene Entwürfe an, ihre Talente als Kauffrau und Designerin entwickeln sich Hand in Hand. Die Branche wird auf die junge, innovative Kollegin aufmerksam. Bei der ersten Vorstellung ihrer Kollektion – sie firmiert nun nicht mehr als Jiline, sondern kurz und apart als Jil Sander – hält sich der Erfolg in Grenzen. Ungewohnt schlicht ist das Gebotene, ohne laute Sensation, ohne schrille Töne. Das Neue an ihrer Mode wird erst mit der Zeit verstanden. Auf Anhieb erfolgreich ist ihre Kosmetikkreation mit den Parfums *Woman Pure* und *Men Pure*. Accessoires erweitern Angebot und Image, alles fügt sich zu einem stimmigen Ganzen – eine Neuheit auf dem deutschen Markt. Und ein weiterer Schritt über Hamburg, über Deutschland hinaus zu internationalem Ansehen.

Dass eine Frau eine eigene Firma gründet, ist inzwischen nichts Außergewöhnliches mehr. Aber dass eine Frau mit dieser Firma an die Börse geht, wie es Jil Sander 1989 tut, ist eine Sensation. Börsengeschäfte sind Männergeschäfte, das hat Tradition. Wer in diese Domäne einbricht, muss leichtsinnig oder sehr erfolgsgewiss und selbstbewusst sein. Die Hamburgerin traut sich diesen Schritt zu: »Ich war nie ängstlich. Ich war vielleicht in manchen Dingen naiv, habe so einiges nicht richtig eingeschätzt. Aber ich war immer Feuer und Flamme.«

Die Wirtschaftsjournalisten und die Konkurrenten verfolgen die Börsennotierungen mit Interesse, nicht selten geben die schwankenden Kurse Anlass zu Häme oder wohlmeinender Besorgnis: Hat sich die Newcomerin im Börsengeschäft da nicht übernommen? Doch Jil Sander lässt sich nicht irritieren, und ihr Unternehmen wächst und expandiert, allen Unkenrufen zum Trotz.

»Erfolg herbeidenken«

Wenn man etwas wirklich will und begeisterungsfähig genug ist, kann man, davon ist die Unternehmerin überzeugt, eine Menge bewegen: »Ich glaube, man kann Erfolg herbeidenken«, sagt sie. Durchhaltevermögen, Kraft und Findigkeit hat sie schon an den Nachkriegsfrauen bewundert, die zupackend und mit praktischem Sinn das Überleben organisierten und aus einem Fetzen Stoff Kinderkleider, aus einer alten Tischdecke fantasievolle Blusen zaubern konnten.

Fantasie und Kreativität sind keine Sache des Geldbeutels, das hat Jil Sander früh mitbekommen. Sie ist nicht im Luxus aufgewachsen, sie hat sich ihren Aufstieg erkämpft, mit Energie und mit gestalterischer Lust. Dass sie bei aller Dynamik auch eine verletzliche Seite hat, dass sie im Grunde ein zurückhaltender Mensch ist, der sich mit Teamwork schwer tut, hat ihrer Karriere nicht geschadet. Sie sagt von sich selbst, sie sei in vielen Situationen extrem schüchtern und scheu, fügt aber rasch hinzu: »Mich hat mein Leben stärker gemacht, ich bin durchaus belastbar.«

Im Jahr ihres Börsengangs hat sie in Ellerau bei Hamburg ein Textilunternehmen gekauft, das ihr die Möglichkeit gibt, selbst zu produzieren, die Kollektionen ganz nach ihren Wünschen und Qualitätsvorstellungen auszurichten und auch mit eigenem Vertriebssystem in den Handel zu bringen. Sie ist nun Designerin, Managerin und Unternehmerin in einer Person. Nicht immer läuft das reibungslos: »Von der kreativen Idee bis hin zum Produkt und dann zum Konsumenten ist der Weg sehr lang, da kann viel schief gehen.« Sie hat Lehrgeld bezahlt, aber sie ist lernfähig: Einmal gemachte Fehler passieren ihr nicht ein zweites Mal.

Längst hat sie sich im Ausland einen Namen gemacht – zuerst in Italien, dann in New York und selbst in Asien, immer bemüht, sich auf die jeweilige Mentalität der Menschen einzustellen. Sie hat sich beispielsweise mit der Kimono-Tradition beschäftigt, mit Zen-Gärten und Haikus. Das blieb nicht ohne Wirkung auf ihre Arbeit, der diese fernöstliche Ästhetik ja ohnehin nie fremd war.

Besonders schwierig ist es für Designer, in Paris, der internationalen Modemetropole, Fuß zu fassen. Doch 1993 wagt es Jil Sander, hier den ersten Flagshipstore glanzvoll zu eröffnen: 900 Quadratmeter Verkaufsfläche in bester Geschäftslage, Avenue Montaigne. Vier Jahre später, als sie Herrenmode in ihre Kollektion aufnimmt, kommt ein Atelier in Mailand dazu. Wieder ein Wagnis. Aber warum sollte sie nicht Männer einkleiden, wenn Karl Lagerfeld, das andere deutsche Modeidol, Frauenmode kreiert?

Jil Sander hat erreicht, was sie wollte. An die 50 Modegeschäfte von Tokio bis New York gehören ihr, in ihrem Betrieb beschäftigt sie 1000 Angestellte, ihre Firmengruppe ist an der Börse notiert und bringt einen Jahresumsatz von über 100 Millionen Euro – alles hart erarbeitet. Doch sie – ein Global Player par excellence – weiß rückblickend: »Es ist eine noch größere Herausforderung, oben zu bleiben, als nach oben zu kommen.«

Will sie überhaupt oben bleiben? Wie oft hat sie Zeit, ihr herrlich gelegenes Haus an der Außenalster zu genießen? Auf ihrem Landsitz in Schleswig-Holstein in Muße ihrer Gartenleidenschaft nachzugehen? In ihrem Büro in der Hamburger ABC-Straße laufen die Fäden ihrer weit verzweigten Firma zusammen, Geschäftsreisen bringen Termindruck und Stress – und alles ruht auf ihren Schultern.

Träume und Pläne

1999 verkauft sie ihr Unternehmen an den italienischen Prada-Konzern und behält nur einen Anteil von 25 Prozent. Sie will sich nicht mehr mit dem Management belasten, sondern sich ganz dem Entwurf der Kollektionen widmen. Doch die Zusammenarbeit mit dem Prada-Chef erweist sich als schwierig, die eigenwillige Designerin ist es gewohnt, Entscheidungen selbstständig zu treffen. Schon nach wenigen Monaten scheidet sie aus der von ihr aufgebauten Jil Sander AG aus.

Nun könnte sie sich ein angenehmes Leben leisten, all das tun, wofür sie früher nie Zeit hatte: Reisen ohne geschäftliche Verpflichtungen, Lesen, sich mit Architektur und Gartenkunst beschäftigen ... Doch sie ist kein Mensch der Muße, ihre Träume entwickeln sich unweigerlich zu handfesten Plänen.

Auf Mallorca hat sie sich schon vor Jahren in ein altes maurisches Palais verliebt, das verwunschen inmitten weitläufiger Renaissancegärten liegt. Auf diesem Landsitz am Fuße des Tramuntana-Gebirges ließe sich genau das verwirklichen, was ihr vorschwebt: ein Ort, wo Architektur, Kunst, Gartengestaltung und Design sich treffen, wo alte Kultur lebendig wird und Neues sich harmonisch einfügt – ein »Gesamtkunstwerk« als kulturelles Zentrum der Insel. »Diese Idee hat mich zehn Jahre lang nicht losgelassen«, sagt sie.

Sie ist bereit, eine stattliche Kaufsumme zu bezahlen und das ganze Anwesen fachkundig restaurieren zu lassen. Die Bevölkerung begrüßt das Projekt, doch die Regierung stimmt trotz leerer Kassen nicht zu: Zu viele deutsche Prominente haben sich auf der Insel schon einen sonnigen Alterssitz gesichert, nun soll nicht auch noch eines der letzten historischen Landgüter in deutsche Hände übergehen. Ausgeträumt der Renaissancetraum von einem elysischen Ort der Harmonie zwischen Natur und Kultur ...

Doch Jil Sander wäre nicht Jil Sander, ließe sie sich von einer Niederlage entmutigen. Dass sie sich jemals aus dem Modebereich ganz zurückziehen könnte, halten alle, die sie kennen, für unmöglich. »Ich bin ein Mensch, der gern Verantwortung übernimmt«, sagt sie: »Das ist, als hätte man Kinder. Meine Kinder interessieren mich einfach immer; diese Bindung löst sich niemals im Leben auf.« Sie hat sich

– bei allem spontanen Unmut – schwer getan mit dem Ausscheiden aus der Jil Sander AG, die ja doch »ihr Kind« ist. Dem Unternehmen ist ihr Weggang nicht gut bekommen, die Umsätze gingen drastisch zurück. Im Mai 2003 hat sie sich entschlossen, wieder einzusteigen in die Firma, die ihren Namen und ihre Handschrift trägt und die von dieser klaren, schnörkellosen Handschrift lebt.

Doch den Vorstellungen des Prada-Chefs, der eine »Verschlankung« der Betriebe und Luxusgeschäfte anstrebt, kann sich Jil Sander nicht anschließen. Die Krise schwelt weiter, die Firmengründerin zieht sich ein weiteres Mal zurück. Ob sie irgendwann – außerhalb des Prada Konzerns – zu einem erneuten Höhenflug ansetzen wird?

Was immer sie unternimmt, sie wird kreative Impulsgeberin bleiben. Ihre Modeschöpfungen haben ihr internationales Renommee und zahlreiche Preise und Ehrungen eingebracht. Dies bestätigt ihr die Anerkennung einer Mode, die – nach Georg Simmel – »das Bleibende im Wechsel und den Wechsel im Bleibenden sucht« und die dazu beiträgt, die eigene Persönlichkeit auszudrücken. Denn wie schon Virginia Woolf wusste: »Es ist schwieriger, du selbst zu sein, denn irgend etwas anderes.«

Maria Jepsen

Das Weib schweige *nicht* in der Gemeinde

Maria Jepsen

*1945
Bischöfin

> Es steht den Weibern übel an, in der Gemeinde zu reden.
>
> I. KORINTHER 14, 35

Im Sommer 1992 geht ein ungewöhnliches Foto durch die in- und ausländische Presse: eine jüngere, entschlossen in die Kamera blickende Frau in schwarzem Ornat und weißer Halskrause, Stola und großes Brustkreuz umgehängt, die Arme zum Segen ausgebreitet. Bildunterschrift: »Erste lutherische Bischöfin der Welt«.

Für die Gläubigen ist dies eine Sensation – ein verstörender Bruch mit vertrauten Traditionen für die einen, Aufbruchshoffnung für die anderen, vor allem für die Frauen, die die Mehrheit des Kirchenvolkes bilden. Das Experiment, auf das sich die Synode der Nordelbischen Evangelisch-Lutherischen Kirche mit der Wahl einer Frau zur Bischöfin eingelassen hat, wird in kirchlichen Kreisen aufmerksam verfolgt: Ob sich die 47-jährige Maria Jepsen in der Männerphalanx der Bischöfe wohl durchsetzen kann? Eine Frage, die immer dann gestellt wird, wenn Frauen in männliche Machtgehege einbrechen.

Maria Jepsen ist dieses verantwortungsvolle Amt nicht als Alibifrau zugefallen, sie hat sich in der kirchlichen Hierarchie redlich und mit großem Engagement hochgedient: als Vikarin in einer Gemeinde am Stadtrand von Hamburg, als Gemeindepastorin in Meldorf und Leck, als Pröpstin im Kirchenkreis Hamburg-Harburg und als Mitglied der Synode der EKD (Evangelische Kirche in Deutschland). Von der Forderung des 1. Timotheusbriefes (2, 12) lässt sie sich nicht entmutigen: »Einem Weibe aber gestatte ich nicht, dass sie lehre, auch nicht, dass sie des Mannes Herr sei, sondern stille sei.« Die frisch gekürte Bischöfin ist alles andere als still, sie nimmt lebhaft und öffentlich Stellung zu Fragen der Zeit, fasst heiße Eisen an, verbrennt sich die Finger, mischt sich ein, wo sie es für nötig hält. Dass viele Frauen ihre Hoffnung in sie setzen, sieht sie als Verpflichtung, sich für ihre Geschlechtsgenossinnen innerhalb und außerhalb der Kirche besonders zu engagieren.

Gleichberechtigung auch in der Kirche

Frauen waren, wurzelnd in biblischer Tradition, seit jeher das »Fußvolk« der Kirche, treu im Glauben, im Besuch der Gottesdienste und unentbehrlich als Hilfskräfte – stets übergangen jedoch bei verantwortungsvollen Führungsämtern. Augustinus und Thomas von Aquin sahen die Frau grundsätzlich als mit Mängeln behaftetes Wesen und als gefährliche »Einfallspforte des Teufels«. Sie eher als Hexen zu verbrennen, als ihnen Macht in der Kirche zuzubilligen, lag auf der Hand. Erst zu Beginn des 17. Jahrhunderts traten der Jesuit Friedrich von Spee und der protestantische Aufklärer Christian Thomasius öffentlich gegen diese Wahnideen und Diskriminierungen auf.

Doch in der Vorstellung des Volkes und auch im Kirchenrecht blieb die Unterwerfung der Frau unter den Willen des Mannes weiterhin eine Selbstverständlichkeit. Die Frauenemanzipation sei von den Kirchen eher gehemmt als gefördert worden – in der katholischen Kirche, die eine Frauenordination nach wie vor ablehnt, weit stärker als in der evangelischen, stellt der katholische Theologe Hans Küng fest.

Aber Küng schließt sein Buch *Die Frau im Christentum* mit der Ermunterung: »Nicht aufgeben! Kirche lebt von unten. Und die da oben werden früher oder später den Kampf gegen die Gleichberechtigung der Frau ebenso verlieren wie den gegen die Hexen oder den gegen Demokratie und Menschenrechte. Dafür sorgen die Frauen schon selber.«

Bischöfin Jepsen sieht sich als Wegbereiterin dieser Gleichberechtigung. Ihr Wunsch nach Mitschwestern im Bischofsamt ist schon wenige Wochen nach ihrer Wahl in Erfüllung gegangen: in den USA und in Norwegen, 1999 dann in Deutschland. In Hannover hat sich Margot Käßmann als Landesbischöfin profiliert, in Lübeck Bärbel Wartenberg-Potter. Doch das genügt der Hamburgerin nicht. »Wir müssen noch immer eine Quote für leitende Ämter im Kopf haben, und ich erwarte schon, dass in anderen Gliedkirchen der EKD bald nachgezogen wird«, sagt sie und weiß doch, wie schwierig es für Frauen mit Familie und Kindern ist, ein leitendes Kirchenamt mit all den daran hängenden Verpflichtungen zu übernehmen. Sie selbst ist kinderlos, das erleichtert ein Vollzeitengagement, muss aber nicht die Regel sein – Bischöfin Käßmann ist Mutter von vier Töchtern.

Die Bischöfinnen können bei ihrer Arbeit am »Sanierungsfall Frau« auf das Werk zweier Vordenkerinnen feministischer Theologie zurückgreifen: die katholische Theologin Elisabeth Gössmann, die sich auf Hildegard von Bingen und Franz von Assisi beruft, und ihre evangelische Kollegin Elisabeth Moltmann-Wendel, deren 1974 erschienenes Buch *Menschenrechte für die Frau* wegweisend für eine das ganze Sein umfassende weibliche Theologie wurde. Beide Frauen zeichnet nüchterne Besonnenheit aus, frei von aggressiver Polemik oder mystisch verklärter Gefühlsseligkeit.

Um diese nüchterne Besonnenheit bemüht sich auch Maria Jepsen, wenngleich ihr beim Lesen hämisch-ironischer Presseberichte Gleichmut schwer fällt, etwa wenn das Magazin *Focus* (42/00) unter dem Titel »Göttin, Mutter unser?« ihr und ihrer Amtsschwester Käßmann feministischen Muttergöttinnenkult unterstellt und durch die Zuwahl der Lübecker Bischöfin »die feministische Machtübernahme in der nördlichsten deutschen Landeskirche in greifbare Nähe« gerückt sieht.

Maria Jepsen ist keine Radikalfeministin, aber sie möchte weibliche Werte in die »intellektualisierte und vermännlichte Kirche« einbringen. Dass Frauen, entsprechend dieser männlichen Sichtweise, in der Kirchengeschichte kaum erwähnt werden oder nur eine untergeordnete Rolle spielen, ist ihr ein Ärgernis. In ihren Predigten kommt sie deshalb immer wieder auf Frauengestalten der Bibel zu sprechen, die als Leitbilder neu entdeckt werden müssten: Auf Rebekka zum Beispiel, die sich über herrschende Gepflogenheiten und Verordnungen mutig hinwegsetzte und der Stimme des Herzens und der Verheißung Gottes vertraute. Oder auf die Jüngerinnen am Grab, unter ihnen Maria von Magdala, die den Tod ihres Meisters betrauerten und den Verkündigungsauftrag erhielten. Dieses vom Evangelisten Lukas aufgezeichnete Ereignis sieht Bischöfin Jepsen als Schlüsselstelle – als Beweis dafür, dass Frauen berechtigt sind, das Amt der Verkündigung auszuüben.

In einer Predigt zum Welt-Aids-Tag geht sie auf vier andere Frauen der Bibel ein – Frauen, die aus der Gesellschaft herausgefallen sind und um ihre Rechte zu kämpfen hatten: Batseba und Rut und die Prostituierten Tamar und Rahab. Die Predigt schlägt den Bogen zum heutigen Hamburg, zu den Prostituierten auf St. Pauli und St. Georg und ihrer Gefährdung durch Aids, und sie erinnert an die christliche Verpflichtung, sich derer anzunehmen, die – nach Luther – »am Ersaufen« sind. Kein erbauliches Thema für eine Sonntagspredigt, vielmehr eine Herausforderung, der sich die

Kirchen in besonderer Weise zu stellen haben, »um Jesu willen, der den Weg nicht um die Elenden herum suchte, sondern direkt zu ihnen ging ...« Die Predigt handelt auch von sexuellem Missbrauch und von Frauen, die sich stets selbst zurücknehmen, sich anderen anpassen, zur Verfügung stellen: »Frauen lernten es eher, zu schlucken als aufzumucken. Und wenn sie deutlich beim Namen nannten, was sie quälte, was sie bedrängte, dann hieß es, heißt es sehr schnell: Das hast du zu tragen – oder: Darüber spricht man nicht.«

Maria Jepsen spricht darüber. Sie ist überzeugt, dass Empathie, das Sich-Einlassen auf andere Menschen, Frauen besonders liegt und dass ihnen daher auch in der Seelsorge mehr Entfaltungsmöglichkeiten geboten werden müssten. Sie hofft, dass Frauen ermutigt werden, sich stärker ins kirchliche und gesellschaftliche Leben einzubringen, um strukturelle und inhaltliche Veränderungen zu bewirken.

Natürlich weiß sie, wie schwer es Männern fällt, »Stühle zu räumen, auf denen sie jahrhundertelang saßen«. Sie macht sich keine Illusionen: 20 Jahre brauchten Hamburgs Kirchen für den ersten kleinen Schritt in Richtung Gleichberechtigung. Von 1969 an durften auch Frauen Pfarrstellen besetzen – aber nur, wenn gleichzeitig ein Mann als Pastor in der Gemeinde tätig war. Und noch einmal mehr als 20 Jahre dauerte es, bis Frauen auch kirchliche Führungsämter anvertraut wurden. Doch Jepsens Fazit klingt optimistisch und selbstbewusst: »100 Tage Schonfrist gewährt man einem Politiker, wenn er neu im Amt ist, als Bonuszeit. Nach fast 2000 Jahren Alleinherrschaft der Männer in der Kirche wären 100 Jahre Schonfrist für die Frauen wohl angemessen. Die brauchen wir aber gar nicht, wir verzichten darauf, stark genug, im Vertrauen, daß Gott uns geschaffen hat zu gemeinsamer Verantwortung für seine Schöpfung, Frauen und Männer, mit oder ohne Amt.«

Ihre Zuversicht zahlt sich aus: Im April 2002 wird Maria Jepsen nach zehnjähriger Amtszeit von der Synode der Nordelbischen Kirche für eine weitere Dekade wiedergewählt.

Ökumene schließt auch Juden ein

Hamburg soll die größte Zahl von Religionsgemeinschaften auf der ganzen Welt haben: Allein die Arbeitsgemeinschaft Christlicher Kirchen umfasst beinahe 50 verschiedene Gruppierungen. Besonders eng ist die Verbindung der evangelischen Kirche, der 40 Prozent der Bevölkerung Hamburgs angehören, zu den Katholiken, die mit 13 Prozent in der Stadt vertreten sind. Im Rahmen einer ökumenischen Vesper in der St.-Petri-Kirche stand Bischöfin Jepsen sogar neben Kurienkardinal Ratzinger, der »grauen Eminenz« der katholischen Kirche, am Altar.

Zur biblischen Ökumene gehören nach dem Verständnis der lutherischen Bischöfin aber nicht nur die christlichen Kirchen, sondern auch die jüdischen Gemeinden. Eine Teilnahme an der Chanukka-Feier empfindet sie als beglückendes Erlebnis, als Versöhnungsangebot, als Neuanfang. Sie ist eine Verfechterin des Hebräischen und bedauert, dass ihre Sprachkenntnisse nicht ausreichen, ohne Mühe den Talmud zu lesen. Doch nicht nur mit den jüdischen Quellen, auch mit der jüdischen Gegenwart beschäftigt sie sich: »Wenn wir als Christen glaubwürdig sein wollen, können wir das heutige Israel nicht außer acht lassen, allein lassen … Wir haben den einen Gott, wir haben den einen Teil ›Hebräische Bibel‹, und dann sind wir verschiedene Wege gegangen, aber mit demselben Gott und unter seinem Segen.«

Sie wünscht den Christen die Energie und Ausdauer eines Schalom Ben-Chorin im Bemühen um gegenseitiges

Verständnis und stellt mit Bedauern fest, »dass diese biblische Ökumene, dass das christlich-jüdische Gespräch immer noch keine Lebensfrage für uns geworden ist«. In einer Rede zur Woche der Brüderlichkeit im Hamburger Thalia-Theater zieht sie gegen Dogmatismus, Absolutheitsanspruch und Arroganz zu Felde: »Statt uns, statt das Christentum aufzubrechen und statt selber zu Hörenden zu werden, zu Fragenden auch, bleiben wir die, die es doch schon immer besser wissen ...«

Da die Hamburger Gemeinden auch palästinensische Partnerkirchen haben, kommen zu den religiösen Unterschieden politische Auseinandersetzungen hinzu. Abbau des Feinddenkens und das Bemühen um Verständigung zwischen den verhärteten Fronten sind deshalb Bischöfin Jepsens besonderes Anliegen – und das nicht nur verbal: Sie beteiligt sich auch an Demonstrationen gegen Gewalt und Fremdenfeindlichkeit und für den Frieden, wo immer in der Welt er bedroht ist. Zu den Friedensgebeten und Friedensgottesdiensten in St. Petri finden sich Juden und auch Moslems ein – ein kleiner Hoffnungsschimmer. Maria Jepsen hat bei ihrer Israelreise nicht nur jüdische Gemeinden, sondern ebenso das palästinensische Beit Jala besucht, eine Geste der Verbundenheit, wo Vermitteln schwierig ist. Sie engagiert sich auch für die Abrahams-Herberge in Beit Jala, in der Christen, Juden und Muslime aus Israel und Palästina einen Ort des Miteinanders finden sollen.

Einsatz für Randgruppen

Manche Gläubige vermissen bei der Hamburger Bischöfin ein deutlicheres Engagement für Ehe und Familie. Diese Institutionen hält Maria Jepsen für immer noch so gefestigt und von der Gesellschaft getragen, dass sie sich mehr den Randgruppen zuwenden möchte, die in der Öffentlichkeit keine starke Lobby besitzen – den Alleinerziehenden und Patchworkfamilien, den Homosexuellen und Junkies, den Obdachlosen und Asylanten, die alle unter sozialer Kälte besonders leiden. Für Drogenabhängige wünscht sie sich bessere Ausstiegschancen, mehr Entzugshilfen und Betreuung. »Hamburg ist nun mal eine Hochburg für Drogen«, stellt sie nüchtern fest und sieht darin auch ein Problem der Gesellschaft: Warum geraten so viele Jugendliche an Drogen? Vermitteln wir ihnen zu wenig Werte? Muss die Kirche nicht mehr tun, als sich nur mit Worten einzumischen? Trotz Beratungsstellen, Elternhilfe und Therapiestätten hält sie die Fürsorgebemühungen nicht für ausreichend und fordert gerade von den Kirchen eine »Kultur der Barmherzigkeit«.

Ihr Einsatz für die Anerkennung eheähnlicher Partnerschaften und gleichgeschlechtlicher Lebensgemeinschaften, denen sie den kirchlichen Segen nicht verweigern möchte, brachte Unruhe in die Nordelbische Kirche. Während die Synode eine Segnung homosexueller und heterosexueller Paare ohne Trauschein ermöglichen wollte, legte das Bischofskollegium sein Veto dagegen ein. Bischöfin Jepsen jedoch konnte in dem Beschluss der Synode »nichts Bekenntniswidriges sehen«. Hier steht Standpunkt gegen Standpunkt – nur eines der heißen Eisen, die Maria Jepsen mutig oder mutwillig aus dem Feuer holen will.

Viele Christen fühlen sich verunsichert, vermissen klare und eindeutige Normen der Kirche. Wie weit darf Toleranz gehen, etwa im Umgang mit anderen Lebensformen, ohne die eigene Substanz zu gefährden? Ängste, auch letzte sichere Verortungen zu verlieren, kommen hoch. Für Bischöfin Jepsen steht fest, dass wir anders Lebenden nicht von oben her Anweisungen aufdrängen dürfen, dass wir aber sehr wohl die Pflicht haben, »zu mahnen und zu warnen, wenn wir in Sorge umeinander sind«. Mit dieser Haltung schlägt sie keine Türen zu und bleibt offen für Gespräche nach der einen und der anderen Seite. Gespräche, auch kontroverse, zu ermöglichen, Annäherungen zu suchen, ohne die eigene Überzeugung verleugnen zu müssen, darum geht es ihr, sei es in der Ökumene, in politischen Diskussionen oder bei Auseinandersetzungen mit einzelnen Gruppen der Gesellschaft.

80-Stunden-Woche – und was sonst?

Immer ein offenes Ohr haben für die Nöte der anderen – wie schafft man das bei einer 80-Stunden-Arbeitswoche? Maria Jepsen muss sich die Zeit sehr sorgsam einteilen, um wenigstens hie und da eine freie Stunde herauszuschlagen für sich selbst oder für gemeinsame Unternehmungen mit ihrem Mann. Er hält ihr den Rücken frei für ihre berufliche Arbeit. Die beiden sind ein eingespieltes Team: Nach ihrer Wahl zur Pröpstin, 1991, ließ er sich aus dem Pfarrdienst beurlauben und führt seither den Haushalt – ein noch immer viel zu selten praktiziertes Modell der Arbeitsteilung, meist ebnet die Frau dem Mann den beruflichen Weg.

Befreit von allen häuslichen Arbeiten kann sich die Bischöfin ganz ihren Amtspflichten widmen – wobei diese Pflichten zum größeren Teil auch ihren persönlichen Neigungen entsprechen, sodass sie keine Trennlinie ziehen möchte zwischen Berufs- und Privatleben. Die hohe Arbeitsbelastung wird gemildert durch eine flexible Zeitgestaltung – ein Privileg, das sie zu schätzen weiß, wie auch den kreativen Gestaltungsraum, den ihr das Amt bietet. Nicht Macht an sich reizt sie, sondern die Macht, etwas verändern zu können. Das hat sie dazu bewogen, im Ausschuss der EKD-Synode für Diakonie, Mission und Ökumene und im Vorstand der Arbeitsgemeinschaft Christlicher Kirchen auf Bundesebene mitzuarbeiten und den Vorsitz der Nordelbischen Kirchenleitung wie des Evangelischen Missionswerks in Deutschland zu übernehmen. Sie hat auch das interreligiöse Forum Hamburg initiiert. Als Bischöfin ist sie Vorgesetzte von weit über 400 Pastoren und Pastorinnen in mehr als 200 Kirchengemeinden – ein gut organisiertes Netzwerk, das neben seelsorgerischen Aufgaben auch Sozial- und Bildungsarbeit umfasst.

Ein geradliniger Lebenslauf

Nie hätte sie sich in ein so verantwortungsvolles Amt hineingeträumt – eigentlich wollte sie Lehrerin werden. Maria Jepsens beruflicher Weg führt dennoch kontinuierlich und geradlinig nach oben, ohne Verwerfungen, Abweichungen, Ausbrüche. Keine Exkurse in fremde Lebensbereiche und ferne Länder, keine Tiefpunkte und utopischen Höhenflüge, alles überschaubar, beinahe berechenbar – und trotzdem nicht langweilig.

Ihre Jugend in Bad Segeberg hat sie, die im Januar 1945 kurz vor Kriegsende geboren ist, als harmonisch in Erinnerung, obwohl sich die Eltern trennten, als sie sechs Jahre alt war. Sie bleibt mit ihren drei älteren Geschwistern bei der Mutter, die wie ihr Vater, der Zahnarzt Dr. Hans-Jürgen Bregas, promoviert hat und den Kindern gute Bildungsvoraussetzungen mit auf den Weg geben kann. Die Tochter studiert nach dem Abitur am neusprachlichen Gymnasium von Bad Segeberg in Tübingen und Kiel Altphilologie und Theologie fürs Lehramt, wechselt aber nach fünf Semestern ganz zur Theologischen Fakultät über.

Nach dem Ersten Theologischen Examen in Kiel ist sie als Vikarin tätig, heiratet während dieser Zeit ihren Amtskollegen, den Vikar Peter Jepsen, legt ihr Zweites Theologisches Examen ab und geht mit ihrem Mann als Gemeindepastorin in die norddeutsche Provinz. Diese Zeit der kollegialen Zusammenarbeit endet 1991 mit ihrer Wahl zur Pröpstin in Hamburg-Harburg und ihrer Berufung in die EKD-Synode. Da diese Ämter ihren vollen Einsatz fordern, besorgt ihr Mann nun die häuslichen Geschäfte allein und steht ihr als Berater und Stütze zur Seite.

Die Wahl zur Bischöfin im Jahre 1992 als Nachfolgerin von Bischof P. Krusche bürdet ihr zwar noch mehr Arbeit auf, gibt ihr aber die Genugtuung, damit eine erste Bresche geschlagen zu haben für ihre Geschlechtsgenossinnen, nachdem zwei Versuche, Frauen für das Bischofsamt in der Nordelbischen Kirche zu nominieren, gescheitert waren. Ihre Wiederwahl 2002 für ein weiteres Jahrzehnt zeigt, dass ihre oft provozierenden Meinungen und Taten als konstruktive Denkanstöße betrachtet werden, die zwar Unruhe stiften, aber auch helfen können, Verkrustungen aufzubrechen.

Wünsche und offene Fragen

Eine Untersuchung des World Economic Forum erfragte vor kurzem in 47 Ländern das Ansehen bestimmter Institutionen. Überall lag die Kirche danach im vorderen Feld, nur in Deutschland fand sie sich abgeschlagen auf dem letzten Platz. Dass sich hier die Kirchenaustritte häufen, muss Gründe haben, die nicht allein mit hohen Kirchensteuern und der Abneigung gegen Institutionen erklärt werden können.

Während in einem Sammelband über *Kirche und Staat im 21. Jahrhundert* (Herder 2002) kritisch angemerkt wird, die evangelische Kirche habe sich immer mehr zu einem »perfekt funktionierenden Funktionärsverband«

entwickelt, vermutet die Zeitschrift *chrismon* (10/01), die protestantische Kirche stecke in der Modernitätsfalle: »Gerade weil sie so modern und aufgeklärt ist, kann sie nicht mehr Heil versprechen und eine neue Welt prophezeien ... Hungersnot in Afrika und die Arbeitslosenstatistiken scheinen ihr wichtiger als der Römerbrief.« Und Florian Illies fragt in der *FAZ* (15. 11. 02) noch deutlicher: »Wie weit soll dieses in der evangelischen Kirche schon fast zur Folklore gewordene kirchliche Bemühen, sich bis zur eigenen Unkenntlichkeit mit der Welt zu ›verständigen‹, noch führen?« Er fürchtet, die Kirche werde ob all ihrer Bemühungen um Randgruppen über kurz oder lang selbst zur Randgruppe.

Bischöfin Jepsen sieht nicht so pessimistisch in die Zukunft, wenngleich sie sich der Defizite in ihrer Kirche bewusst ist. Religiös-emotionale Gefühle würden allzu oft zugeschüttet, glaubt sie. Im kirchlichen Leben vermisst sie das unbeschwerte und zugleich verantwortungsbewusste Ausleben von Emotionen, von Freude und Glück: »Juden und Katholiken haben wahrscheinlich ein elementareres Verhältnis zum Glück als die Protestanten. Ich komme mehr vom Alten Testament und dem jüdischen Denken her. Darum fällt es mir vielleicht leichter, mich zu freuen ...«

Zuversichtlich stimmt sie, dass so viele junge Menschen auf der Suche sind nach Werten jenseits der flüchtigen Konsumwelt: »Dahinter steht manchmal der Wunsch nach etwas Magischem, nach dem Unerklärlichen, Unverfügbaren, nach Gott.« Ein diffus empfundener Wunsch, der nicht artikuliert werden kann, weil dieser Generation »das Gerüst der Frömmigkeit fehlt«. Der Frage der Frömmigkeit und des Gottvertrauens will Bischöfin Jepsen deshalb in Zukunft einen zentraleren Platz in der Verkündigung und Seelsorge einräumen. Und sie möchte Suchenden die

Erkenntnis vermitteln, die ihr selbst weiterhilft: »Ich bin nicht für alles verantwortlich, ich lege, was mich beschäftigt, in Gottes Hände.«

Irene Schulte-Hillen

Eine Stradivari im Handgepäck

Irene Schulte-Hillen

*1948

Vorsitzende der Deutschen Stiftung Musikleben

Musik muß wie das Leben selbst sein: ein leidenschaftlicher Ausdruck von Freiheit.

ANDRÉS SEGOVIA

Eigentlich wollte Irene Schulte-Hillen Sängerin werden. Als Erda in Wagners *Rheingold* hätte sie am liebsten auf der Bühne gestanden. Dieser Traum ging nicht in Erfüllung: Zwillinge kamen dazwischen. Fordernde Kinderstimmen im Duett statt Koloratur. Nach der Geburt des vierten Kindes gab sie ihr Gesangsstudium endgültig auf. Doch Musik bestimmt ihr Leben nach wie vor, auch wenn sie Opernaufführungen und Konzerte nun nur vom Parkett aus erleben kann.

Seit über zehn Jahren widmet sie sich ganz der Deutschen Stiftung Musikleben, einer Stiftung zur Förderung hochbegabter Nachwuchstalente – eine ehrenamtliche Aufgabe, die jedoch vollen Arbeitseinsatz fordert. Das ungewöhnliche »hauptberufliche und ehrenamtliche« Engagement der Vorsitzenden würdigte Bundespräsident Rau bei der Jubiläumsfeier zum 40. Geburtstag der Stiftung im Oktober 2002, wobei er betonte, dass Stiftungen »in Deutschland ein vitales und unverzichtbares Element unserer Gesellschaft« seien. Bei dem festlichen Ereignis im Berliner Schloss Bellevue musizierten Stipendiaten und Preisträger der Stiftung. Die jüngsten waren gerade 14.

Musikalische Frühprägung

Anders als in der Literatur oder der bildenden Kunst, wo Spätberufene keine Seltenheit sind, müssen musikalische Talente möglichst früh erkannt und gefördert werden, da es dabei ja auch um Vermittlung technischer Fertigkeiten geht. Solche Begabungen zu entdecken, jungen Musikern Möglichkeiten der Entfaltung zu bieten, ist ein besonderes Anliegen Irene Schulte-Hillens. Sie selbst ist mit Musik groß geworden – jedoch nicht in einer Musikerfamilie, sondern in einem gutbürgerlichen Aachener Kaufmannshaus, in dem als Ausgleich zum nüchternen Geschäftsalltag oft und gern musiziert wurde. Wenn die Mutter sich abends ans Klavier setzte, vertraute Melodien spielte und dazu sang, war das für die kleine Irene und die drei jüngeren Geschwister ein beruhigendes Einschlafritual.

In der Schule setzt sich dieses ganz selbstverständliche Vertrautwerden mit Musik fort. In den unteren Klassen wird viel gesungen und die Lust am gemeinschaftlichen Musizieren geweckt. Auch später, in der Viktoriaschule, einem evangelischen Gymnasium im katholischen Aachen, spielt die musische Bildung eine große Rolle. Noch heute erinnert sich Irene Schulte-Hillen dankbar an ihre Musiklehrerin, die mit ihrem Enthusiasmus die Schülerinnen für Chor und Schulorchester zu begeistern vermochte.

Händels *Messias,* vom Schulorchester aufgeführt, wird für die 14-jährige Irene zum Schlüsselerlebnis. Zum ersten Mal spürt sie, welche Macht Musik, welche Zauberkraft die menschliche Stimme haben kann. Ihrem Wunsch, die eigene Stimme weiter auszubilden und Gesangsstunden zu nehmen, geben die Eltern nach, sie darf das Konservatorium besuchen. Eine Berufskarriere als Sängerin kommt allerdings für den praktisch denkenden Vater nicht in Frage, er besteht auf einer handfesteren Ausbildung und rät der mathematisch begabten Tochter zu einem Studium der Wirtschaftswissenschaften. Die Tochter zieht dieses Studium, das ihr heute bei der Arbeit für die Stiftung zugute kommt, zügig durch. Doch die Musik ist damit nicht abgeschrieben, das Gesangsstudium nur vertagt – das steht für die junge Wirtschaftswissenschaftlerin fest.

Sie hat noch als Schülerin bei einer Schultheateraufführung ihren »Mann fürs Leben« kennen gelernt und gleich nach dem Studienabschluss, mit 22, geheiratet. Ihre zukünftigen Kinder – auch das steht für sie fest – sollen auf jeden Fall früh mit Musik vertraut gemacht werden, denn sie weiß aus eigener Erfahrung, wie prägend eine gute Musikerziehung für das ganze Leben sein kann. Alle ihre Kinder erhalten denn auch von klein auf Instrumentalunterricht, nicht als obligate wöchentliche Klavierstunde, sondern als Möglichkeit, sich mit den verschiedensten Instrumenten vertraut zu machen. Eine lockere, spielerische Hinwendung zur Musik, mit mehr oder weniger Lerneifer und Erfolg praktiziert – anders als bei den von der Stiftung geförderten Hochbegabten, die höchst motiviert mehrere Stunden täglich üben und sich kein Leben vorstellen können, in dem die Musik nicht im Mittelpunkt steht.

Im Hause Schulte-Hillen strebt keines der Kinder eine berufliche Laufbahn als Musiker an, aber alle bleiben der Musik eng verbunden. Die älteste Tochter Johanna spielt Klavier und Saxophon und tanzt mit Leidenschaft. Die Volljuristin macht sich durch ein zusätzliches Musikstudium in Los Angeles für den Einstieg in einen Musikverlag fit. Sohn Friedrich, zur Zeit in Virginia, will nach seinem Geschichtsstudium ebenfalls die juristische Laufbahn einschlagen. Mit seiner Rockband, dem Schlagzeug und der geliebten E-Gitarre hat er sich in Studententagen im schallisolierten Keller des elterlichen Hauses einquartiert, wo die Band auch heute noch in den Ferien zusammenkommt. Seine Zwillingsschwester Sophie, die als Redakteurin einer Frauenzeitschrift in New York lebt, spielt Flöte und Klarinette, und der Jüngste, Max, der vor kurzem Abitur gemacht hat und seinen Zivildienst bei der Hamburger Bahnhofsmission ableistet, jobbt in der Freizeit beim Bundesjugendorchester.

Alle vier Kinder Irene Schulte-Hillens wurden ihren Neigungen entsprechend musikalisch gefördert – doch was ist aus den eigenen Plänen für ein Gesangsstudium geworden?

Ein hartnäckiger Wunschtraum

Zufall, glückliche Fügung oder eigene Hartnäckigkeit – was immer es war: Irene Schulte-Hillen kommt doch noch zu ihrem Gesangsstudium. Sie erinnert sich: »Anfang der siebziger Jahre, noch zur Franco-Zeit, lebten wir in Barcelona. Da gab es für mich als Frau und Wirtschaftswissenschaftlerin in dieser reinen Männergesellschaft keinerlei Arbeitsmöglichkeit. Als ich eines Tages an der Oper vorbeikam, sah ich das Schild *Conservatorio del Liceu*, stieg kurz entschlossen die Treppen hoch, stellte mich vor, musste einige Partien vorsingen und – wurde angenommen. Ein wunderbares Gefühl.«

Sie studiert ein paar Semester klassischen Gesang, dann geht die herrliche Spanienzeit abrupt zu Ende: Ihr Mann übernimmt die Leitung eines Druckbetriebs in Itzehoe. Das bedeutet Umzug in den kalten Norden. In Deutschland haben die 68er-Studentenrevolte und der Frauenaufbruch die Gesellschaft zwar für Fragen der Selbstbestimmung und Gleichstellung sensibilisiert, aber über Jahrhunderte gewachsene Strukturen lassen sich nur in ganz kleinen Schritten verändern. Nach wie vor wird von der Frau Anpassungsfähigkeit an die beruflichen Planungen des Ehemannes und Flexibilität in der eigenen Lebensgestaltung erwartet. Das führt zu Knicken in der Berufskarriere – oder zum Auseinanderbrechen einer Partnerschaft. Die so genannte Spagatehe oder Wochenendehe ist in den siebziger Jahren noch kein häufiger praktiziertes Lebensmodell, die Anpassung des Ehemannes an die berufliche Entfaltung der Frau auch nicht. So gleicht denn Irene Schulte-Hillen ihr Leben den neuen Gegebenheiten an – ohne jedoch ihr Berufsziel aus den Augen zu verlieren.

In Itzehoe wird 1973 das erste Kind, Tochter Johanna, geboren. Zwei Jahre darauf schreibt sich die Mutter, hartnäckig und zielstrebig, an der Hamburger Musikhochschule zur Fortsetzung des Studiums ein. Sie ist nun 27. Eigentlich werden Studenten nur bis 25 angenommen, aber starre Regeln haben Irene Schulte-Hillen schon immer zur Rebellion herausgefordert. Der Regel entspricht es auch nicht, dass sie die zweijährige Johanna zum Einzelunterricht mitbringt. Doch die Lehrer gewöhnen sich daran, dass die Kleine, während die Mutter Arien übt, still und zufrieden unter dem Flügel sitzt und mit ihrem Puzzle spielt. Auch sie empfindet Musik offenbar als beruhigende Hintergrundkulisse, das kennt die Mutter aus ihrer eigenen Kindheit.

Aus dem Abschluss als Konzert- und Opernsängerin wird wieder nichts: Ein munteres Zwillingspärchen fordert die Mutter rund um die Uhr. Doch der Alltag der nun fünfköpfigen Familie pendelt sich allmählich wieder ein, ein junges Mädchen aus der Landfrauenschule hilft im Haushalt. 1978 macht Irene Schulte-Hillen noch einmal den Versuch, ihr Studium abzuschließen. Einige Monate geht das gut, dann erkrankt einer der Zwillinge ernsthaft, und sie muss endgültig von der Musikhochschule und ihrem Traum, eines Tages als Erda auf der Bühne zu stehen, Abschied nehmen.

Dafür steht wieder, bedingt durch die Geschäfte ihres Mannes, ein Ortswechsel an: Es geht mit der ganzen Familie samt Hausmädchen für zwei Jahre in die USA. In Minnesota wird nun, statt in der Hochschule, in der Kirche und in gastfreundlichen Privathäusern gesungen und musiziert. Eine herrlich unbeschwerte Zeit. Menschen von einer Herzlichkeit und Spontaneität, wie es Irene Schulte-Hillen von den Hamburgern nicht gewohnt ist. Der Abschied von diesem familiären Kleinstadtkreis fällt ihr schwer, das Wiedereingewöhnen in Deutschland noch schwerer. Beschwingt vom amerikanischen Musikerleben, möchte sie sich einen – gemessen an ihren hochfliegenden Träumen recht bescheidenen – Wunsch erfüllen: einmal im Bayreuther Festspielchor mitsingen. Das würde jedoch eine mindestens zweimonatige Präsenzpflicht auf dem Grünen Hügel bedeuten. Eine so lange Abwesenheit kann und will sie ihrer Familie nicht zumuten, zumal inzwischen noch ein viertes Kind hinzugekommen ist.

Bis zur Einschulung dieses Nachzüglers ist sie nun Familienfrau, kümmert sich um die Erziehung und musikalische Ausbildung der Kinder und nimmt am Hamburger Musikleben nur als interessierte Zuhörerin teil. Ihre Auftritte als Sängerin beschränken sich auf den privaten Rahmen. In ihrem Haus in Blankenese organisiert sie ab und zu kleine Konzerte, unter anderem das alljährliche musikalische »Frühstück im Advent«, dessen ungezwungen lockere Atmosphäre auswärtige Gäste erstaunt, die in der traditionsreichen Hansestadt eher distanzierte Gediegenheit erwartet hätten. Sie habe sich diesen steifen Sitten nie ganz angepasst, sagt die Gastgeberin – sie sei darin eben doch »ein rheinisches Mädchen« geblieben.

Berufung in ein Fulltime-Ehrenamt

Eine Berufung im doppelten Sinne: Dass Irene Schulte-Hillen 1987 ins Kuratorium der Deutschen Stiftung Musikleben berufen wird, ist das eine, dass sie damit ihre Lebensaufgabe – etwas pathetisch ausgedrückt ihre Berufung – findet, ist das andere. Sie selbst würde nicht von Berufung sprechen, sie liebt als »gelernte, nicht geborene« Hamburgerin nüchternes Understatement.

1992 übernimmt sie den Vorsitz der Stiftung, die 30 Jahre zuvor von Musikverleger Hans Sikorski, Bankier Wolfgang Essen und einigen Hamburger Musikfreunden aus Sorge um den fehlenden Orchesternachwuchs gegründet wurde und deren Hauptaufgabe darin bestand, Spenden für den Aufbau der wichtigsten Projekte des Deutschen Musikrats – das Bundesjugendorchester und »Jugend musiziert« – einzuholen. Die neue Vorsitzende gibt der »Geldsammelstelle« schon bald eine eigenständige Prägung. Sie hat nicht nur zündende Ideen, sie hat auch die nötige Energie und Beharrlichkeit, utopisch erscheinende Projekte in die Tat umzusetzen. Und sie hat den Ehrgeiz, zu beweisen, dass sie nicht nur »die Gattin an der Seite eines erfolgreichen Mannes« ist.

Gleich im ersten Jahr gelingt ihr ein großer Coup. Als ihr zu Ohren kommt, dass die Bundesregierung einen Fonds zur Verwaltung der »herrenlosen« Instrumentensammlung aus früherem Reichsbesitz gründen will, schlägt sie dem damaligen Innenminister Seiters Zusammenarbeit und – statt musealer Aufbewahrung – eine sinnvolle Nutzung dieser Instrumente vor: Sie sollen an begabte Nachwuchsmusiker, die sich kein eigenes hochwertiges Instrument leisten können, verliehen werden. Zu jeder Leihgabe des Bundes will sie eine weitere aus privatem Besitz beschaffen, sodass sich der Bestand verdoppelt. Ein kühnes

Versprechen, aber die Rechnung geht auf. Der von Irene Schulte-Hillen initiierte Deutsche Musikinstrumentenfonds, der bald durch Bestände aus der ehemaligen DDR erweitert wird, verwaltet heute über 100 wertvollste Streichinstrumente; nur ein Drittel davon sind »Staatsgeigen«, alle übrigen sind Leihgaben oder Schenkungen von Gönnern.

»Könner brauchen Gönner«

Die Idee der Initiatorin ist einfach und einleuchtend: Wer spendet oder ein Instrument zur Verfügung stellt, soll für seine Großzügigkeit auch belohnt werden. So organisiert die Deutsche Stiftung Musikleben jedes Jahr einige Dutzend Konzerte, zu denen sie die Gönner einlädt. Diese können sich bei den Begegnungen mit den jungen Musikern persönlich davon überzeugen, dass ihre kostbaren Instrumente in guten Händen sind und pfleglich behandelt werden.

Die handverlesenen Nachwuchsmusiker kommen aus ganz Deutschland, etliche gehören dem Bundesjugendorchester an, und alle haben schon Preise bei »Jugend musiziert« oder anderen hochkarätigen Wettbewerben gewonnen. Sie werden von einer fachkundigen Jury ausgewählt, die auch die Instrumente zuteilt: Zu wem passt eine Geige von Ceruti? Wer kann einer Viola von Testore die vollsten Töne entlocken, wer einem Cello von Grancino? Die meisten Instrumente stammen aus Italien, aus dem 18. Jahrhundert, der Blütezeit des Geigenbaus. Welches hoffnungsvolle Talent möchte nicht einmal, und sei es nur für eine begrenzte Zeitspanne, auf einer echten Stradivari spielen? Wem eines der wertvollen Instrumente anvertraut wird, entscheidet sich alljährlich bei einem zwanzigminütigen Vorspiel im Hamburger Museum für Kunst und Gewerbe.

Kandidaten und Kandidatinnen halten sich etwa die Waage, auffallend die vielen fremdländischen Namen: Pogostkin, Madziar, Ishizaka, Andrinanov, So-Young Kim ... Auch wenn die meisten der jungen Musiker in der Bundesrepublik geboren sind, bringen sie doch belebende Elemente vielfältiger internationaler Familientraditionen mit.

Natürlich bleibt bei der knappen Zahl der jährlich zu vergebenden Instrumente ein harter Konkurrenzkampf nicht aus. Irene Schulte-Hillen sieht dies realistisch als Einübung in die spätere Berufspraxis, die allzu zart Besaiteten kaum Chancen für Spitzenpositionen lässt. Besser sich frühzeitig auf einen guten Platz im Orchester einstellen, meint sie, als auf eine Starkarriere bauen, die nur den Allerwenigsten gelingt. Anne-Sophie Mutter, die als Achtjährige von der Stiftung gefördert wurde, hat es geschafft – aber solche weltweiten Erfolge sind selten und mit eiserner Disziplin erkauft. Musik ist nicht nur eine Himmelsmacht, sie ist auch ein sehr irdisches, beinhartes Gewerbe.

Doch wenn die jungen Musiker in ihr Spiel versunken auf dem Konzertpodium stehen, sind alle Strapazen und Schindereien des Alltags vergessen. Auch die Mentorin genießt diese Stunden, die ihr bestätigen, dass die mühselige Arbeit hinter den Kulissen nicht umsonst war. Sie begleitet die berufliche Entfaltung ihrer Schützlinge, vermittelt Patenschaften, knüpft Verbindungen zu Orchestern und Konzertagenturen, auch zu Mäzenen und Stiftungen, darunter Krupp, VW, Allianz, Körber oder die Kulturstiftung der Deutschen Bank. Bertelsmann finanziert die Geschäftsstelle, die *Zeit*-Stiftung ermöglicht hochbegabten Stipendiaten einen Studienaufenthalt im Ausland. Immer findet Irene Schulte-Hillen Möglichkeiten individueller Förderung, wenn die zum Teil noch sehr jungen Musiker finanzielle, fachliche oder einfach menschliche Unterstützung brauchen. Oft dient die Stiftung als Sprungbrett für

Karrieren: Anne-Sophie Mutter wurde später vom großen Basler Mäzen Paul Sacher weiter gefördert, die Klarinettistin Sabine Meyer von Herbert von Karajan.

»Könner brauchen Gönner« – ein einprägsamer und zugkräftiger Werbeslogan der Stiftung, die mit Orchestertourneen und Musikfesten im In- und Ausland auf sich aufmerksam macht, mit Konzerten in historischen Sälen, Kirchen und Schlössern oder Open-Air-Veranstaltungen. Allen Teilnehmern wird die Amerika-Tournee des Bundesjugendorchesters mit Kurt Masur im Jahre 1998 unvergessen bleiben, ein »Thank You America« zur Erinnerung an die Luftbrücke der Alliierten, die vor 50 Jahren der eingeschlossenen Berliner Bevölkerung überleben half. Diese Tournee war auch für Irene Schulte-Hillen ein besonderes Erlebnis, nicht zuletzt durch den freundschaftlichen Kontakt zu Kurt Masur, dem Wahlamerikaner auf Zeit, der wie sie die lockere Atmosphäre und die hohe Professionalität des amerikanischen Kulturbetriebs schätzt.

Die Auftritte in New York, Washington und Boston wurden zu gesellschaftlichen Events, was nicht allen deutschen Musikgremien behagte. Die *neue musikzeitung* sieht in ihrer Maiausgabe 1998 unter dem Titel »Cash für Kult« die Freiheit der Kunst durch »marketingorientierte Sponsoren mit Hang zum raschen Erfolg« gefährdet. Das ist sicherlich ein Thema. Doch ohne Sponsoren geht es in der heutigen Zeit der leeren öffentlichen Kassen nicht, und es hängt allemal vom Veranstalter ab, wie weit er sich als Werbeträger vereinnahmen lässt. Gesponserte Kultur heißt noch lange nicht Spaßkultur.

Die Reise des Bundesjugendorchesters zwei Jahre später nach Polen ist eine Reise in die Vergangenheit. Die Proben mit dem Dirigenten Gerd Albrecht finden im geschichtsträchtigen Gut Kreisau statt. Ein Konzert im Innenhof des Warschauer Königsschlosses ist Höhepunkt der Tournee, die, wie alle anderen Auslandsveranstaltungen der Stiftung, zur Völkerverständigung beitragen soll.

Im Herbst 2001 findet ein Benefizkonzert im Berliner Haus der Kulturen der Welt zugunsten der Terroropfer vom 11. September in New York statt – wieder eine eindrucksvolle Großveranstaltung des rund 100 Mitglieder zählenden Bundesjugendorchesters. Und immer laufen die Fäden im Büro von Irene Schulte-Hillen zusammen. Mit nur vier Mitarbeiterinnen bewältigt sie die ganze Arbeit – doch am liebsten würde sie alles selbst erledigen, so sehr ist sie inzwischen mit dieser Stiftung, ihrem »fünften Kind« verwachsen. Alle von ihr eingeworbenen Gelder fließen – darauf ist sie stolz – bis auf den letzten Cent in die Stipendiatenförderung. Ihr Mann steht voll hinter ihrem zeitaufwändigen Engagement, auch wenn der beruflich Ausgelastete sie nicht auf allen Tourneen begleiten kann.

Den Kreis der Förderer und Mäzene wünscht sich die einfallsreiche und umtriebige Kulturmanagerin noch größer. Warum nicht Zustiftungen einrichten für besondere Projekte, die dann den Namen des Stifters tragen und ihm »ein Stückchen Unsterblichkeit« sichern? »Tue Gutes und rede darüber« ist keine hanseatische, aber eine Erfolg versprechende Devise: Es gibt in Hamburg bereits den Hans-Sikorski-Gedächtnispreis und den Eduard-Söring-Preis, neu dazugekommen ist das Carl-Heinz Illies-Förderstipendium für besonders begabte junge Pianisten. Solch ein öffentlich-privates Sponsorentum sollte Schule machen und die Förderung kultureller Aufgaben nicht durch den Fiskus eingeschränkt werden, betonte Schirmherr Johannes Rau beim Stiftungsjubiläum in Berlin. Den persönlichen Kontakt zu den Stiftern, auch den potenziellen, zu pflegen, hält Irene Schulte-Hillen für besonders wichtig – auch wenn dies ab und zu mit unerwarteten Hindernissen verbunden ist.

Mit einer Stradivari auf dem Bahndamm

Ende Februar 2002 kommt ein überraschender Anruf aus Frankreich: Ein Mäzen stellt dem Deutschen Instrumentenfonds drei wertvolle alte Geigen zur Verfügung, darunter eine Stradivari. Irene Schulte-Hillen ist nach der ersten Verblüffung hellwach: Die Instrumente, die ein Geigenbauer in Amsterdam verwahrt, müssen so schnell wie möglich nach Hamburg geholt werden, bevor der Anrufer es sich vielleicht doch anders überlegt. Der jährliche Wettbewerb für die Instrumentenvergabe steht unmittelbar bevor, und weitere Geigen werden dringend benötigt. Eine Stradivari wäre da natürlich ein besonderer Anreiz für alle Teilnehmenden ...Die kostbare Fracht will sie keiner Spedition anvertrauen, außerdem möchte sie den Geigenbauer gern persönlich kennen lernen – also auf nach Amsterdam!

Sie hat leere Geigenkästen mitgebracht. Die empfindlichen Instrumente werden sorgsam verpackt, sie sollen Hamburg unbeschädigt erreichen. Doch der Transport wird zum Abenteuer. Über Norddeutschland toben Unwetter, alle Flüge nach Hamburg sind gestrichen. Dass die Eisenbahn ihr Ziel zwar etwas langsamer, aber sicher erreicht, erweist sich als trügerische Hoffnung. Irgendwann, mitten auf einsamer Strecke, hält der Zug: Sturmschäden, Weiterfahrt unmöglich. Alle Reisenden müssen aussteigen und mitsamt ihrem Gepäck auf dem spitzen Gleisschotter den Marsch zum nächsten Bahnhof antreten. Eineinhalb Kilometer bei eisigem Wind und Graupelschauern. Irene Schulte-Hillen hat den Doppelkasten mit zwei Geigen in einer großen Tasche über die Schulter gehängt, den Kasten mit der Stradivari behält sie in der Hand. Sie will sich nicht helfen lassen, niemand soll wissen, dass sie da ein Millionengepäck mit sich herumschleppt. Eisregen peitscht ihr ins Gesicht, der Weg erscheint ihr endlos lang ... Werden die Geigen diesen Härtetest unbeschadet überstehen?

Nach viermaligem Umsteigen kommt sie – noch rechtzeitig zum Wettbewerb – in Hamburg an. Die Instrumente haben trotz der Sturm-Odyssee keinen Schaden genommen und können vergeben werden. Von der Stradivari träumen nicht wenige der 64 jungen Musiker, die sich hier ein Instrument »ergeigen« wollen. Das bernsteinfarbene Prunkstück im unscheinbaren schwarzen Kasten wird der 18-jährigen Alina Pogostkin aus Heidelberg zugesprochen. Die in St. Petersburg geborene Preisträgerin hat die Jury durch die hinreißende Wiedergabe einer Prokofjew-Sonate überzeugt. Mit der virtuosen *Paganiniana* von Nathan Milstein wird sie wenig später, arrangiert von der Stiftung, in der Berliner Akademie der Wissenschaften und bei der Verleihung des Karlspreises in Aachen auftreten.

Mit fünf hat sie ihr erstes Konzert gegeben, vier Stunden übt sie täglich mit ihrem Vater. Musik ist für sie »so wichtig wie atmen und schlafen«, und mit ihrer Geige verbringt sie mehr Zeit als mit ihrem Freund. Immer wieder stellt Irene Schulte-Hillen fest, wie eng das Verhältnis ihrer Schützlinge zu den ihnen anvertrauten Instrumenten ist. »Geigen sind wie Menschen«, sagt Alina Pogostkin, »Jede hat ihren eigenen Charakter, eigene Macken. Man kann eine Geige ein ganzes Leben lang erforschen – und wird immer wieder neue Seiten entdecken.« Eine Antwort auf den Einwand, warum denn mit alten Instrumenten geradezu ein Kult getrieben werde, man könne doch gute neue Geigen viel preiswerter bekommen ...

Irene Schulte-Hillen lässt sich von Kritik nicht beirren. Sie sammelt weiter. Für ihr ehrenamtliches Engagement als »treibende Kraft der Deutschen Stiftung Musikleben« wurde sie mit dem Montblanc arts patronage award 2002 ausgezeichnet, einem internationalen Preis, der an Förderer von Kunst und Kultur verliehen wird. Das Preisgeld von 15 000 Euro hat sie in den Ankauf eines Kontrabasses investiert – eine Bereicherung für den Deutschen Musikinstrumentenfonds, der nach wie vor ihr liebstes Projekt ist.

»Wenn man viel Glück im Leben gehabt hat, finde ich es wichtig, auch etwas an die Gemeinschaft zurückzugeben«, sagt sie. Und vergisst dabei ihren nie erfüllten Wunschtraum, einmal auf der Opernbühne zu stehen in der Rolle der Erda, deren »große Kraft und Gelassenheit« sie so sehr bewundert.

Literatur

Glückel von Hameln

Die Memoiren der Glückel von Hameln, geb. in Hamburg 1645, gest. in Metz 19. 09. 1724. Aut. Übertragung nach d. Ausg. d. Prof. Dr. David Kaufmann von Bertha Pappenheim. Wien 1910

Die Memoiren der Glückel von Hameln. Mit einem Vorwort von Viola Roggenkamp. Weinheim 1994

Mechtild M. Jansen/Ingeborg Nordmann (Hrsg.): *Lektüren und Brüche. Jüdische Frauen in Kultur, Politik und Wissenschaft.* Königstein/Taunus 2000

Monika Richarz: (Hrsg.): *Die Hamburger Kauffrau Glikl. Jüdische Existenz in der Frühen Neuzeit.* Hamburg 2001

Eva König

Meine liebste Madam – Lessings Briefwechsel mit Eva König 1770/76. München 1979

Gotthold Ephraim Lessing/Eva König: *Briefe aus der Brautzeit 1770–1776.* Mit einem Essay von Walter Jens. Neu hrsg. und kommentiert von Wolfgang Albrecht. Weimar 2000

Gotthold Ephraim Lessing: *Briefe.* Hrsg. von Helmuth Kiesel. 3 Bände, Frankfurt am Main 1994

Waldemar Oehlke: *Lessing und seine Zeit.* 2 Bände, München 1919

AMALIE SIEVEKING

Amalie Sieveking: *Jahresberichte des weiblichen Vereins für Armen- und Krankenpflege*. Hamburg 1833–53

Silke Wierk: *Das Frauenbild und die Initiativen der Amalie Sieveking*. Hamburg 1993

Rita Bake/Birgit Kiupel: *Von machtvollen Frauen und weiblichen Körpern. Ein Rundgang durch das Hamburger Rathaus*. Hamburg 2000

Malwida von Meysenbug: *Memoiren einer Idealistin*. Hrsg. von Renate Wiggershaus. Frankfurt am Main 1985

ELISE LENSING

Elise Lensing: *Briefe an Friedrich und Christine Hebbel*. Hrsg. von Rudolf Kardel im Auftrag des Hebbel-Museums in Wesselburen. Berlin/ Leipzig 1928

Friedrich Hebbel: *Tagebuchblätter 1835–1863*. Berlin 1925

Arthur T. Alt (Hrsg.): *Hebbel-Briefe*. Berlin 1989

Joachim Müller (Hrsg.): *Hebbels Werke*. Berlin 1994

LIDA GUSTAVA HEYMANN

Lida Gustava Heymann: *Frauenstimmrecht und Völkerverständigung*. Leipzig 1919

Lida Gustava Heymann: *Erlebtes – Erschautes. Deutsche Frauen kämpfen für Freiheit, Recht und Frieden 1850–1940*, in Zusammenarbeit mit Anita Augspurg. Hrsg. von Margrit Twellmann. Meisenheim 1972/ Frankfurt am Main 1992

Elke Frederiksen (Hrsg.): *Die Frauenfrage in Deutschland 1865–1915. Texte und Dokumente*. Stuttgart 1981

Anna Dünnebier/Ursula Scheu: *Die Rebellion ist eine Frau. Anita Augspurg und Lida G. Heymann. Das schillerndste Paar der Frauenbewegung*. Kreuzlingen/München 2002

Ida Dehmel

Ida Dehmel: *Daija*. Autobiographischer Roman (unveröffentlichtes Manuskript). Staats- und Universitätsbibliothek Carl von Ossietzky, Hamburg o. J.

Richard Dehmel: *Eine Wahl aus seinem Werk*. Hrsg. und eingeleitet von Ida Dehmel. Berlin, o. J.

Stefan George – Ida Coblenz. Briefwechsel. Hrsg. von G. P. Landmann u. a. Stuttgart 1983

Irma Hildebrandt/Renate Massmann (Hrsg.): *Ich schreibe, weil ich schreibe. Autorinnen der GEDOK*. Eine Dokumentation. Stuttgart 1990

Ursula Toyka-Fuong (Hrsg.): *Perplex. Positionen und Perspektiven. 75 Jahre GEDOK Künstlerinnenverband*. Ausstellungskatalog. *Köln 2001*

Matthias Wegner: *Aber die Liebe. Der Lebenstraum der Ida Dehmel. München 2001*

Emmy Beckmann

Emmy Beckmann: Beiträge in der Zeitschrift *Die Frau*, 1914–1940

Emmy Beckmann/Irma Stoß (Hrsg.): *Quellenhefte zum Frauenleben in der Geschichte*. 26 Bände, Berlin 1926–1936

Emmy Beckmann (Hrsg.): *Gertrud Bäumer. Des Lebens wie der Liebe Band. Briefe*. Tübingen 1956

Emmy Beckmann (Hrsg.): *Helene Lange. Was ich hier geliebt. Briefe.* Tübingen 1957
Liselotte Funcke (Hrsg.): *Frauen in der Politik. Die Liberalen. Frei sein, um andere frei zu machen.* Stuttgart/Herford 1984
Ursula Huffmann/Dorothea Frandsen/Annette Kuhn (Hrsg.): *Frauen in Wissenschaft und Politik.* Düsseldorf 1987

Ida Ehre

Ida Ehre: *Gott hat einen größeren Kopf, mein Kind…* Geleitwort von Helmut Schmidt. Mit 16 Bildtafeln. München/Hamburg 1985
Zeugen des Jahrhunderts: *Ida Ehre im Gespräch mit Sepp Schelz.* Hrsg. von Wolfgang Homering. Berlin 1999
Ida Ehre: *Ich glaube an das Gute im Menschen.* Hrsg. von Karima Sen Gupta. Heilbronn 2001
Ida Ehre. Ausstellungskatalog der Staats- und Universitätsbibliothek Carl von Ossietzky und der Hamburger Theatersammlung. Hamburg 2002

Marion Gräfin Dönhoff

Marion Gräfin Dönhoff: *Namen, die keiner mehr nennt: Ostpreußen, Menschen und Geschichte.* Düsseldorf/Köln 1962
Marion Gräfin Dönhoff: *Kindheit in Ostpreußen.* Berlin 1988
Marion Gräfin Dönhoff: *»Um der Ehre willen«. Erinnerungen an die Freunde vom 20. Juli.* Berlin 1994

Marion Gräfin Dönhoff: *Zivilisiert den Kapitalismus. Grenzen der Freiheit*. Stuttgart 1997
Marion Gräfin Dönhoff: *Was mir wichtig war. Letzte Aufzeichnungen und Gespräche*. Berlin 2002
Alice Schwarzer: *Marion Dönhoff. Ein widerständiges Leben*. Köln 1996
Ralf Dahrendorf: *Liberal und unabhängig. Gerd Bucerius und seine Zeit*. München 2000

FELICITAS KUKUCK

Felicitas Kukuck: *Biographie I in Form eines Tagebuchs ab 17. April 1989*. Manuskript. Hamburg 1989
Die deutsche Jugendmusikbewegung in Dokumenten ihrer Zeit von den Anfängen bis 1933. Hrsg. vom Archiv der Jugendmusikbewegung e. V. Hamburg. Wolfenbüttel/Zürich 1980
Zündende Lieder – Verbrannte Musik. Folgen des Nationalsozialismus für Hamburger Musiker und Musikerinnen. Katalog zur Ausstellung in Hamburg 1988. Hrsg. von der Projektgruppe Musik und Nationalsozialismus am Musikwissenschaftlichen Institut der Universität Hamburg. Hamburg 1988
Claudia Friedel: *Komponierende Frauen im Dritten Reich. Versuch einer Rekonstruktion von Lebensrealität und herrschendem Frauenbild*. Münster/Hamburg 1995

HEIDI KABEL

Heidi Kabel: *Manchmal war es nicht zum Lachen*. Hamburg 1979

Christoph Schramowski: *Das große Heidi Kabel Album. Ihr Leben, ihre Rollen. Mit Fotos von Marion Schröder.* Hamburg 1999
Gerd Spiekermann: *100 Jahre Ohnsorg-Theater*. Mit CD. Hamburg 2002

Liselotte von Rantzau-Essberger

Svantje Domizlaff: *John T. Essberger. Eine deutsche Geschichte der Tankschiffahrt*. Hamburg 1999
Heinrich Erdmann: *Hamburg im Dritten Reich*. Hamburg 1998
Frank Bajohr: *Arisierung in Hamburg. Die Verdrängung der jüdischen Unternehmer 1933–45*. Hamburg 1997

Dorothee Sölle

Dorothee Sölle: *Atheistisch an Gott glauben. Beiträge zur Theologie*. Olten 1968
Dorothee Sölle/Fulbert Steffensky: *Nicht nur Ja und Amen. Von Christen im Widerstand*. Reinbek 1989
Dorothee Sölle: *Es muss doch mehr als alles geben. Nachdenken über Gott*. Hamburg 1992
Dorothee Sölle: *Gegenwind. Erinnerungen*. Hamburg 1995
Dorothee Sölle/Luise Schottroff: *Den Himmel erden. Eine ökofeministische Annäherung an die Bibel*. München 1996
Dorothee Sölle: *Das Eis der Seele spalten. Theologie und Literatur in sprachloser Zeit*. Mainz 1996

Eva Rühmkorf

Eva Rühmkorf: *Hinter Mauern und Fassaden. Erinnerungen einer engagierten Frau*. Stuttgart 1996

Eva Rühmkorf/Ute Vogt: *»Wir sind die Besseren«. Starke Frauen und Politik*. Stuttgart/München 2002

Peter Rühmkorf: *Tabu I. Tagebücher 1989–1991*. Reinbek 1995

Schriften der Bundeszentrale für politische Bildung, Hamburg

Birgit Breuel

Birgit Breuel (Hrsg.): *Ideen für die Zukunft/Visions of the future. EXPO 2000 Hannover*. Berlin 2001

Birgit Breuel (Hrsg.): *Agenda 21. Vision: Nachhaltige Entwicklung*. Frankfurt am Main/New York 1999

Birgit Breuel/Reinhard Göhner/Peter Stihl: *Deutschland – Standort mit Zukunft*. St. Augustin 1994

Birgit Breuel (Hrsg.): *Treuhand intern*. Frankfurt am Main/Berlin 1993

Jil Sander

Jil Sander: Interview in *Econy. Wirtschaft, Menschen und Ideen*, 03/99

Georg Simmel: »Zur Psychologie der Mode«, in: *Schriften zur Soziologie*, hrsg. von Heinz-Jürgen Dahme und Otthein Rammstedt. Frankfurt am Main 1983

Silvia Bovenschen (Hrsg.): *Die Listen der Mode*. Frankfurt am Main 1986

Susanne Becker u. a. (Hrsg.): *Mode – Kult*. Köln 2002

Maria Jepsen

Maria Jepsen: *Unten bleiben. Reden einer Bischöfin*. Stuttgart 1993

Maria Jepsen: *Einmischen. Predigten und Reden*. Stuttgart 1995

Maria Jepsen: *In dubio pro Deo*. Heidelberg 1997

Hans Küng: *Die Frau im Christentum*. München 2001

Irene Schulte-Hillen

Deutsche Stiftung Musikleben: *Thank you, America! 50th Anniversary of the Berlin Airlift*. Geleitwort Irene Schulte-Hillen. Hamburg 1998

Deutsche Stiftung Musikleben: *Poland and Germany – Together in the Heart of Europe. The National Youth Orchestra of Germany – Concert Tour 2000*. Geleitwort Irene Schulte-Hillen. Hamburg 2000

Esther Schulte: *Memorybook. Deutsche Stiftung Musikleben*. Hamburg 2000

Bildnachweis

Bundesarchiv Koblenz: S. 70 (Bild 146/87/143/8)
Deutsche Presse-Agentur, Frankfurt: S. 206
Bertold Fabricius: S. 276
Hebbel-Museum, Wesselburen, S. 56
Dr. Margret Johannsen: S. 158
Klaus Kallabis, *Die Zeit*, Hamburg: S. 136
Landesmedienzentrum Hamburg, Medienarchiv: S. 44; S. 104 (Foto Fritz Kempe)
Museum für Hamburgische Geschichte: S. 28
Nordelbische evangelisch-lutherische Kirche, Bischofskanzlei Hamburg: S. 262
Franz Toth, Bingen: S. 86 (Foto Jacob Hilsdorf)
ZIK-Express, Köln: S. 176

Dank

Bei meinen Recherchen und der Beschaffung des Quellenmaterials habe ich vielfältige Unterstützung erfahren. Dafür möchte ich mich herzlich bedanken bei Dr. Rita Bake (Landeszentrale für politische Bildung), Ruth Mueller-Eisler und den Hamburger Kammerspielen, den Mitarbeiterinnen der Staats- und Universitätsbibliothek und der Hamburger Theatersammlung, Cornelia Stein (Ohnsorg-Theater), Svantje Domizlaff und Ruprecht Brennecke (Deutsche Afrika-Linien), Irene Brauer (Marion Dönhoff Stiftung), Dr. Margret Johannsen, Dr. Ulrike Murmann (Nordelbische Evangelisch-Lutherische Kirche), Jutta Bornholdt-Cassetti (jovis Verlag), Esther Schulte (Deutsche Stiftung Musikleben), Renate Baasch (Sekretariat Jil Sander), Maren Moritz und Susanne Deuter.

Mein besonderer Dank gilt den Interviewpartnerinnen Heidi Kabel, Eva Rühmkorf, Birgit Breuel, Jil Sander, Bischöfin Maria Jepsen und Irene Schulte-Hillen, die sich trotz starker zeitlicher Belastung zu eingehenden Gesprächen bereit fanden. In wehmütiger Erinnerung bleibt mir der Besuch im Hause von Dorothee Sölle und Prof. Dr. Fulbert Steffensky – wenige Wochen vor dem plötzlichen Tod der in die Zukunft denkenden Theologin.

Angelika U. Reutter, Anne Rüffer

Frauen leben für den Frieden

Die Friedensnobelpreisträgerinnen von Bertha von Suttner bis Schirin Ebadi. 356 Seiten mit 15 Abbildungen. Serie Piper

Die österreichische Pazifistin Bertha von Suttner erhielt 1905 den Friedensnobelpreis: als erste Frau. Seit der Stiftung des Preises durch Alfred Nobel im Jahr 1896 wurde dieser angesehene Preis nur zehnmal an Frauen verliehen, darunter Mutter Teresa, der »Engel der Armen«, Jody Williams, die sich für ein Landminenverbot einsetzte, und zuletzt die Iranerin Schirin Ebadi. Mit ihrem bewundernswerten Engagement für friedliche Konfliktlösungen und Menschenrechte haben sie gezeigt, daß Gegengewalt bei Kriegen nicht die einzige Lösung ist. Angelika U. Reutter und Anne Rüffer zeichnen in diesem Band das Leben dieser eindrucksvollen Frauen nach, die sich auf ihre ganz persönliche Weise gegen Gewalt stark gemacht haben.

05/1780/01/L

Marte Cormann Heike Gabernig

Brauchen starke Frauen Gott?

Karrierefrauen über Gottvertrauen und Gottlosigkeit. 224 Seiten mit 21 Fotos. Serie Piper

Heute lassen Frauen sich nicht mehr die Sterne vom Himmel holen, sie greifen selbst danach. Sie bestimmen selbstbewußt ihr eigenes Schicksal und das anderer Menschen – als Regierungs- und Konzernchefinnen, Astronautinnen, Nobelpreisträgerinnen. Ist die starke Frau von heute eine gott- und glaubenslose Frau? Machen nur Frauen Karriere, die religiös bindungslos sind? Oder bringen es gerade Frauen, die im Glauben einen Halt haben, zu Spitzenpositionen? Die Autorinnen wollten es wissen und haben Frauen interviewt, die eine erfolgreiche Karriere gemacht haben in Politik, Wissenschaft und Kultur, bei Film und Fernsehen und im Showbusineß. Über ihr Verhältnis zu Gott und zum Jenseits geben hier prominente Frauen Auskunft, und dabei ist ein überraschend breites Spektrum von Einstellungen und Haltungen entstanden.

05/1183/01/R